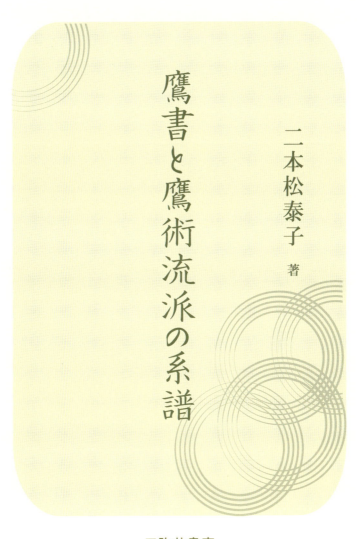

鷹書と鷹術流派の系譜

二本松泰子 著

三弥井書店

架蔵本『鷹繪圖之卷』「雉」

架蔵本『鷹繪圖之卷』「鶴」

目 次

第二編　鷹術流派の系譜

序章　中近世の放鷹文化
—鷹書と鷹術流派—

はじめに　—本書の目的—

わが国における放鷹の歴史は古く、古墳時代にはすでに鷹狩りが普及していたとされる。その長い伝統において、たとえば、支配者による示威行為や宗教者による信仰儀礼など、時代ごとに鷹狩りを実施する目的や主催者が変遷し、その結果、それに伴う文化事象が多彩に発展するようになった。中世〜近世において、「鷹書」と称される鷹狩りの伝書が全国各地で大量に制作・書写されたのもその一事象と言えよう。その鷹書については、近年、研究が急速に進められつつある。たとえば稿者が、平成二三（二〇一一）年二月に『中世鷹書の文化伝承』[※1]を刊行したのは、その流れのひとつである。当該書は、中世に流布したいくつかの鷹書を取り上げ、それらのテキストが媒介した文化伝承の諸相について論じたものである。同書の刊行と前後して、鷹書に関する論考が日本史及び日本語・日本文学の分野で散発的に発表され、平成二八（二〇一六）年二月には、三保忠夫の『鷹書の研究—宮内庁書陵部本を中心に—』[※2]が刊行されるに至った。同書によって、まとまった分量の鷹書に関する書誌データが揃い、戦前の宮内省式部職が編纂した『放鷹』[※3]が、付録の「本邦鷹書解題」において六〇〇点余りの鷹書を紹介して以来の研究成果が八五年ぶりに更新されることとなった。このような近年の研究により、それまで長らく埋もれていた鷹書についての基礎研究が飛躍的に進展した。その結果、鷹書とは、鷹術に関する技術的な知識や説話・縁起などの物語伝承をふんだんに盛り込んだ鷹狩りの文物で、放鷹文化の研究において有用な情報を提供する文献群であることが明らかになった。

ところで、さまざまな文化的側面を持つわが国の鷹狩りは、中世〜近世において、もっぱら武家のたしなむ「技芸」として扱われ、一種の礼法とみなされた。礼法に特化した鷹術はさまざまな流派を成立させ、当時の鷹狩りの隆盛は、多彩な流派の存在によって支えられていたと言っても過言ではない。このような鷹術の流派について、総合的な視座から言及した先学の成果としては、前掲の『放鷹』に見える関連項目の解説が挙げられる。同書によると、公家流・武家流のさまざまな鷹術流派に関する解説が無作為に記載され、さらにそれらが一様に「鷹書」と称する鷹狩りの伝書を伴って展開したことが示唆されている。ただし、『放鷹』が分類・掲出している鷹術流派のうち、公家の流派については、いずれもその実態は確認できない。それに対して武家の流派は、その多くが実際に鷹狩りに従事した鷹匠に由来するものである。

本書では、このような鷹狩りの実態を伴う放鷹文化に注目する立場から、中世以降の鷹術の主流を担った武家流の鷹術流派を考察の対象とする。すなわち、中近世期に成立した鷹書の中から、流派独自の鷹術伝承や秘伝を記載し、そのアイデンティティを構築する媒体として利用されていたテキストを取り上げて、その内容や伝来の実相について検証してゆく。それによって、当時の鷹狩りにおける文化的側面を明らかにすることを目指す。

一　鷹書と鷹術流派の事例（一）―廣田宗綱の鷹術―

さて、武家流の「鷹書」と「鷹術流派」を論ずる本書の端緒として、近世期に仙台藩の領内で隆盛した〝廣田流〟という鷹術流派について取り上げる。当該流派は、仙台藩初代藩主の伊達政宗に仕えた廣田宗綱に由来する鷹術である。延宝年間（一六七三年〜一六八一年）に仙台藩が編纂した『御知行被下置御牒』第一九「広田彦左衛門」[※4]によると、廣田宗綱およびその子孫について以下のように記述されている。

一　拙者祖父広田伊賀儀、遠藤心休斎弟に御座候。庶子故本苗広田に罷成候由承伝候。従、貞山様御一字被下広田伊賀宗綱と申候。御知行何程被下置御奉公仕候哉不承伝候。其後御知行被召上候由に候得共、如何様之品にて被召上候哉不承伝候。伊賀子拙者親広田彦左衛門儀、貞山様御代御歩小性に被召出、御切米弐両御扶持方四人分被下置、其節は甚七郎と申組頭役目被仰付、大坂御陣へも致御供首尾合仕候付て、御帰陣以後仰立を以御知行弐十貫文被下置、御歩小性組は御免被成下、組付之御切米御扶持方は被召上候由承伝候。義山様御代御知行拾貫文為御加増被下置、三拾貫文に被成下、御物頭役目被仰付候。右御知行両度被下置年月御申次不承伝候。御同代寛永年中惣御検地之砌二割出にて三拾六貫文之高に罷成候。右彦左衛門儀慶安三年極月廿三日に相果申、於江戸同四年三月六日前之古内主膳を以跡式無御相違拙者被下置候。親彦左衛門相果申時分遺言仕候に付、右知行高之内六貫文之所、拙者弟分に仕置候従弟三浦五兵衛に被分下度由申上候処、延宝元年六月九日に如願被分下之由、柴田中務小梁川修理を以被仰渡為分取申に付、拙者知行高三拾貫文に

罷成候。被分下候以後之御黒印は于今頂戴不仕候。以上

延宝五年四月朔日

これによると、廣田宗綱は遠藤家の庶子として生まれたため、廣田姓になったという。また、貞山様（政宗）より一字下されて廣田伊賀宗綱と称するようになった。しかし、宗綱の知行がどれくらいかなど、その具体的な奉公の実態については未詳である。また、後に知行を召し上げられることになったが、その理由も不明である。宗綱の子は廣田彦左衛門と称して、同じく政宗公の御代に御徒歩小姓として召し出され、切米二両四人扶持で召し置かれたという。当時、彦左衛門は甚七郎と称して組頭を仰せつけられ、大坂の陣にお供した際に首尾よく仕えたため、帰陣した後は知行二〇貫文を下し置かれた。そのため、御徒歩小姓と組は御免となり、組付の切米と扶持は召し上げられたという。その後、義山様（忠宗）の御代に一〇貫文加増されて三〇貫文になり、御物頭を仰せつけられた。さらに寛永年中（一六二四～一六四四）の検地のときに二割増しになって知行高は三六貫文になったという。慶安三年（一六五〇）一二月二三日に彦左衛門が死去したのち、彼の息子である当主が跡を継ぎ、親の遺言に従って弟分である従弟の三浦五兵衛に六貫文を分与して当人の知行高は三〇貫文になったという。

ちなみに、同じく仙台藩の命によって編纂された寛政四年（一七九二）成立の『伊達世臣家譜』は、百石以上の藩士たちの家譜を記載したものである。同書に廣田宗綱の一族の項目はないが、巻第三[※5]に見える他家の家譜の記事に、当家が延享三年（一七四六）に途絶えてしまった由が見える。

この廣田宗綱が、伊達家の領内で鷹術を伝授していたことを伝える史料として、以下のようなものがある（傍線は私に付した。以下同じ）。

このたひ鷹けいこなさせ申候、神めうもつて書物こと〳〵くあひわたし申、すこしも〳〵きつかひなくおほしめし候へく候、こにしけき（小西外記）、同宮万丸とうふんにこそおしへ申候、このいこもそれかしいのちの間、いくたひも〳〵きつかいなくうけ給へく候、さい〳〵さハり候ても、いくたひも〳〵おしへ可申候、心やすくあるへく候、いこのため如件、

文禄三年甲午七月吉日　　藤原朝臣廣田宗綱（花押）

国分源三殿

（文禄三年（一五九四）三年七月吉日付『廣田宗綱判物』※6）

これは、宗綱から国分源三という人物に当てた判物とされる文書である。国分源三とは、当時宗綱と同じ伊達家の家臣で陸奥国国分寺郷（現・宮城県仙台市）に拠した国分氏の人物であろう。右の文書によると、この人物は宗綱から「鷹けいこ」を教わっていたらしい。そして、今回、「神妙」をもって宗綱が「書物」をことごとく伝授する旨を申し出ている。これに見える「書物」とは鷹書のことであろう。宗綱が鷹術伝授の一環として「鷹書」を伝えている点が注目されよう。同じような事例として、たとえば、飯豊町井上平左衛門氏蔵井上文書『鷹書餌飼之巻抄出』※7の奥書に見える以下のような記述がある（年号左側の二重線は朱引きを示す。以下同じ）。

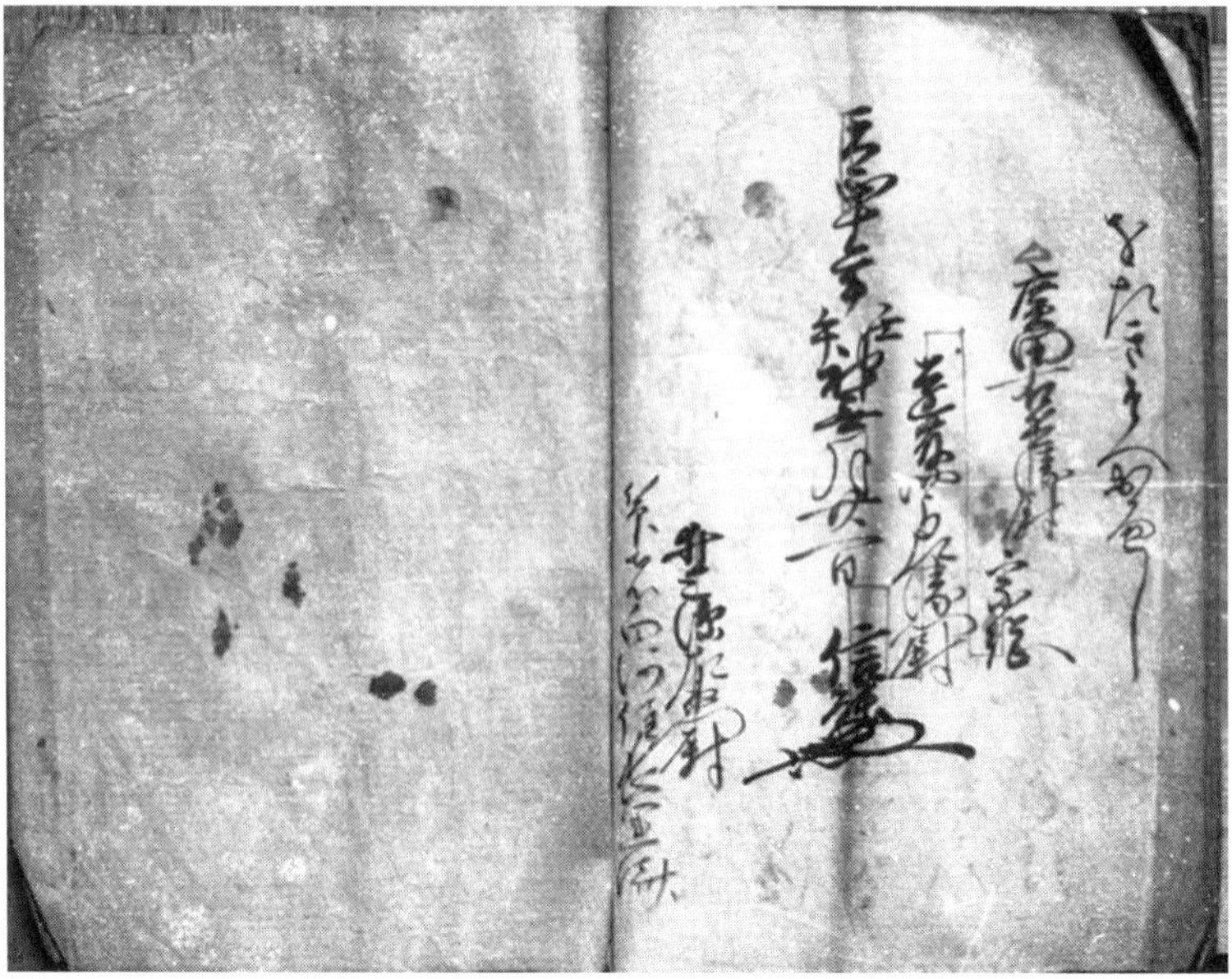

飯豊町井上平左衛門氏蔵井上文書『鷹書餌飼之巻抄出』より

△廣田右兵衛尉
宗綱
遠藤四郎左衛門尉
信能（花押）
天正十年壬午神無月二十一日
井上源左衛門尉
筆者白河住長運済（ママ）

同書は、鷹の餌飼についての知識が三二項目記載されている鷹書（袋綴冊子本）である。右に見える本奥書より、宗綱から遠藤四郎左衛門尉信能へ当該テキストを伝授したことが確認できる。なお、廣田宗綱から遠藤信能まで繋がっている罫線は朱書きとなっていて、伝授の系譜を示すものと思われる。遠藤信能とは、出羽国手ノ子郷（現・山形県飯豊町）の地頭領主で、政宗にたびたび鷹を献上している。[※8] ちなみに、転写奥書に見える「井上源左衛門尉」は同じく手ノ子郷の土豪の鷹匠で、※9右掲のテキスト以外にも遠藤信能からいくつか鷹書や鷹の絵が伝授されている。※10

このように、廣田宗綱の鷹書は伊達家家中の鷹匠たちに伝来した。たとえば、政宗に仕えて以降、代々仙台藩の鷹匠を務めた佐藤家には、書名に「広田流」を冠する鷹書が、管見において一一点伝来していた。※11宗綱の鷹書は、後世になると「広田流」と称する伝書として流布していたことが確認できよう。

二　鷹書と鷹術流派の事例（二）―廣田宗綱の鷹書―

このような廣田宗綱所縁の鷹書の中に『鷹書才覚巻抄出』（架蔵本）と称するテキストがある。※12同書の書誌の概要は以下の通り。一巻。全二二丁（一九丁裏白紙）。半葉六行無罫、漢字平仮名交じり文。外題無し。巻首題「鷹書才覚巻抄出」（一丁表）。縦二三・五センチ×横一六・〇センチ。蔵書印等は無し。二二丁裏に「天正十二年甲申六月吉日廣田伊賀守藤原朝臣宗綱（花押）／同甚六郎殿」。

このテキストには、種々の鷹説話や鷹道具に関する知識などが一六項目記載されている。その最終項目に相当する第一六条には、鷹遣いたちの系図が掲載され、その末尾には奥書に見える「廣田伊賀守藤原朝臣宗綱」から「同甚六郎殿」へと繫がっている。以下に同条の全文を挙げる。

一　鷹つかひ出しの系圖(けいず)之事

一　不動

一　普賢

一　毘沙門

一　観音

鷹書は彼四仏の御作也

是鷹のほんち又鷹のしにもなり給ふ也普賢観音はすはのほん事也

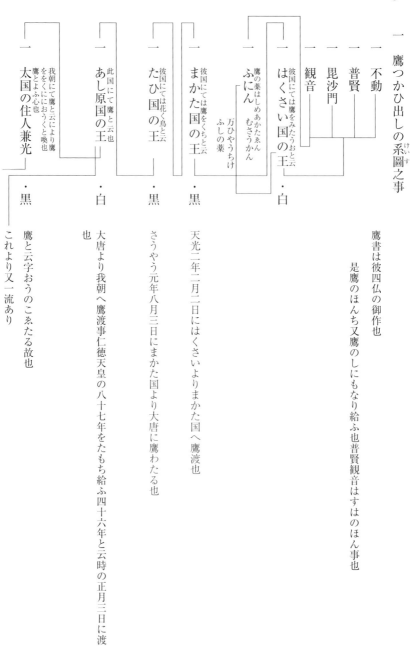

一　はくさい国の王　彼国にては鷹をみたうおと云　・白

一　ふにん　鷹の薬はしめあかたゐん　むさうかん　万ひやうちけ　ふしの薬

一　まかた国の王　彼国にては鷹をくちと云　・黒

天光二年二月二日にはくさいよりまかた国へ鷹渡也

一　たひ国の王　彼国にては花く鳥と云　・黒

さうやう元年八月三日にまかた国より大唐に鷹わたる也

一　あし原国の王　此国にて鷹と云也　・白

大唐より我朝へ鷹渡事仁徳天皇の八十七年をたもち給ふ四十六年と云時の正月三日に渡也

一　太国の住人兼光　我朝にて鷹と云により鷹ををくににおうくと喚也　鷹とよふ心也　・黒

鷹と云字おうのこゑたる故也

これより又一流あり

大唐より鷹と彼書を相添て我かてうへわたさるれ共彼書をよみひらく人もなし其比大王鷹かいかねみつと云ものを日本へわたし給ふ彼かねみつを相　留　政頼卿　むこになり十八の秘事卅六の口傳かりしやうそくをゆるさるゝ也そのほか才覚の巻に細にしるす也

よねみつ・黄（かねみつかむすめ政頼か家主也）

これより又一流あり此流何れにもしやうそくはなやかにする也

一　當国住人政頼卿・黒

此已後弟子数百人不及誌也

天正十二年甲申六月吉日廣田伊賀守藤原朝臣宗綱（花押）

同甚六郎殿

右によると、「不動」「普賢」「毘沙門」「観音」のいわゆる「四仏」から始まって、「はくさい国の王」「ふにん」及び「太国の住人兼光」「政頼」などを経て「廣田伊賀守藤原朝臣宗綱」「同甚六郎殿」に朱書きの罫線がつながっている。なお、「甚六郎」は宗綱の子息である。※13

実は、この系図はおおむね『鷹書才覚巻抄出』の第一条・第二条・第三条・第五条に記載されている叙述に基づいた内容となっている。まず、第一条には「不動」「普賢」「毘沙門」「観音」の「四仏」に関する以下のような叙述が見える（句読点は私に付した。以下同じ）。

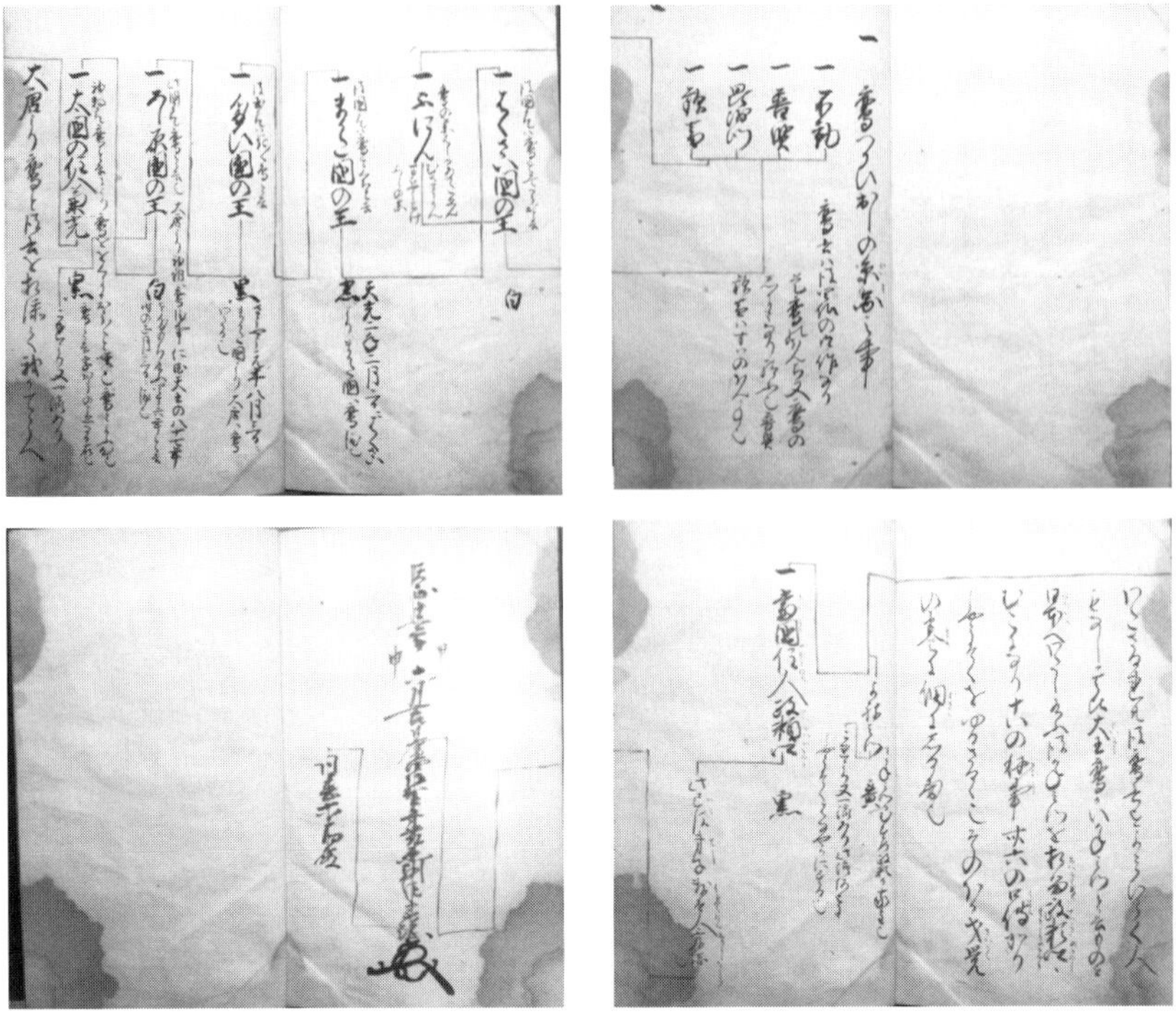

廣田宗綱書写『鷹書才覚巻抄出』より

一　たかをつかひはしむる事は人けんのわさにあらす。鷹と申は日本国(にほんごく)そのうへてんかに鳥共みち〳〵て衆生(しゆしやう)のかうさくをくらひうしなひけるほとに、てんかの人間はや残(のこり)すくなになりけるところに、毘沙門大鷹不動(ひしやもんおほたかふどう)はせう鷹、普賢(ふけん)、観音(くはんおん)、此四仏(しぶつ)もろ〳〵のたかとけんせられ、彼とり共をうしなひ給ふにより、せけんのかうさくうせさるあひた、人間いまたはんしやうす。さるあひた、普賢(ふけん)は上(かみ)の宮(みや)、観音(くわんおん)は下(しも)のみやとて、諏訪上下(すわじやうげ)これ也。

右の叙述は、鷹書においてさまざまな異伝を持つ鷹狩り由来譚の一種である。すなわち、鷹狩りを始めたのは人間の技ではなく、そもそも鷹は仏の化身であるという。かつて日本国の天下に害鳥が充満して衆生の耕作を食い荒らし、その弊害で人間たちの数が減少したとき、「毘沙門・不動・普賢・観音」の四仏が鷹に示現して害鳥たちを駆除した。この四仏たちのおかげで世間の耕作が守られ、人間たちは繁盛することができたとする。そして末尾において普賢は上の宮、観音は下の宮に垂迹し、諏訪の上社及び下社はこれを指すことを記す。周知のように、この諏訪の本地仏に関する言説は、一般によく知られた諏訪信仰の教義である。

次に、第二条には以下のような「はくさい国の王」と「ふにん」に関する叙述が見える。

一　鷹をつかひはしむるは、はくさひ國にわう一人ましますか、まかきのもとに鷹と云鳥奉れり。是しらふの大たかなり。彼たかをとりて、くれないのあけの糸にて、鈴をさして、くろの鷹たぬきにてすへさせ、けんせん山といふ山に、大せんとうと云谷にて彼鷹をつかはせ給ひて、誠にゐひ花にほこり、あら〳〵おほしめし給ふところに、たかは、はをひろけ、てよりおちてしなんとす。国わう、ふひんにおほしめし、これか此やまふ、しつたるものやあるとせんしあり。しかは、おりふし、ふ人と申もの、生所(むまれところ)もしらす、出きたつてみんと申。彼ふ人、申様、かのたかのやまひをは、まんひやうちけと申也。国わうのせんしには、さらは此鷹の病(やまひ)をなをしてまいらせよ、とのせんしなり。ふ人申様、なをして申さんとて、錦(にしき)の袋(ふくろ)よりくすりを取いたし、みんしんはかり(ママ)、くれ上にはそゝきけれは、鷹もとのことくなをりけり。御門、ゐひらんまし〳〵て、彼薬のほんせつとても、みつからにあかすへし、とのせんしなり。ふ人、申やう、むかしは長生殿(ちやうせいてん)のうちにして、せんしをかへすためしあれは、いかて、くすりのほんせつを申へしとて、彼くすりを、をしへ申さす。国わう、仰けるやうは、さあらは、なんちかためには、きさい国をえさすへしとありしかは、ふ人、こたへて申様、ちやうろくを被下さす共、せんしならは申へし。むかしは長生殿(ちやうせんてん)の内にして、せんしを七度かへす。中ころ、かひら城(じやう)の内にして、せんしを五度返す。今のふ人は、国わうおほせの（ママ）したかいて、彼くすりを、をしへ申也とて、あかし申けり。彼薬は、大海(たいかい)のうろくすに、さるあはひと申あわひを、かけほしにして、山のうさきの角、しゝゐにつゝみて、かふへし。昔(むかし)、長生殿のうちにしては、鷹のふしのくすりと申、しんせんのうちにては、あかた薬と申。今は、むそうかんろと申。鷹をこのまん輩にをいては、彼くすりをつふさにしるへし。まんひやうちけの薬には、このうへあるへからす。能々ひすへし〳〵。

右の記述は、薬師（くすし）の「ふ人」が「はくさひ國」の王の愛鷹を秘薬で治療する説話である。すなわち、初めて鷹を遣った人物として「はくさい國」の「わう」を挙げ、この国王が献上された白斑の鷹に紅の糸を通した鈴を指し、黒のたかたぬき（＝腕に巻く筒状のもの）に据えさせて、「けんせん山といふ山」の「大せんとうと云谷」においてこの鷹を遣っていたところ、羽を広げて手から落ちて瀕死の状態になった。不憫に思った国王は、この鷹の病を治せる者がいるかどうか宣旨を下すと、「ふ人」と申す者が秘薬を以て鷹を快復させた。国王はその薬の本説について、宣旨を下すことによって、「ふ人」から詳細を聞くことができた。この薬の名前は「長生殿のうち」には「鷹のふしのくすり」、「しんせんのうち」には「あかた薬」と称し、今は「むそうかんろ」という。なお、この「ふ人」の薬方説話は、本書の本編でも触れるように[※14]、中近世期に流布した鷹書において多くの類話がみられるものである。

次に、第三条には以下のような「四仏」に関する記述が見える。

一　諏訪(すわ)と申普賢観音(ふけんくわんおん)不動毘沙門(ふとうひしやもん)鷹となつて鳥共をたやし、人間をたすけ給ふ。衆生(しゆしやう)にゐ中山人のすかたとなり、草苅(くさかり)かまをこしにさしたり。信濃(しなの)の国(くに)に帰り給ひて諏訪(すわ)上下とあらはれ給ふ。かみの宮(みや)は普賢(ふけん)下のみやは観音にておはしますなり。

この条においてもまた、四仏が鷹となって害鳥を絶滅させ、人間を助けた由が叙述されている。さらには四仏が山人の姿となって草刈鎌を腰に挿し、信濃国に帰って諏訪の上下社に示現した由を伝えている。そして、前掲の第一条と同様、本条もまた末尾において上の宮及び下の宮の本地仏をそれぞれ普賢・観音とする言説が見える。最後に、第五条には以下のような「太国の住人兼光」「政頼」に関する叙述が見える。

一　鷹のまかた国よりつたはる事。そうよう元年八月三日に、大国へつたはり候。日本へわたる事は、にんとくてんわうの八十七年をたもち給ふ四十六年と申とき、鷹に彼文書を相そへて、日本へわたさるれとも、彼文書をよみひらく人もなし。其比、大わう、鷹かひかねみつといふ者、日ほんへわたし、彼鷹をかはせられて、あひしおほしめし候ところに、彼かねみつ、鷹をつかひて御門の御目にかけさて、其後、しきりにいとまを申けり。御門、おしみ給ひて、と丶め給へとも、た丶かへらんと申あり。公家被中様は、人をと丶むるには、女にしくはなしとありけれは、御門、けにもと思召、美人せん人か中にすくれたる、こちくと云女をくたさる丶。彼女房につゐてから、人、かへる事をわすれけり。年月を、丶くるほとに、ほとなくむすめ一人もうくる。彼むすめ、十五になりしとき、せいらひのきやうをかねみつかむこになし、十八の秘事卌六の口傳をしへけり。せいらひのきやうの方より、から人のかたへ、種々のちやうろくををくらる丶。から人の方より、返報とおほしくて、かりしやうそくの鷹の道具相そへてをくるとて、かくなん、

小ちくてふ事をかたらはふゐたけの
ひとよのふしを人にかたるな

彼こちくかむすめのなをは、よねみつと申。彼よねみつ、清水ふつけいのとき、あるもの、たかをひとつもちけるか、惣(そう)して鳥をとる事なし。鷹主(たかぬし)、五条(ごてう)のはしのもとにほこをゆひて、彼(かの)たかをつなき、上下(じやうげ)の人のひはんをきく。彼よねみつ申様、彼(かの)鷹の鳥をとらぬも道理(たうり)也。はゝは、たかなれとも、ちゝはみさこにあるあいた、うほをとらては鳥を取へからすと申。そのせうこには、鷹は、ほこよりとはひおつるか、此たかは、みさこはをつかふほとに、みさこの子なると見申也。水をあひせて御らんせよ、ぬれへからすと申。水をあひせてみるに、あんのことく、ぬれす。さて、彼たかをいかやうにと申。よねみつ、こたへて申様、さらは、河をそにとつきてもちたる犬を御たつねにて、池(いけ)へ入、こいをとらせられ候へと申。一しゆかくなん、

　このうらにみさこにとつくたかあらは
　　をその子はらむいぬをたつねよ

さて、をその子はらむゐいぬは、いかやうなるそと、とひけれは、よねみつこたへて申様、をその子の犬は四まなことい ふ。さらはとて、四まなこのいぬをたつねて、しんせんゑんと云池(いけ)へ入て、こひをさかさせて、かの鷹を合て見れは、さういなくこいをとるなり。

　はし鷹のますかきのはをとふ時は
　　なみまのこひもあらはれにけり

其比、鳫たかなきあひた、かんに口ゑなし、こひにくちゑありとは彼ひみつあり。かの女房(ねうはう)は、せいらひか家ぬしなり。

右によると、冒頭に「鷹のまかた国よりつたはる事」「そうよう元年八月三日に、大国へつたはり候」という

文言が見え、同書の第一六条に見える鷹遣いの系図に記載されている「まかた国の王」「たひ国の王　さうやう元年八月三日にまかた国より大唐に鷹わたる也」という記述と一致する。また、右掲の記事に見える「日本へわたる事は、にんとくてんわうの八十七年をたもち給ふ四十六年と申とき」という文言も、同書の第一六条に見える鷹遣いの系図に「あし原国の王　大唐より此朝鷹渡る事仁徳天皇の八十七年をたもち給ふ四十六年と云時の正月三日に渡也」と見える記述と重なるものである。続いて、右掲記事では、鷹飼の「かねみつ」による鷹の伝来説話と「よねみつ」によるミサゴ腹の鷹説話が連続して見える。すなわち、人国から渡ってきた「かねみつ」と言う者が、鷹を帝の前で遣って見せ、そののち、頻りに暇を乞うようになった。そのため、彼を留めおく方便として、「こちく」という美女を帝が与えたところ、「かねみつ」は帰国することを忘れたという。年月が過ぎると、ほどなく「かねみつ」と「こちく」の間に娘が一人生まれた。この娘が一五歳になったとき、「せいらひのきやう」を婿として「十八の秘事卅六の口傳」をかねみつが教えたという。このような「かねみつ」に関する鷹の伝来説話の叙述は、同書第一六条の系図に見える「太国の住人兼光」の注記の文言と脈絡を通じた内容となっている。

　このような「かねみつ」による鷹の伝来説話に続いて、宗綱本『鷹書才覚巻抄出』第五条の後半部分では、彼の娘に関する逸話が叙述されている。すなわち、「かねみつ」の娘は名前を「よねみつ」と称し、清水寺仏詣の際に、ミサゴ腹の鷹とカワウソの子の犬を「しんせんゐんと云池」で遣って鯉を狩らせた。この「よねみつ」は「せいらひ」の家主であるという。この第五条に見える鷹の伝来説話及びミサゴ腹の鷹説話もまた、本書の本編でも触れるように、[※15]中近世期に流布した鷹書類に様々な類話や異伝が多数散見する。

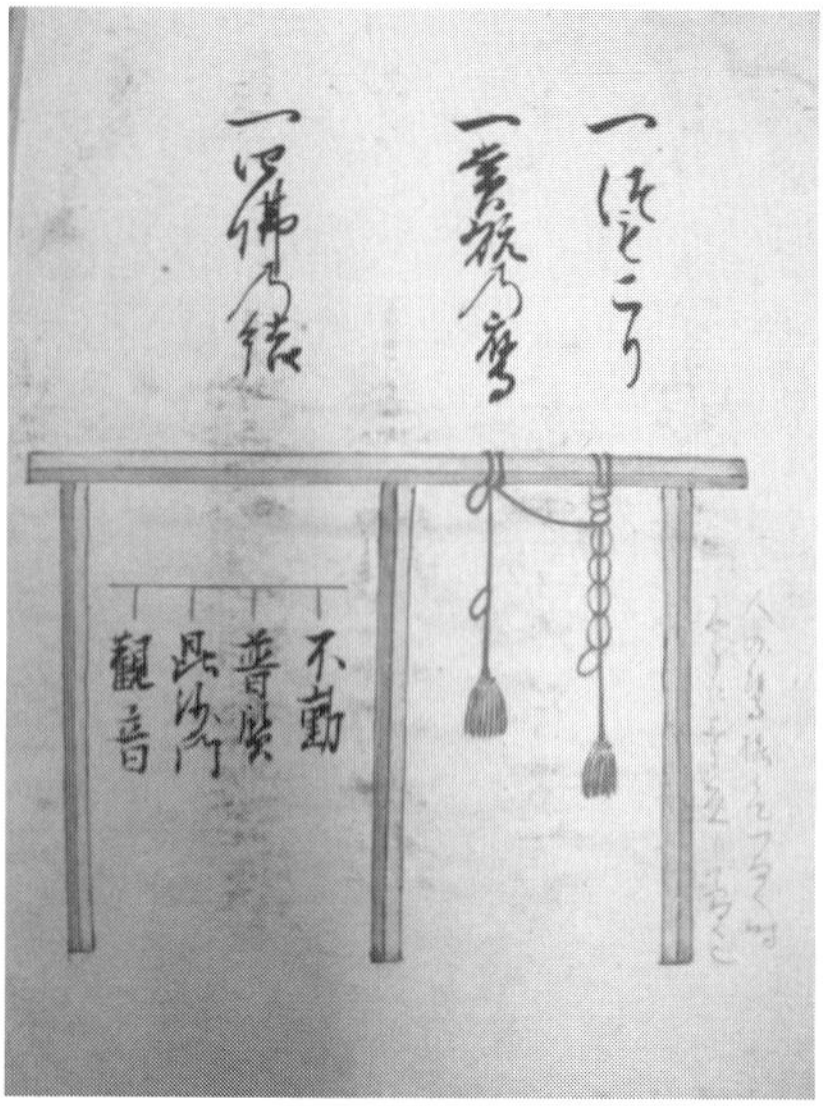

富山市立図書館山田孝雄文庫蔵『鷹十二架』より

以上のように、宗綱本『鷹書才覚巻抄出』第一六条に見える鷹遣いの系図は、同書の叙述内容に基づいて作成されたものであることが確認できる。そのうち、「四仏」と鷹を結びつける言説は、中世～近世に流布した鷹書において相応に散見される。[※16] ただし、それと諏訪の言説を結びつけるテキストは限られていたようで、管見においてその事例が確認できるのは、『才覚之巻』以外では『啓蒙集』とそれに依拠したテキスト類のみである。[※17] 宗綱もこの「四仏」に関する言説については、積極的な関心を抱いていたらしく、宗綱本『鷹書才覚巻抄出』においても、右に挙げた項目以外に、第八条・第九条・第一一条・第一二条・第一三条・第一四条の合計六項目に四仏に関する叙述が記載されている（ただし、諏訪については言及されていない）。その他にも、たとえば、富山市立図書館山田孝雄文庫蔵『鷹十二架』（目録番号三九三九、分類番号 W七八七・六―タ―一二〇九）は、奥書に「天正十二年丙戌／九月吉日廣田伊賀守藤原宗綱／増田中務吉備殿」と見えることから、宗綱所縁の鷹書であることが確認できるテキストで、同書にも「四仏」に関する文言が確認できる。すなわち、同テキストに掲載されている架のつなぎ方の図解の中に「つもこり」「賞玩の鷹」という文言と架の結び方の図示が掲載されている。その横に「四佛の結」として「不動」「普賢」「毘沙門」「観音」という文言が見える。

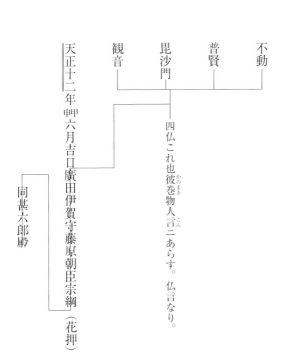

また、宗綱本『鷹書才覚巻抄出』と同じく奥書に天正一二年（一五八四）の年紀と廣田宗綱の名前が見える『鷹書四仏之巻（しふつのまき）抄出次第不同』（架蔵本）は、鷹を遣うときの心得に関する一〇三項目が記載されているテキストである。その巻末には以下のような「四仏」を祖とする系図が見える。

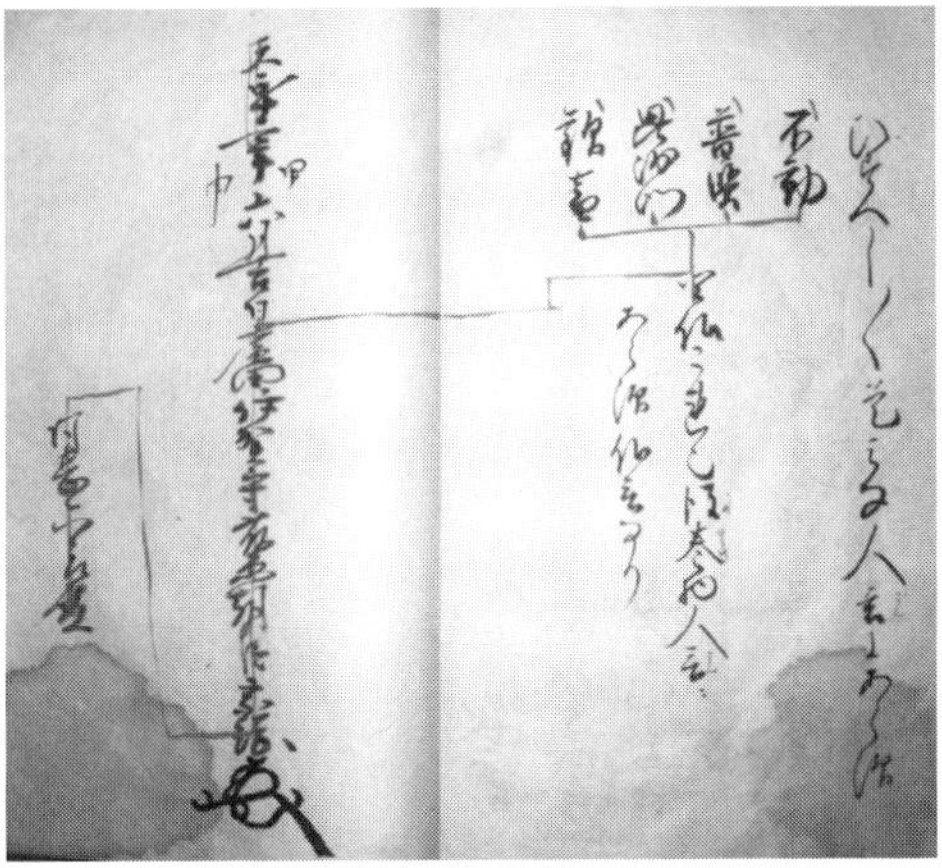

廣田宗綱書写『鷹書四仏之巻（しふつのまき）抄出次第不同』より

不動
普賢
毘沙門
観音

四仏これ也彼巻物（かのまき）人言（こん）ニあらす。仏言なり。

天正十二年甲申六月吉日廣田伊賀守藤原朝臣宗綱（花押）

同甚六郎殿

これもまた、「不動・普賢・毘沙門・観音」の「四仏」から「廣田伊賀守藤原朝臣宗綱」及び「同甚六郎殿」へと主筆の罫線が繋がっている系譜である。先に挙げたとおり、宗綱本『鷹書才覚巻抄出』第一六条に見える鷹遣いの系図も、鷹術は「四仏」から始まったとされ、最後尾は「宗綱」から「甚六郎殿」へと繋がっている。ちなみに、宗綱本『鷹書四仏之巻抄出次第不同』の注記には、鷹書の巻物は人の言ではなく四仏の言であることが示されており、宗綱本『鷹書才覚巻抄出』の第一条が「鷹狩り」を人智ではなく仏神の加護によるものとする発想に通じる内容となっている。

このように、宗綱は自身の鷹術の伝統を示す言説としてたびたび「四仏」を引用し、独自に鷹術の系譜を作成していたことが窺われる。これによって宗綱が主張したかったのは「四仏」を祖とする自身の鷹術の由緒の正しさであろう。宗綱本『鷹書才覚巻抄出』の巻末において、同書に掲載されている「ふ人」の薬方説話や「かねみつ」による鷹の伝来説話などを踏まえた鷹遣いの系図に宗綱が組み込まれているのも、自身の鷹術を〝伝説の鷹匠たち〟と結び付けようとした所以ではないだろうか。すなわち、宗綱は、自身の鷹術のステータスについて、流派と関わる鷹書の叙述内容を利用して、その由緒正しさを保証しつつ、喧伝していた可能性が予想されるものである。

以上のことから、中世末期～近世初期に活躍した伊達家家臣の廣田宗綱は、鷹書を介して鷹術を伝授し、さらに鷹書の叙述内容を利用して、自身の流派のアイデンティティを確立していたことが想像される。本章以降においては、この宗綱の廣田流のような、鷹書を基盤として構築され、伝播していった鷹術流派について検討してゆく。

具体的には、室町期に足利将軍に重用された京都諏訪氏の鷹術及び鷹書、江戸期に徳川将軍所縁の鷹術流派として格式の高さを誇った祢津流の鷹術及び鷹書について分析し、各流派の文化的実相を検証する。また、それ以外にも、中近世期に隆盛した武家の礼法の流派である「小笠原流」の鷹書や、流派に属さなかった鷹匠の蒐集したテキスト類を取り上げ、それぞれの問題点について言及する。さらには、鷹匠が享受した朝鮮の放鷹文化の一斑として、朝鮮から伝来した鷹書に関する伝播の経緯を検討してゆく。以上によって、各流派の成立及び展開の系譜を検証し、中近世期における放鷹文化の実相を明らかにする事例として提示してゆきたい。

おわりに　―本書の概略―

このような本書の具体的な概略は以下の通りである。

第一編では、中近世期における武家流の鷹術流派の成立について、その文化的実相を検証してゆく。第一章では、信仰に由来して成立した事例として、室町幕府の奉行人を世襲した京都諏訪氏の鷹術について取り上げる。同氏の鷹術は、足利将軍家に所縁のものであると同時に、諏訪社の贄鷹の神事とも深く関わりあう。同氏伝来の鷹書に見える諏訪信仰の影響を手掛かりに、その実像を検証してゆく。第二章では、主に近世期において〝将軍家所縁の鷹術〟として隆盛した祢津流宗家の鷹術について取り上げる。すなわち、祢津流の鷹術は、中世末期に徳川家康に仕えた祢津松鷂軒所縁の流派がよく知られているが、松鷂軒は祢津家の嫡流ではない。真田信之に仕えた彼の兄の家が祢津氏の宗家に当ることから、当該一族所縁の鷹書の叙述を検討して、同流派の遡源の実相を明らかにする。

第二編では、中近世期における武家流の鷹術流派の系譜をたどる事例として、祢津流の鷹匠である依田氏に伝来した鷹術文書について取り上げる。第一章では、松鶴軒の娘婿を称する依田守廣の一族と、同氏に伝来した鷹書群について紹介する。第二章では、守廣の末裔で富山藩士であった盛昌が、同藩から暇を賜った後に、鷹匠として加賀藩に再出仕するようになった経緯について、彼らの属した鷹術流派と同氏伝来の鷹書に見える鷹術伝承から探ってゆく。第三章では、守廣流の依田氏の鷹書を手掛かりに、祢津家を代表する伝説の鷹匠・祢津神平貞直に関する鷹術説話を検討し、当該流派が近世において格式のある鷹術流派となった経緯について明らかにする。付論として、盛昌所縁の鷹書に見える祢津神平説話を紹介する。

第三編では、近世期における武家流の鷹術流派の展開の諸相を明らかにする事例として、依田氏の鷹書に見える記述から派生した祢津流の鷹術伝承について検証する。第一章では、依田氏伝来の祢津流を称する犬牽の伝書を取り上げ、祢津家の実態と乖離する当該流派の犬牽伝承について検討してゆく。第二章では、祢津氏の鷹書の言説と依田氏の鷹書の言説が交錯した伝承として伝えられている実相について分析する。付録として依田氏伝来の鷹書の書誌一覧を掲出する。

第四編では、中近世期に流派を軸として展開した放鷹文化の事例として、鷹匠が直接関わらない鷹術の流派と、流派に属さない鷹匠が従事した鷹術の文事について取り上げる。第一章では、中近世期に流布した武家の礼法である小笠原流の鷹書の叙述を分析し、実態を伴わない鷹術流派の文化伝承について明らかにしてゆく。第二章では、近世期の松本藩に仕えた鷹匠の外山氏に関する事績をたどり、流派と無縁の鷹匠と関わる文化事象について検証する。

補論として、朝鮮の鷹書である『鷹鶻方』について取り上げ、わが国における同書の伝来の一事例を紹介し、日韓放鷹文化交流の実態を探るための基礎情報について確認する。

なお、未翻刻の鷹書の引用に関しては以下の要領に従いつつ、朱引きなどの表記については適宜各章において但し書きした。

・変体がなはおおむね現行のひらがなに改めた。ただし、一部の異体字については、そのまま残したものもある。
・漢字の旧字体は、適宜、通行の字体に改めた。ただし、底本の表記をそのまま残したものもある。
・振り仮名は底本の表記に従った。○や△などの記号も底本の表記をそのまま示してある。
・明らかな誤字・脱字についても、底本の文字使いを尊重して改めず、そのまま引用して適宜（ママ）と傍記した。あるいは、予想される表記を（）で示した箇所もある。
・文脈に応じて私に句読点を付し、必要に応じて傍線や囲み線を引いた。
・虫喰いなどで判読不能の文字は□で示した。

注

※1　二本松泰子『中世鷹書の文化伝承』（三弥井書店、二〇一一年二月）。
※2　三保忠夫『鷹書の研究―宮内庁書陵部蔵本を中心に―上冊・下冊』（和泉書院、二〇一六年二月）。

※3　『放鷹』（吉川弘文館、一九三一年一二月初版、二〇一〇年五月復刻）。
※4　『仙台藩家臣録 第二巻』（歴史図書社、一九七八年七月）所収。
※5　『仙台叢書 伊達世臣家譜　第一巻』（仙台叢書刊行会編、宝文社、一九七五年九月復刻）所収。
※6　『山形県史 資料篇 十五上 古代中世史料 一』（山形県編纂、一九七七年三月）所収。
※7　『山形県史 資料編　十五上 古代中世史料 一』所収。なお、飯豊町井上平左衛門氏蔵井上文書については、飯豊町社会教育課生涯学習振興室の高橋拓氏にご教示を賜った。感謝申し上げる次第である。
※8　『天正日記』天正一六年九月二三日条など。
※9　井上俊雄「お鷹献上と地頭たち─鷹術の伝流─」（『図説 置賜の歴史』所収、小野榮氏監修、郷土出版、二〇〇一年七月）。
※10　『山形県史 資料篇 十五上 古代中世史料 一』所収の「鷹醫術書」、『図説 置賜の歴史』所収の「鷹名処図」など。
※11　『仙台市博物館収蔵資料目録 15─伊達家寄贈文化財（古文書3）─』（仙台市博物館、二〇〇七年三月）の五八番目の項目によると、同館には以下のような鷹書が収蔵されている。
「『廣田流鷹術抜書』。一冊。年月日未詳。堅帳縦二五・四　横一六・五」。また、仙台市博物館所蔵『鷹匠佐藤家文書目録』（仙台市博物館への寄贈の手続き資料）によると以下の一〇点が確認できる。

新NO.	資料名	数量	時代	作者	受取	形態	備考
40	佐藤助左衛門広田流鷹術伝授由緒書	1通	安永九年五月	佐藤助左衛門	佐藤忠次		
48	広田流鷹据形並■形方規之巻	1通					糊はがれ
49	広田流鷹術伝系書上	1通	天保一五年八月	佐藤周助			
50	広田流鷹術許状	1通	弘化三年六月	石川徳治定光	佐藤周助		
54	大宮流吉田流広田流鷹術医術共伝系書上	1通	嘉永四年六月	佐藤周助			

55	大宮流吉田流広田流鷹術医術共伝系書上	1通	嘉永四年六月	佐藤周助			
56	広田流鷹術伝系書上	1通	嘉永四年六月	佐藤周助			
57	広田流鷹術伝系書上	1通					
87	広田流鷹術伝系	1通					
116	鷹匠石川の弟子として吉田・大宮・広田流を学んだこと	1通	寛政二年一〇月八日	石川清右衛門			

なお、仙台藩の鷹匠の佐藤家文書については、仙台市博物館の菅野正道氏にご教示を賜った。感謝申し上げる次第である。

※12　拙稿「諏訪・大宮流の鷹書—廣田宗綱筆『鷹書才覚巻抄出』全文翻刻—」（『立命館文学』第六二二号、二〇一一年七月）に同書の全文翻刻を掲出している。

※13　仙台市博物館所蔵『鷹匠佐藤家文書』に含まれる系図類による。

※14　本書第一編第一章及び第二編第二章など参照。

※15　本書第一編第二章及び第二編第三章など参照。

※16　本書で触れたテキスト以外では『荒井流鷹書』第二〇四条や『箸鷹和歌文字抄』第八六首などに用例が見られる。

※17　本書第四編第一章参照。

第一編　鷹術流派の成立

第一章　信仰由来の流派の成立
——京都諏訪氏の鷹書——

はじめに

室町期に代々足利幕府の奉行人を世襲した京都諏訪氏は、『諏訪大明神画詞』を制作したことで知られる諏訪円忠の末裔である。この一族が、当時の京都において諏訪信仰を普及した経緯については、すでに先学において取り上げられ、詳しく考察されている。[※1]

特に、一六世紀頃に作成されたという諏訪市博物館寄託大祝家文書『前田氏所蔵巻軸　諏訪氏古系図』[※2]において円忠から六代目の子孫とされる貞通は、京都諏訪社の神職を務め、当社の布教活動を積極的に行った人物であった。たとえば、『後法興院記』長享元年（一四八七）七月二七日条[※3]によると、貞通が近衛政家に諏訪社の法楽和歌を勧進した由が確認され、同じく『常徳院殿御集』同日条[※4]にも将軍足利義尚に貞通が諏訪社法楽和歌を勧進している旨が記載されている。さらに、『実隆公記』延徳元年（一四八九）七月二六日条[※5]には貞通が上原豊前守賢家等とともに三条西実隆に諏訪社法楽和歌の勧進をしている記事が見える。これらの記事に見える法楽和歌は、七月二七日を祭日とする諏訪社の御射山祭のために勧進されたものであろう。

また、一六世紀半ば頃に成立したとされる往来形式の鷹書[※6]『蒙求臂鷹往来』「夷則（七月）上十　左京大属殿へ」[※7]には、以下のような記事が見える。

次来廿七日者。就御射山祭。信濃守可有恒例朝鳥狩云々。為殺信醜鷹可敬上之由。所令契諾也。定諏方可被申誘引歟。

これによると、七月二七日は御射山祭につき、信濃守が恒例の朝の鳥狩（鷹狩り）を行った由が記載されている。同書では「信濃守」は貞通のことを指す。同じく『蒙求臂鷹往来』「左京大属某　謹上　大府侍郎」にも、

次来廿七日。就諏方社神事。信濃守贄狩興行之間。可被敬上奇鷹之旨。為御兼諾哉。当日者毎年一擲之狩也。

と見える。これによると、二七日の諏訪社の神事について、信濃守（貞通）が贄狩（鷹狩り）を興業したという。これらの記事は、いずれも貞通が御射山祭の贄鷹の神事と関わる人物と見なされていたことを伝えるものであろう。それは、彼が法楽和歌の勧進を行っていた事実と符合するものと言えよう。このような貞通の事跡が、一五世紀後半の京都における諏訪信仰の展開に重要な役割を果たした経緯については、先学が詳しく考察している。[※8]

同じく『蒙求臂鷹往来』の「前備中守某謹上匠作尹」の記事では「於神平貞直流者。諏方相伝為勿論哉」とあり、祢津神平貞直流の鷹術が「諏方」氏に相伝されていることを伝えている。さらに同じく『蒙求臂鷹往来』の「臘月三日付修理権大夫某　浄上　備中前司歟」には「次当道事。如賢意。於神平流者。在洛諏方的々相承勿論也。而神家爪葛末葉之輩。号貞直余胤。披失錯書。委説功能。為師範之類多之歟」という記事が見え、「当道」（鷹道）についての説明として、「神平流」は「在洛」の諏訪氏諸家が相承していることを伝えている。同記事は続けて、神家の末葉は祢津貞直の子孫を称し、「失錯書」を披露して師範となるものも多いと述べている。「神平

流」とは、『諏訪大明神画詞』「諏訪縁起絵 上加下」において「東国無双ノ鷹匠ナリ」と評される祢津神平貞直所縁の鷹術流派のことであろう。「神家」とは、諏訪社の氏人である氏族のことで、当時の京都には、諏訪氏・神氏の諸家が複数在住していたようである。[※9] 一方、諏訪市博物館寄託大祝家文書『前田氏所蔵巻軸　諏訪氏古系図』[※10]によると、円忠は「祢津神平貞直鷹道一流文書」を受け継いだとされている。それならば、『蒙求臂鷹往来』が言う「神平流」を継承した在洛の諏訪氏の一族には、円忠系の京都諏訪氏も含まれていたことが予想されよう。ただ、『蒙求臂鷹往来』は歴史書ではないため、同書に見える記述が史実に即しているかどうかは不明である。しかし、本章では史実かどうかよりも、貞通が京都諏訪社で贄鷹の神事に従事していたことと併せて、円忠系の京都諏訪氏の鷹術が諏訪信仰所縁の「流派」と認識されていたことに注目したい。

ところで、貞通の名前が奥書に見える鷹書は、管見において以下の三点確認できる。

① 名古屋市蓬左文庫蔵『鷹百首和歌』（目録番号129・61・14）
② 天理大学附属天理図書館蔵『鷹聞書少々』（請求記号七八七　イ七）
③ 永青文庫所蔵『和傳鷹経　上下』（資料番号3―3―44）

右掲①の名古屋市蓬左文庫蔵『鷹百首和歌』は「西園寺相国家」を作者とする「鷹百首」類の伝本のひとつである。「鷹百首」類については、他にも多数の伝本が現存していることは先学によって指摘され[※11]、それらの翻刻も多数紹介されている。そのうち、名古屋市蓬左文庫蔵『鷹百首和歌』については、山本一が翻刻紹介している。[※12] それによると、当該写本の二三丁表〜二三丁裏には、以下のような奥書が見えるという。

右百首は西園寺相国の御詠歌也　此人は天下の鷹の家にていらせ給ひ候也　然るを今の公方様に久置たる御

本なり　筆者は飛鳥井殿先祖之事也　鷹の事不信多きよし今の飛鳥井殿して　公方様より被仰出　貞通か祖父信濃守忠郷注を付　御本に家の本を合て進上之本也　家之秘事なりといへ共　難去御事によりて写奉るもの也　如此本は世上稀なり　可秘々々

文明十九年五月十八日　　諏訪左近監貞通　在判

この記述によると、右の鷹百首は「天下の鷹の家」である西園寺相国の御詠歌であるという。また、久しく今の公方のもとに置かれていた「御本」は、飛鳥井殿の先祖の筆になるものと説明する。しかしながら、鷹のことについて不信のことが多かったので、今の飛鳥井殿を以て公方様が尋ね仰せられ、諏訪貞通の祖父（諏訪市博物館寄託大祝家文書『前田氏所蔵巻軸　諏訪氏古系図』では「父」とされる）である忠郷が注を付し、家の本と併せて進上したという。さらに、同奥書の末尾には、文明一九年（一四八七）の書写年紀と諏訪貞通の名前が併記されている。

ちなみに、西園寺鷹百首について、公方が飛鳥井氏を通して貞通の祖父である忠郷に質問し、忠郷がテキストを献上したとする伝えは、天理大学附属天理図書館蔵『鷹百首註』（請求記号七八七　イ五）の本奥書においても「右百首（＝西園寺鷹百首）者文明五年三月十日公方様以飛鳥井／左兵衛督雅（二楽軒御事歟）虚（康カ）郷（卿カ）御尋之時諏方信濃守忠郷／（法名信功）あひともに事書をくハへて備上覧者也仍／此一巻含蔵寺殿依御懇望以板倉与次景恒」（二〇丁表）と見え、名古屋市蓬左文庫蔵『鷹百首和歌』の奥書の叙述と符合する。このことから、西園寺鷹百首の写本が流布してゆく過程において、諏訪忠郷・貞通と飛鳥井家および将軍家との関係が影響している可能性が予想されるが、同書には諏訪信仰に関する直接的な文言は見えず、諏訪との関係は確認できない。そこで、貞通の関わるテキストではあるが、

①名古屋市蓬左文庫蔵『鷹百首和歌』については、本章では考察対象外とする。

一方、②と③のテキストは鷹術に関する雑多な知識を記載している「散文」の鷹書である。まず、②天理大学附属天理図書館蔵『鷹聞書少々』は、その奥書に「明應五年丙辰壬二月吉日　前信濃守神貞通／其預安藝守鑑員／法名鉄叟道牛（花押）／同藤吉良／統綱（花押）」（二三丁表）と見え、明応五年（一四九六）の年紀と貞通の名前が確認できる。次に、③永青文庫所蔵『和傳鷹経　上下』は、上巻の奥書に「右鷹書依上意所令書写進上之如斯／明應五年丙辰閏二月日／前信濃守神貞通奉」（三五丁裏）と見え、下巻の奥書に「右鷹書依上意所令書写進上之如斯／明應五年丙辰閏二月日／前信濃守神貞通奉」（五二丁表）「宝暦十一年辛巳　以宇土之書寫之」（五二丁裏）と見える。上下巻ともに同じく明応五年の年紀と貞通の名前がそれぞれ併記されている。

なお、その伝本については、③の『和傳鷹経』の小笠原家本が、上巻だけ石川武美記念図書館に所蔵されているのが確認できる。[※13]

このような貞通所持の鷹書のうち、②③の本文には諏訪信仰に関わる記事がいくつか記載されている。貞通が京都諏訪社の神職として積極的に活動していた事実を鑑みると、両書に見える諏訪の記述には、他の鷹書に散見する諏訪の文言とは異なった意義を有することが予想されよう。

そこで、本章では右掲②③の貞通の鷹書に見える諏訪信仰の記述について取り上げ、その内容を検討する。それによって、鷹書に記載される内容とテキスト所持者の文化的位相の関連性を明らかにする一例を示す。さらには、この事例を以て京都諏訪氏の鷹術（およびその流派）の実相を探る一助としたい。

一　天理大学附属天理図書館蔵『鷹聞書少々』に見える諏訪信仰の記述

さて、天理大学附属天理図書館蔵『鷹聞書少々』[※14]には、鷹詞、鷹の相形、鷹道具、鷹や獲物を扱う際の作法などについて、一九一の項目が記載されている。その中で諏訪に関する記述が見えるのは第五二条、第六九条、第八六条、第一八一条の四項目である。次にそれぞれの項目ごとに検討を進めてゆく。

まず、天理大学附属天理図書館蔵『鷹聞書少々』第五二条には以下の記述が見える。

一　あし鷹山の明神とは諏方の明神の事也。

これによると、愛鷹明神は諏訪大明神と同体という。この叙述の背景には、あるいは富士山縁起の成立に関わる在地伝承との関連が存在するのかもしれないが、現在のところその典拠や類話は未詳である。

次に、天理大学附属天理図書館蔵『鷹聞書少々』第六九条には以下の記述が見える。

一　天竺波羅提国鹿野薗（テンチクハラタイコクロクヤヲン）と云は野也。其処にて当社明神御狩そ（ママ）し給たる処也。さうしやう国の王は雪山の麓（フモト）大善道と云処を狩し給ふ。されは鷹山共鷹野共又野をつかふ共山をつかふ共云へし。

これによると、「鷹山」「鷹野」「野をつかふ」「山をつかふ」という鷹詞の由来として、

（i）「天竺波羅提国鹿野薗（テンチクハラタイコクロクヤヲン）」という野で諏訪大明神が狩りをしたこと。

（ii）「さうしやう国の王」が「雪山の麓（フモト）大善道」で狩りをしたこと。

という二つの狩りに関する説話のモチーフを挙げている。このうち、（i）の諏訪大明神が「天竺波羅提国鹿

野薗」で狩りをしたというモチーフは、諏訪信仰関係の典籍類に類話を確認することができる。その初見としては、『諏方上社物忌令』が挙げられよう。同書は、嘉禎四年（一二三八）に鎌倉将軍藤原頼経の命を受けて伊豆山の別当が制定した諏訪社関係の資料であるという。※15 当該のモチーフは同書において二箇所、記載されている。まずその一箇所目について、國學院大學図書館黒川文庫蔵『諏方上社物忌令』※16に見える該当本文を以下に挙げる。

一　当社御贄ニカ、ラヌ物共、熊・猿・ニク（氈鹿）・ユハナ（岩魚）・山鳥也。熊ハ権現垂迹ノ依二使者ナル一ニヤ。猿ハ羅漢果ヲ得仏体ナル故也。山鳥ハ青黄赤白黒ノ色ヲ具足シ、山神ノ形ナル故也。ニクハヲオカミノ化現、山神護ヲウノ召物ニテ、高山ノハンシヤク（磐石）ニヲイテ飛行自在ノ通ヲ得ル故也。ユワナハ寸ニ及ヘハ龍ノ形ヲ得、龍門ノ瀧ヲコヘ、百丈ノ瀧ニヲイテモ自在ナル故也。此外ノテウロク（鳥鹿）・スイキヨ（水魚）ハ何モカ、ルヘシ。是則慈悲ノ御殺生、業尽有情故也。当社ノ御頭ニアタラン人ハ、何ニモ御狩ヲ本トシテ、御贄鷹ヲモツカイ、御贄ヲカケラルヘシ。御狩ト云ハ波提国鹿野苑ヨリ始レリ。鷹ト云ハ麻河陀国ヨリ始也。此旨ヲ背キテ御贄狩ヲモセサラン御頭人ハ、神慮ニ可レ背者也。

如レ此逆縁之慈悲ノ御贄ヲフクセム輩ハ、心中ニカノコウシムウシヤウ（業尽有情）、スイハウフシヤウ（雖放不生）、コシユクニンチウ（故宿人中）、トウセウフツクワ（同証仏果）トセウ（唱）スレハ、ウルトコロノ贄ハ忽ニ成仏得道ス。我身ハシンセ（信施）ノ罪即消滅シテ其トカ（咎）ヲ得ス。（後略）

右掲の記事では、まずは諏訪社の贄に関する禁忌の叙述（波線部・後述）の後に贄鷹のことについて触れ、次いで狩りの発祥地を「波提国鹿野苑」、鷹狩りの始まりを「麻河陀国」と述べている。さらには、それに続けて贄の説明として「業尽有情　雖放不生　故宿人中　同証仏果」の諏訪の偈を挙げて殺生を正当化する文言が記載されている。

次にもう一箇所、同書に見える当該の叙述は以下の通りである。

一　倩惟、当社明神者、遠分二異朝雲一近交二南浮塵一給申。其名健御名方明神、去ハ和光之古ヲタツヌルニ、波提国ノ主トシテ、文月（七月）末比鹿野苑御狩ノ時、奉レ襲守屋逆臣カ其難ヲノカレ、広大慈悲御座得レ名給。又奉レ訪二御本地一者、西方補処之薩埵浮二影於秋津洲之波一、一陰一陽之霊祠也。振二威於豊葦原風一、亦敷二十種之願納（網カ）於苦海一、弘二一乗之法輪於濁世一、越二恆順衆生之誓願化生一、令レ蒙二懺悔滅罪之利益於万民一給。訪レハ其濫觴一、或構（称）シ二他国応生之霊一、又ハ号二我朝根之神一。南方幸二波斯国一、降二伏悪龍一救二万民一。彼国治為二阪波皇帝一。東方至二金色山一、殖二善苗一成仏給。其後移二吾朝一給、接（攝）州滄海辺垂レ跡、鎮二三韓西戎之逆浪一、表二西宮一。又濃州高山麓和レ山、守二百王南面之宝祚一誓玉。申二南宮一。終ト勝地於信濃諏方郡一垂跡給。（後略）

これは、諏訪大明神が逆臣である守屋大臣の難を逃れて諏訪郡に垂迹した説話のくだりである。傍線部によると、それは大明神が「波提国ノ主」として「鹿野苑御狩」をしていた時のこととされている。

ところで、このような諏訪大明神が鹿野苑で狩りをするというモチーフは、諏訪円忠がその著書においてにたびたび引用している。すなわち、梵舜本『諏訪大明神画詞』「諏訪社祭絵　第六　穐下」※17には、以下のような叙述が見える。

抑モ此御狩ノ因縁ヲ尋レハ、大明神昔天竺波提国ノ王タリシ時、七月廿七日ヨリ同三十日ニイタルマテ、鹿野苑ニ出テ狩ヲせさせ（ママ）給ケル時、美教トイフ乱臣、忽軍ヲ率シテ王ヲ害シ奉ラントス、其時王金ノ鈴ヲ振テ、蒼天ニ仰テ八タヒ叫テノタマハク、我今逆臣ノタメニ害セラレントス。狩所ノ蓄類全自欲ノタメニアラス、仏道ヲ成セシメンカタメ也、是モシ天意ニ叶ハヽ、梵天我ヲスクヒ給ヘト、ソノ時梵天眼ヲ以テ是ヲ見テ、四大天王ニ勅シテ、金剛杖ヲ執テ群党ヲ誅セシメ給ニケリ。今ノ三斎山、其儀ヲウツサル、ヨシ申ツタヘタリ。八鈴、スナハチ彼国ノ霊宝ヲツタヘテ今ノ神宝ニモチラル（ママ）、四維御柱ハ四天擁護ノシルシ、九治ノ薙鎌ハ衆魔摧伏ノ利劔ナリ、コ、ニシリヌ、又神明慈悲ノ畋猟ハ群類済度ノ方便ナリトイフ事ヲ。

これによると、諏訪大明神が「天竺波提国ノ王」として「鹿野苑ニ出テ狩」をしていた時、逆臣・美教から滅ぼされそうになったという。この危機を乗り切るために大明神は梵天に祈念し、狩猟による衆生済度を誓ったとされる。このように大明神が「天竺波提国ノ王」として「鹿野苑ニ出テ狩」をしていたとするモチーフは、前掲『諏方上社物忌令』の記述と一致する。ちなみに『諏訪大明神画詞』では右掲の説話を「御射山七月御狩」の由来を説く部分において引用している。右掲記事で鹿野苑の狩りの期間を「七月廿七日ヨリ同三十日」としているのは、諏訪の神事である御射山祭の縁起伝承と重なるものであろう。

さらに、同じく円忠の著とされる『諏方大明神講式』は、この『諏訪大明神画詞』を編集して制作されたものという。[※18] 同書にも以下の通り諏訪大明神の鹿野苑での狩猟説話が見える。

而頃年已来於国々所々、任意行放生、有法致狩猟。罪業之根元也。神慮豈有納饗哉。尤可謹慎者哉。但縦雖為境内行放生、備神供之義尚可貽疑。然而記文分明之上、窺縁起文非無其拠。我大明神昔為波提国王、自七月二十七日至同三十日、出鹿苑致狩猟之時、乱臣美教忽率軍旅剣擬害王。々振金鈴仰蒼天、八〻曰、我今為逆臣向被害、所猟畜類全非自欲。為成仏道。是若協天意、願梵天救我矣。于時大梵天王以天眼観之、勅四大天王、執金対杖令誅件群党云々。今三斎山移其時儀式、八鈴伝彼国霊宝。四維御柱、四天擁護之標基、九冶薙鎌者、衆魔降伏之利剣也。是知、明神慈悲之畋猟、群畜済度之方便。

（『諏方大明神講式』※19）

これに見える諏訪大明神の鹿野苑狩猟説話は、その出典とされる前掲の『諏訪大明神画詞』の該当記事とほぼ同じ筋立てで、モチーフにおいて特に目立った異同は見られない。このように、天理大学附属天理図書館蔵『鷹聞書少々』第六九条に見える諏訪大明神の鹿野苑での狩猟のモチーフは、円忠が好んで引用した諏訪大明神の前生譚であったことが確認できる。

ところで、この『諏方大明神講式』（宮内庁書陵部蔵）の奥書には貞通の名前が見えることから、貞通が同書を所持したことが想定できる。さらに、『諏訪大明神画詞』もまた、貞通が家蔵したテキストであったことはよく知られている。※20このことを鑑みると、天理大学附属天理図書館蔵『鷹聞書少々』第六九条に記載される諏訪大明神の狩猟伝承は、原典と思われる『諏方上社物忌令』の内容を踏まえつつ、一方でこれらの円忠の著作からも影響を受けていることが予想されよう。

一方、（ii）の「さうしやう国の王」が「雪山の麓(フモト)大善道」で狩りをするモチーフは、相当数の鷹書にその用例が見られる。たとえば、前節に挙げた永青文庫所蔵『和傳鷹経』上巻「序」にも以下のような叙述が見える。

・鷹は是人倫の事にあらす。摩伽陀國の威戒大聖世尊の謀、衆生の心不同にして其儀まち〳〵なる間、好に随ひて心をよろこはしむ。夫、罪の種重、生死無常の理さためかたし。しかれは、生者必滅、會者定離の理、煩悩即菩薩生死即涅槃ならは、諸法の玉位何を好むも法ならすといふ事なし。抑鷹を仕ひ始られし事は、摩伽陀國の威戒かうなゐ國の王、鷹を好給ふとなん。爰に治用元年壬寅十二月三日申の時に、さうしやう国と云國王、殿上神達部(しんたちめ)鷹狩に出て仕はせ給ふ事ありき。雪山と云山の麓にてつかひ始めたりき。其墅の名をは大善道と云。此野也。此墅の白府なる大鷹きはめて羽のはやき飼の鷹に勝たり。眼は明星のことし。頂はせひ〳〵として秋の月に似たり。御はしはくれ〳〵として鷲の山をいたゝきたり。肩ははん〳〵として海の中に二の岩のさし出たるに似たり。うはの毛はくれ竹のふしをならへたるかことし。背は鞴山のなかれニ似たり。是鷹の王とす。此鷹を長瑞といふは紅桜の鞲にて紅の巻上の糸にて鈴さして此墅に出たり。国王御覧して栄花にほこりてあひし給ふほとに鷹おもはするに手よりおちて羽をひろけてしなんとす。国王御覧して奥(ママ)をさまし思召時にある神国の夫人飼(ママ)て申やう、此鷹の病は万病治けといふ云(ママ)けり。其時、国王、此病をしるならは、命をつきてまいらせよと云宣旨ありしに、此夫人、宣旨ならは承りぬと申て、錦の袋より薬を出して鷹の目にみちんはかりぬり、上にもそゝき、口にもぬりけれは、本のことくすみやかに見へたり。其時、國王、抑なんちか薬はいかなる薬かとの給ふニ、夫人、承て云、大海の内にはころうかと申、十若の内にはあかた薬と申、しからは此薬のほんせいをつたへ申へし。昔は長生殿の裏にて宣旨七度返し申。中比かひら城の裏にて五度かへし申しゝかとも、今の夫人宣旨にしたかひ申へし。てんごうには、さゐ國を給ふへしとのたまひけれは、夫人、宣旨重ねたまはらす共、帝王の仰に従ひて、彼薬のほんせいを申へし。大海の内には九穴のあはひのほそわた、うさきの目、是をもて鷹の万病を治する薬とす。末代悪世にいたるまで鷹を好まん衆生は此本せひをあふひて仕へし。大歳は蘇用元年正月三日未の時、左竜王籬の前に来てつかふ。是をもて鷹の始とす。夫よりつたはりて一千八百余年なり。

これによると、「さうしやう国と云國王」が「雪山と云山の麓」の野である「大善道」で鷹狩りをしている時に、国王の愛鷹である「白府なる大鷹」が万病血気という病に麗れ、それを薬師の「夫人」が秘薬を以て治療したという。このような万病治気に関する説話は、相当数の鷹書に類話が散見する[※21]ことから、鷹書に記載される普遍的な伝承のひとつであることが推察される。しかも右掲の類話で確認できるように、当該説話は「諏訪」との関わりを説くものではない。つまり、この「さうしやう国の王」による「雪山の麓大善道」での狩りの叙述は、たまたま天理大学附属天理図書館蔵『鷹聞書少々』第六九条において諏訪大明神の鹿野苑伝承と併記されただけで、実際のところは諏訪の伝承や教義とは無関係であることが想定されよう。

さらに、天理大学附属天理図書館蔵『鷹聞書少々』第八六条には、以下のような記述が見える。

一　鷹は北向を嫌と云人あり。北向本儀也。当社明神、北向に御座候ひしやもん天王也。北を本とす。鷹の本姓(ママ)とは毗沙門を申也。

この条は鷹と諏訪大明神と毘沙門天との関わりについて記載された項目である。その内容を箇条書きにまとめると以下の三点のようになる。

(i) 鷹は北向きを嫌うという人がいる。
(ii) しかし、北向きは本儀である。諏訪大明神は北向きに毘沙門天が鎮座しているのである。
(iii) 鷹の本性は毘沙門天である。

このうち、(i)(ii)については出典・類話等は未詳であるが、(iii)の鷹と毘沙門天との関係については、いくつかの鷹書において用例が確認できる。たとえば、同じ貞通の鷹書である永青文庫蔵『和傳鷹経』上巻「代々

名鷹 付鷹飼之事」によると、鷹飼の「蔵人源政頼」が鷹の守護にしてその本地は毘沙門天、さらには信州の諏訪南宮に化現したために鷹の魂が「東」にあると伝えている（後述）。ちなみに、これと類似した記事が、立命館大学図書館西園寺文庫蔵『宇都宮社頭納鷹文抜書秘伝』（函号一九五）にも確認できる（後述）。それ以外にも、奥書に長禄二年（一四五八）の年紀が見える宮内庁書陵部蔵『鷹之書』第一条（函号一六三―八七九）には、以下のような記述が見える。

　それ鷹は仁徳天王六拾六年百済国より始て渡す。名をは駿王鳥といふ。鷹かいの名をは勾陳といふ者也。ゐちせんの國つるか津に付る事の由をそうす。諸公卿、せんきあつて、かの駿王鳥を取へき器用をゑらまれけり。其時に蔵人源政頼其人にあたる。政頼ちよくせんを取てかの津に行むかいて、駿王鳥、ほんしよ共にうけとるへきよし申。（中略）扨いまのほん書のことく駿王鳥と云。只の鳥にあらす、毘娑門天王の他身也。

これは我が国に鷹が渡来した経緯を伝えるいわゆる「鷹の伝来説話」である。右掲の記事によると、百済国から勾陳（くちん）という鷹飼の渡来人に連れられて伝来された駿王鳥という鷹が毘沙門天の化身であったという。また、宮内庁書陵部蔵『朝倉家養鷹記 完』「序」（函号一六三―一三一九）にも以下のような叙述が見える。

　八幡鳥鷹也。捉鷹鳥勝人軍何煩悩即菩提善悪不邪正如也。如何云空也。鷹守護天毘沙門天也。惜五穀与衆生啖五穀捉鳥事、悦給心也。本朝鷹守護神諏訪明神也。八幡御同意也。

これによると、鷹の守護天は毘沙門天で、本朝での鷹の守護神は諏訪大明神であるという。しかもその諏訪大明神は八幡神と同体であるとも記されている。

このように、それぞれ異なった文脈においてではあるが、「鷹」と「毘沙門天」をつなげるモチーフに「諏訪大明神」の叙述が見える用例は鷹書において種々散見する。天理大学附属天理図書館蔵『鷹聞書少々』第八六条の記事もそのような鷹書における普遍的な叙述のひとつと考えられよう。すなわち、天理大学附属天理図書館蔵『鷹聞書少々』第八六条に見える諏訪信仰の記述は、諏訪社の神職としての貞通が所伝した当社独自の教義に基づく伝承ではないことが推察されるものである。

最後に、天理大学附属天理図書館蔵『鷹聞書少々』第一八一条には、以下のような叙述が見える。

一　山鳥の事。当社御きらひ候故、鷹にはとらせ候へ共、諏方の家内にはいれす候。

これによると、山鳥は鷹には捕らせても諏訪社においては禁忌とされるという。これについては、先に第五二条の用例として引用した國學院大學図書館黒川文庫蔵『諏方上社物忌令』の波線部に出典と思われる記述がある。同書の当該記事によると、「山鳥」は山神の形をしているために贄として禁忌となることが説明されている。天理大学附属天理図書館蔵『鷹聞書少々』第一八一条の記述はこれを踏まえていることが想定されよう。

二　永青文庫蔵『和傳鷹経 上下』に見える諏訪信仰の記述

もう一つの貞通の鷹書である永青文庫蔵『和傳鷹経 上下』には、鷹の相形や鷹道具、鷹狩りの作法などの実技的な記事が記載されている以外に、鷹説話や縁起といった物語的要素の強い叙述が多く記載されている。諏訪信仰に関する記述もまた、そのような物語的部分に引用されている。以下にその該当部分を挙げてみる。

一・仁徳天皇御代、駿鳥渡りて日本六十余ヶ國にひろめ給き。蔵人源政頼は江州高嶋郡の住人也。駿鳥を相具して六十六ヶ國をまいり大國の山、しからふん山に少様にたりと云て甲斐国富士山の腰つきて、是をひろむ。駿(ママ)は大國より正月ニいたる。其後、信濃国に落付事三月也。諏方郡より國中にひろまる也。子を十四生たり。男鳥七鳥女鳥七生置て三月廿日より五月五日まて巣にふして、わかせいになつて五月五日午ノ時に巣より出て物を習はしたりき。五月廿五日より七月十五日まて以上八十日の間、此鳥を父の駿鳥心をつけて才をならはす。太郎鳥をは鷲と云。切府中黒を出して帝王大臣の御宝となり、鳥を鳴と名付けてあまの面とい ふ羽を出して、王の御宝となす。三郎の鳥をは大鷹と名付金鳥を取て王の御宝とす。四郎の鳥をは隼と名付て墅鳥の鶉を取て田堵百姓の唯物を食鳥を取失て王の御宝となす。五郎の鳥をは、はゐ鷹となつけてまふけの君の御宝となして小鳥をとつて小児の御宝となる。六郎の鳥は鵄と名付て日本国天魔えんの棄物として王の御かたきとなせし。七郎の鳥は木の枝と名付て極東の鳥となるへし。八十日の間かくのことく習はし訓て雲の中に具して上りて捨る也。是を七鳥の別と云也。六十六ヶ國にふたとなれる鳥なり。其鳥つかひ蔵人源政頼、鷹のまほり(ママ)て なりて、本地毘沙門天皇に見出し、ます(ママ)、信州諏訪南宮の化現なり。されは鷹の魂は東にありと也。

（永青文庫蔵『和傳鷹経』上巻「本朝鷹渡始事」第二条）

これによると、仁徳天皇の時代に「蔵人源政頼」なる鷹飼に伴われた「駿鳥」が信濃国諏訪郡より鷹狩りを広めたという。さらにはその「駿鳥」には一四羽の子供が生まれ、それぞれの能力に応じた習い事をさせたと伝えている。そして話末には、鷹飼の「蔵人源政頼」が鷹の守護にして本地が毘沙門天であることや、信州諏訪南宮に化現したことなどが叙述されている。これとほぼ同じ内容を持つ記述が、立命館大学図書館西園寺文庫蔵『宇都宮社頭納鷹文抜書秘伝』にも見えることは、すでに前節において触れた。以下に同書の該当部分を挙げる。

其後、みなもとの蔵人正頼は、江州たかしまの住人也。しゆんわう、都にてとりかひて日本国にひろめ申へきの御いとまをたまはつて、六拾六ケ国をまいり見るに駿川の國大國のしゆほう山に似たりとて、ふしのふもとにおちつきにけり。大国よりは正月拾日に為りき。しなの國下向せし日は三月廿日也。さて正頼、すはのこほりにとゝまる。しゆんわうをは富士山にはなつ。十四の子をうむ成。おん鳥七つ、女鳥七つかやうにうみて、三月廿日より卯月毎日五月五日まて、以上五拾四日、巣ふして我身のせいになして、五月五日むまの時巣よりいたして子ともにのうをならはす。太郎の鳥をは、わしと名つけてきりふなるくろをしてわうの鷹とす。二郎の鳥おは、熊鷹と名付て羽をとりて、おほ鷹とす。三郎の鳥をは、大鷹とかうして金鳥（まし）をとらせて王の供器（くぎ）にそ給ふ。四郎の鳥をは隼と名付て、しゆ鳥のけいしとて田舎の士民百姓のさくもんをふみうしなふかい鳥をとらせん、わうの鷹とす。五郎の鷹を鷂（ハイタカ）とてう（ママ）申て、まうけの、のの小鳥うつらをとらせて王の御なくさめとし、諸人のたからとす。六の子をは、とひと名付て日本のまんゑ（ママ）んのとふりやうとして王の御敵（テキ）を□（ホロホし）うしなふ。七郎の鳥をこのしたとかふして、國の鳥のわうたるへし。とる（ママ）つけておの〱七拾五日か四日のうをならはしはしめて、七かいとなつて、ふみ月十五日むまの時に青雲の中へくそくして、飛のほりこくうにて子供を打ちすてける。かくておんないの中をたちける。是をしち鳥のわかれと云侍るにや。其時、御使正頼、たかのまほりとなりて今にいたるまて鷹ふみの相傳もろ〱たえす。国といへる本地ひしやもんの天王の作訖にて、すはのなんくうと申是也。諸人をしゆこしたてまつり侍る也。鷹の守護神は東におはしますと也。

これは『宇都宮社頭納鷹文抜書秘伝』の冒頭文の一部である。右掲の記事から確認できるように、『和傳鷹経』と表現レベルにおいて若干の異同はあるものの（たとえば『和傳鷹経』では、鷹飼の名前が「蔵人源政頼」で、鷹の名前は「駿鳥」となっているが、『宇都宮社頭納鷹文抜書秘伝』では、それぞれ「みなもとの蔵人正頼」、「しゅんわう」となっている等）、モチーフや話の筋立てにおいてはほぼ一致している。ちなみに、同書は奥書に文禄四年（一五九五）の年紀が見えることから、※22 明応五年の本奥書を持つ『和傳鷹経』より後の成立ということになる。但し、両書の関係については現在のところ未詳である。

ところで、この『宇都宮社頭納鷹文抜書秘伝』は、書名の通り宇都宮流の鷹書で、一七丁表に「宇都宮平野代々秘書」という記載が見えることより、※23 宇都宮の平野氏に代々伝来したテキストであったことがわかる。宇都宮平野氏とは、宇都宮明神の神領である瓦屋郷（現・栃木県宇都宮市瓦谷町）を領し、宇都宮明神の祭祀に深く関わる一族であった。※24 このように宇都宮信仰に所縁深い「宇都宮流のテキスト」に近似した叙述が見られることを踏まえると、蔵人源政頼が諏訪南宮に化現したというモチーフは、諏訪信仰の教義に基づく伝承ではなく、これもやはり鷹書類において普遍的な叙述であることが予想されよう。

ところで、『和傳鷹経』には他にもあと二箇所、諏訪との関わりを示唆する記述が確認できる。そのうちの一箇所目は、同書の上巻「代々名鷹 付鷹飼之事」第八条に見える以下の記事である。

一・後白河院御宇　一本二条院御宇云々

・鷹飼（非御門鷹飼）　・祢津　神平（信州諏訪一族 具見諏訪縁起絵巻）

・名鷹　・平むきの兄鷹　改名　雲居丸

これは鷹飼の「祢津神平」と名鷹の「雲居丸」について記したものであるが、「祢津神平」の割注に「諏訪縁起絵」つまり『諏訪大明神画詞』の書名が見える。これはおそらく、同書に見える以下のような叙述を指すものであろう。

禰津神平貞直、本姓ハ滋野ナリシヲ、母胎ヨリ神ノ告アリテ、神氏ニ約シテ大祝貞光カ猶子トシテ、字ヲ神平トソイヒケル。諏方郡内一庄ノ領主トシテ、保元平治ノ戦場ニモ向ニケリ。武勇業ノミニアラス、東国無双ノ鷹匠ナリ。只今打オロシタル荒鷹ナドヲモ多年ツカヒイレタルカ如クニゾ、持イケル。サレバ此道ノ名誉今ニクチセズソ、聞ユル。或時神事ニ聊触穢アリケル故ニヤ、多クノ鷹ノ中ニ秘蔵シタル小(鷹カ)ヲソラシテ、行方ヲ知ラスナリ。又両三年ノ後、夫婦トモニ旅行ノ事アリテ、浅間嵩ノ麓ヲ過ケルニ高天ニ雲ヲシノク飛鳥アリ、髣髴トシテ何鳥ノ姿トモ見ズ、貞直ヨク〱見ルニ鷹ナラント思フ程ニ、妻女乗輿ノ中ヨリノソミ見テ、是ハ一トセソレニシ小(鷹カ)ト覚ルナリ。ヲイテ見ヨトテ、ヌクメ餌ニ用意シタリケル。鳥ノ別足ニ鷹ノ装束一具ヲ副テ、輿ヨリヲシ出シタリ、貞直此ヲトリテ野原へ打伝喚カケツ、、拳ヲ上タリケレハ、鷹ハ肩ヲツクリテ落カ、リヌ。軈テサシトメテ見レバ、疑ナキ其鷹ナリ。火中ノ蓮ヨリモ不思議ニ華表ノ鶴ヨリモ珍シク覚テ、本ニモコエテ秘蔵シテケリ。此妻室ハ婦人ノ身ナカラ丈夫ノ芸ニモ達シタリケル中ニ、鷹ニオヒテハ妙ヲ得タリケルトカヤ。其後此鷹ヲハ雲井丸トゾ喚ケル。或知音ワリナク係念シケル間、力ナク遣テケリ。其時当社頭役人御贄ノ狩ノタメニ度々所望(シ)ケレドモ、固辞シテ与ザリケルヲ。神慮ヤトガメ思召ケン、此鷹ノ主俄ニ両眼明ヲ失ケリ。驚キ懼テ件鷹ニ神馬ナドヲ相副テ、社家へ奉リニケリ。盲者ノユクエイフカシクゾ覚ヘ侍ル。

（梵舜本『諏訪大明神画詞』「諏訪縁起絵 上加下」）

これは、保元・平治の合戦において活躍した武人で「東国無双ノ鷹匠」とされる祢津神平貞直の秘蔵の鷹についての逸話である。すなわち、祢津神平が秘蔵の小鷹である「雲井丸」を逃したことや、その「雲井丸」が贄鷹として諏訪社の社家に奉られた経緯について叙述しているものである。

そもそも祢津神平は鷹書においてよく登場する鷹飼であるが、その系譜については「せいらい」の婿とされる[※25]など、史実と異なっていることが多い。また、彼に所縁の名鷹については、たとえば、奥書に明徳元年（一三九〇）の年紀が見える立命館大学図書館西園寺文庫蔵『西園寺家鷹秘傳』第八九条（函号一九三）に以下のような叙述が見える。

一　ねつの神平か手むき丸と云鷹あり。巣のうへに鷹赤く大きなる物をくわへて、たかはかりに是をかけてをく。是、馬の身にてありける程に、女鷹ゆひかいなく思ひて、腹を立、巣より飛あかり、おつとの鷹を取て食き。其巣を捨たりき。ねつの神平、是を見て、此つふ子をとりてあたゝめて是をそたて、ねつか手むき丸と名つく。十よ里なからにかす事なし。

これによると、親鷹に捨てられた卵を祢津神平が人工ふ化させて「手むき丸」と名付け、十余里を飛ばしてもこれを逃がすことはなかったという。先に挙げた『和傳鷹経』上巻「代々名鷹 付鷹飼之事」では、改名前の雲居丸の名前を「平むきの兄鷹」と記し、「手むき丸」と類似した呼称を伝えている。が、『諏訪大明神画詞』によると「雲井丸」は「祢津神平」のもとからいったん逃げたと叙述されるのに対して、「手むき丸」は「にかす事なし」とされている。このことから、雲居丸（雲井丸）と手むき丸とは同じ祢津神平の名鷹とはいえ、異なる伝承を持つ別の個体と考えられよう。また、『定家問答』[※26]においても以下のような記事が見える。

一　手むき丸と申事如何。

答云。鷹のつぶ子を懐中にてはやしたる鷹を申也。いちもつするものなり。

この記事に祢津神平の名前は見えないが、「手むき丸」と称する鷹が人工孵化された名鷹であることを説明している部分が『西園寺家鷹秘傳』の叙述と符合している。このように鷹書においては「手むき丸」の方がよく知られた存在であったことが窺えよう。しかしながら、『和傳鷹経』はそのような「手むき丸」ではなくて『諏訪大明神画詞』に見える「雲居丸（雲井丸）」の方を選択しており、同書にこだわる姿勢が窺われるものであろう。

最後に、『和傳鷹経』に記載されているもう一箇所の諏訪信仰の記述について取り上げる。該当記事は以下の通り。

一　諏訪大明神御記文　三返
　業尽有情　雖放不生
　故宿人身　同證佛果

（永青文庫蔵『和傳鷹経』下巻「山出の時木に書符（ママ）事」第三条）

これは著名な「諏訪の偈」であるが、同書においては山神を祀る作法の項目において記されていることから、山中における実践的な狩りの呪文を示すものと思われる。狩庭で諏訪の偈を唱えるのは鷹狩りに限らず狩猟全般にわたる作法のひとつであり[※27]、右掲の文言もまたその範疇で理解されるものであろう。

おわりに

以上、京都諏訪社の神職を務めた貞通の鷹書に見える諏訪信仰関連の記事について検討してきた。それらのうちのいくつかは、出典や類話が未詳もしくは教義が形骸化した叙述内容で、諏訪のテキストとしての特性を示すものではなかった。が、出典や類話が明確で諏訪の伝承であることが想定される記事については、いずれも共通して貞通の一族（京都諏訪氏）の氏祖である円忠の著作の影響を受けていることが確認できた。

ところで、石井裕一朗氏によると[※28]、貞通は円忠の後裔であることを強く意識した人物であったという。たとえば、『天陰語録』「諏訪信濃祖秀実翁居士壽像賛」（貞通の寿像に付した讃）によると[※29]、貞通は式目関係の典籍類に通じた人物で「円忠家声」を失墜させないことを望み、さらには家中に『十二巻諏訪縁起』すなわち『諏訪大明神画詞』を所蔵していたという。ちなみに、貞通がこの『諏訪大明神画詞』の上覧を通じて京都の権門勢家に人脈を広げていった経緯は、同じく石井氏によって明らかにされている[※30]。

以上のことから、貞通が所持した鷹書に円忠の著作の影響が窺えるのは、彼を尊重する貞通の志向性が反映したものと想定される。すなわち、円忠直系の諏訪一族であることを利用して「公武の上層へ入り込んでゆこうと」[※31]した貞通にとって、円忠所縁の諏訪伝承は利用価値の高いものであったはずである。そのような貞通の状況が、彼の所持した鷹書類にも採りこまれたものであろう。このような鷹書を所持した京都諏訪氏の鷹術（およびその流派）もまた、円忠系の諏訪伝承を喧伝する手段のひとつとして成立した可能性が考えられよう。

注

※1　伊藤麟太郎編『伊藤富雄著作集 第1巻 諏訪神社の研究』「諏訪円忠の研究」（永井出版企画、一九八八年七月）、中澤克昭「鷹書の世界—鷹狩と諏訪信仰—」（『芸能の中世』所収、吉川弘文館、二〇〇〇年三月）、村石正行「室町幕府奉行人諏訪氏の基礎的考察」（『長野県立歴史館研究紀要』第一一号、二〇〇五年三月）、石井裕一朗「中世後期京都における諏訪氏と諏訪信仰—『諏訪大明神絵詞』の再検討—」（『武蔵大学人文学会雑誌』第四一巻二号、二〇一〇年一月）など。

※2　『諏訪史第二巻前編』「附録」（宮地直一著、信濃教育会諏訪部会、一九三一年六月）所収。

※3　益田宗解説『後法興院記 二』（『陽明叢書 記録文書篇』第八輯、思文閣出版、一九九〇年四月）。

※4　『群書類従 第一四輯 和歌部』（続群書類従完成会、一九八〇年五月）所収。

※5　『実隆公記 二上』（高橋隆三校訂、続群書類従刊行会、一九五八年一月）。

※6　宮内省式部職編『放鷹』「本邦鷹書解題」（吉川弘文館、一九三一年一二月、二〇一〇年六月新装復刻）。

※7　『続群書類従 第一三輯下 文筆部・消息部』（続群書類従完成会、一九五九年四月）所収。

※8　注※1の村石論文、石井論文など。

※9　中澤克昭「神を称する武士たち—諏訪「神氏系図」にみる家系意識—」（シリーズ歴史学の現在『系図が語る世界史』所収、青木書店、二〇〇二年一一月）。

※10　当該系図の全文は注※2『諏訪史第二巻前編』「附録」に所収されているが、翻刻に誤りが多いため、本章においては稿者が新たに翻刻した本文を引用した。

※11　山本一「鷹百首類伝本概観の試み」（『調査研究報告』第一八号、一九九七年六月）、同「鷹歌をめぐる二、三の考察」（島津忠夫先生古稀記念論集刊行会編『日本文学史論—島津忠夫先生古稀記念論集—』所収、世界思想社、一九九七年九月）、同「名古屋市蓬左文庫蔵『鷹百首和歌』（解題・翻刻）」（片桐洋一編『王朝文学の本質と変容 韻文編』所収、和泉書院、二〇〇一年一一月）。

※12　注※11の山本論文「名古屋市蓬左文庫蔵『鷹百首和歌』（解題・翻刻）」。

※13　川瀬一馬編著『お茶の水図書館蔵 新修成簣堂文庫善本書目』「付章 小笠原家本 室町時代」（財団法人石川文化事業財団、お茶の水図書館、一九九二年一〇月）。なお、同書の存在については中澤克昭氏にご教示賜った。感謝申し上げる次第である。

※14　同書の全文は拙稿「京都諏訪氏の鷹書―天理大学附属天理図書館蔵『鷹聞書少々』全文翻刻―」（『長野県短期大学紀要』第六七号、二〇一三年三月）にて紹介している。

※15　財団法人神道大系編纂会編『神道大系 神社編三〇 諏訪』「解題」（『神道大系』第二二回配本、財団法人神道大系編纂会、一九八二年三月）。

※16　財団法人神道大系編纂会編『神道大系 神社編三〇 諏訪』所収。

※17　金井典美『諏訪信仰史』（名著出版、一九八二年九月）所収。

※18　注※15、注※1石井論文など。

※19　財団法人神道大系編纂会編『神道大系 神社編三〇 諏訪』所収。

※20　貞通が同書を所持した意義については、注※1の石井論文に詳しく説明されている。

※21　本書序章及び第二編第二章及び拙稿「諏訪・大宮流の鷹書―廣田宗綱筆『鷹書才覚巻抄出』全文翻刻―」（『立命館文学』第六二二号、二〇一一年七月）の他、宮内庁書陵部蔵『啓蒙集』（函号一六三―九〇二）、国立公文書館内閣文庫蔵『持明院家鷹秘書 七』（函号一五四―三五四）など参照。

※22　拙著『中世鷹書の文化伝承』第二編第四章「宇都宮流の鷹書―『宇都宮社頭納鷹文抜書秘伝』をめぐって―」（三弥井書店、二〇一一年二月）。

※23　注※22に同じ。

※24　注※22に同じ。

※25　拙著『中世鷹書の文化伝承』第二編第三章「諏訪流の鷹術伝承（二）―『せいらい』の展開と享受―」。

※26　『続群書類従 第一九輯中 蹴鞠部・鷹部』（続群書類従完成会、一九五八年四月）所収。

※27　千葉徳爾『狩猟伝承研究』本論 第七章 第一節「諏訪の神文」（風間書房、一九六九年一一月）。

※28　注※1の石井論文。

※29『続群書類従 第一三輯上 文筆部』（続群書類従完成会、一九五九年三月）所収。

※30　注※1の石井論文。

※31　注※1の石井論文。

第二章　祢津流宗家の鷹術

——祢津志摩の鷹書——

はじめに

諏訪社の贄鷹の神事に端を発する鷹術の流派について、幕末の故実家である栗原信充が著した『柳庵雑筆』第二[※1]では、以下のように叙述している。

又百済の米光由光の芸を伝へしは、出羽守源斉頼なり、斉頼の父は駿河守忠隆と云、母は権大納言斉信の女なり、忠隆は鎮守府将軍満政の二男にして、清和天皇五代の孫なり、斉頼無双の鷹飼にて、其芸武家に伝はり、信濃国諏訪の贄鷹、下野国宇都宮の贄鷹等の徒、みな此斉頼の流を相承す、その中に祢津神平が流は、諏訪の贄鷹の派と云り、但祢津の系図には、清和天皇第四皇子貞保親王（一本貞元に作）八代平権大夫重道の二男、祢津左衛門尉道直の子を神平貞直と云、貞直が子神平宗直、のちに美濃守と云、宗直の子神平宗道、その子神平敦宗、その子神平宗光、また大宮新蔵人と云、此時御所御鷹飼方の秘訣を伝ふと云は、酒君の流と、米光由光のながれと、祢津の家に一統して相承ること、なりしなり、宗光十五代美濃守信直入道して、松（ママ）鷗軒常安と云、宮内大輔元直の男なり、松鷗軒の弟子に、屋代越中守、吉田多右衛門家元、熱田鷹飼伊藤清六、小笠原某、羽根田某、横澤某、荒井豊前守、平野道伯等の数人あり、皆新得発明する所ありて、各一家をなす、是鷹飼流派の大概なり。

右によると、「米光由光の芸」を伝えた「出羽守源斉頼」の鷹術は「武家に伝はり」、「信濃国諏訪の贄鷹」及び「下野国宇都宮の贄鷹」に従事する人々が相承したという。その中で「祢津神平が流」は「諏訪の贄鷹の派」であるとして、祢津氏の系図を挙げて説明している。すなわち、貞保親王より一三代裔の「神平宗光」については、またの名を「大宮新蔵人」といい、「御所御鷹飼方の秘訣」を伝えた由が記されている。さらにその宗光の「十五代」末裔である「松鷗軒常安」については「屋代越中守」以下八人の弟子の名前を挙げ、それぞれが一家をなしたと伝えている。

なお、戦前の宮内省式部職が編纂した『放鷹』に見える「禰津流」の解説[※2]は、右掲の『柳庵雑筆』の記述にほぼ基づいている。同書には、「禰津流」の放鷹術は信州諏訪社の贄鷹の神事に端を発すること、そしてそれは祢津神平貞直直系の一族である祢津氏に伝来したこと、さらには祢津信直（松鷂軒）には八人の門弟がいたことなどが『柳庵雑筆』と同様に記載されている。

ところで、実は祢津氏の鷹狩りが諏訪信仰と積極的に関わったことを示す同時代の史料（実録書類）は管見において存在しない。周知の通り、祢津氏は諏訪神党に属する一族ではあるが、鷹狩りに関する事績に限定すると、彼らが贄鷹の神事などの「諏訪信仰所縁の鷹狩り」に関わったことを示す歴史的根拠はないのである。にも関わらず、現状においては『柳庵雑筆』に依拠した『放鷹』の見解が定説化しているため、祢津氏が諏訪社の贄鷹の神事に従事していたのはあたかも自明の理のように認識されてしまっている。

そこで本章では、信州祢津氏の鷹術について、まずは『柳庵雑筆』の記述の可否に関する検討を試みる。それによって長らく定説とされてきた『放鷹』の過誤を正し、中近世期における鷹狩りの流派の実情に即した知見を新たに提示したい。次いで、鷹書に見える彼らの鷹術伝承を手がかりに、信州祢津氏の鷹術の実相について明らかにする。その成果を以て、当該流派の遡源の実像を示し、その成立を探る一助としたい。

一　祢津神平説話と諏訪信仰

前節で挙げたように、『柳庵雑筆』第二では「祢津神平が流は、諏訪の贄鷹の派」とあり、諏訪における贄鷹の神事が「祢津神平」の流派に受け継がれたことを説明している。祢津氏には代々「神平」を称する人物が多数存在しているが、その中で、諏訪信仰に所縁ある鷹匠と言えば、前章で挙げた『諏訪大明神画詞』「諏訪縁起絵上加下」に登場する「祢津神平貞直」が最も著名であろう。同書の叙述によると、「禰津神平貞直」は本姓滋野氏であるが、「神氏に約シテ大祝貞光カ猶子」として字を神平と名乗り、諏方郡内一庄の領主となったという。さらに彼は、保元・平治の合戦に赴いた武人であったのみならず「東国無双ノ鷹匠」であったとされ、その鷹匠としての逸話が掲載されている。すなわち、ある時の神事に触穢があったためか貞直が秘蔵の鷹を逃がしたこと、さらにそれを旅先で妻が見つけたこと、その鷹は「雲居丸」と称して貞直の知人が強引に貰い受けたものの神慮によって最終的には贄鷹の神事の鷹として社家に奉られたことなどが叙述されているのである。このように、同書に見える祢津神平貞直は、諏訪社における贄鷹の神事の鷹を扱う鷹匠として描かれていることは、すでに前章で確認した通りである。

しかしながら、祢津神平の鷹術伝承がすべて諏訪信仰と関わって伝えられるわけではない。たとえば、尊経閣文庫蔵『持明院殿基春卿 西園寺家鷹口傳一冊』（函号一一ノ一　書鷹）の第五四条と第五五条には、以下のような一連の説話が見える。

一　鷹のこい丸と云事

是ハ、鷹、みさこにかよふてうまれたる鷹也。此鷹をとりかう時、先魚をとらするなり。其時、水の中へ犬を入てとる。其池は神前然の池成（也）。其時の御哥奥にあり。

一　おそにとつきて生たる犬をもちて此鷹をとりかう。おそとハ、河おその事也。此犬大津の浦より尋出せり。しなの、ねつの神平、是をつかう。神平政頼卿の聟なり。御幸成てこれを叡覧あり。一條院の御時の事也。此鷹にハ口傳多。

右掲の二条は、「こい丸」というオオタカとミサゴとの間に生まれた鷹についての逸話（第五四条）とかわうそと犬との間に生まれた犬についての逸話（第五五条）である。この鷹と犬の組み合わせを遣う人物として「しなの、ねつの神平」が登場している。ここに見える「ねつの神平」は、政頼卿の聟で一条院の御代の人物とされることから、先に挙げた『諏訪大明神画詞』に登場する祢津神平貞直と同一人物とは考えにくい。そもそものような系譜の人物に比定できる該当者は存在せず、架空の人物である可能性が高い。さらに注意されるのは、『諏訪大明神画詞』の叙述とは異なって、諏訪信仰に関する文言が見えず、その影響がまったく窺えないところである。

なお、この『西園寺家鷹口傳』と称する鷹書には、複数の伝本が現存している。そのうち、右に挙げた尊経閣文庫蔵本の奥書には、

応長二年三月中旬比以秘本書写之畢

とあり、応長二年（一三一二）の書写年紀が見える（大阪大学附属図書館蔵本の奥書にも同じ文言が見える）。これが事実であるならば、当該書は『諏訪大明神画詞』よりも古いテキストということになり、同書に掲載されているミサゴ腹の鷹とカワウソ腹の犬の説話は、管見において最も古い祢津神平説話ということになる（ただし、この書写年紀の信憑性については慎重な検討を要する）。

このような〝ミサゴ腹の鷹とカワウソ腹の犬〟を祢津神平が遣うという話は、立命館大学図書館西園寺文庫蔵『西園寺家鷹秘傳』（函号一五四―三五〇）「雑々返用之詞」第二四条にも類話が見られる。同書は、奥書に見える文言によると、明徳元年（一三九〇）から天正二年（一五七四）に至るまで複数回にわたる転写を繰り返したものという。それを信じるならば、ほぼ室町期全般にわたって書写され続けた鷹書ということになる。同書に見える該当話は以下の通り。

一　鷹に鱗丸と云名あり。此鷹みさこにとつきてまうけたる鷹なり。此鷹をかう時ハ先魚をとらする也。其時、水の中へ犬を入てとらする也。件の鷹を神泉苑の池ニてつかハれき。その時の御歌
／あら磯のみこ（さか）の巣鷹を取かふにおその子はらむ犬を尋て
此時、鱗丸と名く河をそにとつきて儲たる犬を以て此鷹をとりかふ。此犬、大津の浦ニて尋出せり。其時の鷹しやう信墅のねつの神平也。清頼卿のむこ也。御かと御幸なりてゐいらんありき。一条院の御時か此鷹に

ハ口傳多也。

右掲の説話においても『西園寺家鷹口伝』と同じく政頼と祢津神平の組み合わせが見える。両書の叙述の大きな違いとしては、『西園寺家鷹秘傳』では、祢津神平が遣うミサゴ腹の鷹の名前が「鱗丸」とされているのに対して、『西園寺家鷹口伝』では「こい丸」となっているくらいである。それ以外はほぼ同じ内容が叙述され、諏訪に言及した文言も見られない。『西園寺家鷹秘傳』はこれ以外にも鷹を遣って「神平」が八重羽の化鳥を退治する説話（八重羽の雉説話（後述））を記載しているが、同話においても諏訪信仰の関与が窺える文言は記載していない。

以上のように、『諏訪大明神画詞』が成立した室町期には、さまざまな祢津神平説話が流布していたことが確認できる。しかし、それらは必ずしも諏訪信仰の影響を受けたものばかりとは限らない。実は、室町期において鷹匠の祢津神平が諏訪信仰と関わることを伝える文献は、『諏訪大明神画詞』以外には管見において存在しないのである。

ところで、『諏訪大明神画詞』の著者である諏訪円忠は、諏訪上社の大祝を務めた一族の人物で、足利尊氏に取り立てられて室町幕府奉行人を務めたことはよく知られている。彼の直系の末裔（＝京都諏訪氏）もまた室町幕府奉行人を世襲して京都諏訪社の神職を務めていたことや、一六世紀半ば頃に成立した『蒙求臂鷹往来』によると、同社の贄鷹の神事にも従事していたとされていることは前章で述べた通りである。このような京都諏訪氏について、諏訪市博物館寄託大祝家文書『前田氏所蔵巻軸　諏訪氏古系図』※3では、円忠以降の系譜を以下のように記している（稿者編集）。

圓忠

諏方大進　法橋　法眼　法名貞叟　道号　公人奉行号捻奉行　評定衆　引付衆　當社執行　大圓為猶子
等持院殿征夷大将軍之始仰嵯峨開山夢窓正覺國師自信州被召上之（也カ）為右筆方衆靈地奉公之（也カ）次第別記在之（也カ）諸國諸庄
園為奉公之賞拝領之地数十ヶ所在之（也カ）帯數通之御下文公家一統之時者為記録所寄人
暦應二将軍家奉勅建天龍寺始末為奉行
祢津神平貞直鷹道一流文書并諏訪郡大鹽御牧等相傳之（也カ）　延文比當社縁起繪令發願　今上皇後光嚴院忝下外題之宸
翰　征夷大将軍記全部奥書親王台司貴種郷士或録其儀趣或書其詞章家督相傳之（也カ）
将軍家或時指庭下信濃櫻有御發向圓忠令續之在別　兎（菟カ）玖波集作者新千載新後拾遺集著作者

康嗣

次郎　童名松犬丸　左近将監　左衛門少尉　母藤原氏女
信濃守入道法名信格道号物元
引付衆
文和四十二月廿四日自江州至京都令供奉軍忠神妙之旨将軍家宝器（篋カ）院殿御感状在之（也カ）新恩地等拝領

滿嗣

三郎　左衛門尉　鹿苑院殿御字被下之（也カ）
母康嗣女　吉良殿妻　實康嗣猶子家督相續之（也カ）
大祝康嗣猶子讓與諏方郡大鹽御牧内福澤村以下法名祐貞道号松雪

行信

始忠嗣
童名松菊丸　次郎　左衛門尉　法名常信　道号心元

母神祇伯家女

光信

童名松名丸　次郎　左近将監　信濃守

母山徒圓明女

引付衆

評定衆

新恩地等拝領

改号忠政（亦カ）宗忠郷　慈照院殿御代出御前放鷹仕下給御劔鷹事雖為天下御禁制出當家者如者々贄鷹可繋旨蒙上命多

法名信功道号徳林

貞通

始貞郷

童名松千代丸　次郎　左近将監　信濃守

母藤原氏女

引付衆

従五位下

従五位上

政所執事代

新恩地等拝領

右掲の円忠の注記によると、夢窓国師の推挙によって足利尊氏の右筆に抜擢されたことが見えるほか、「祢津神平貞直鷹道一流文書」並びに祢津一族が領した大塩牧（現・長野県茅野市）を円忠が相伝したことが記載されている。ここで注目したいのは、前章でも触れたように、彼の鷹術が「祢津神平貞直」の流派と明記されていることである。また、円忠の五代裔の「光信」は、その注記によると「忠郷」と改名したという。同じく当該注記によると、その忠郷（光信）は、慈照院（足利義政）の御前で鷹を遣った褒賞として「御剣」を下賜された上、当時禁制とされていた贄鷹の神事を当家に限り許可されたことが伝えられている。このことから、彼もまた積極的に鷹術に従事した人物であったことが想定される。さらに、このような忠郷について、『蒙求臂鷹往来』「六月十二日　陸奥大目某上　進上　右馬権助殿」※4には、以下のような記述が見える。

次鷹鷂并隼鶻脚絆同装束法等事。脚緒者以貞直正本。忠郷判形秘本。令写之所奉献也。

右によると、鷹・鷂および隼・鶻などの脚絆について「貞直正本」及び「忠郷判形秘本」なるテキストがあったという。この「貞直」は祢津神平貞直を指すものであろう。ただし、すでに指摘した通り、『蒙求臂鷹往来』は往来形式の啓蒙書として作成された鷹書であるため、これに見える記述は必ずしも史実そのままとは限らない。むしろ当時の鷹術に関する普遍的な「認識」が記載されていると理解するべきであろう。

また、右掲の系図で「忠郷」の子息とされる「貞通」については、すでに前章で取り上げたように、『蒙求臂鷹往来』「夷則上十　左京大属殿へ」によると、

次来廿七日者。就御射山祭。信濃守可有恒例朝鳥狩云々。為殺信醜鷹可敬上之由。所令契諾也。定諏方可被申誘引歟。

と見え、七月二七日の御射山祭において「信濃守（＝貞通）」が恒例の朝の鳥狩（鷹狩り）を行ったとされている。さらに同じく『蒙求臂鷹往来』「左京大属某 謹上 大府侍郎」にも、

次来廿七日。就諏方社神事。信濃守贄狩興行之間。可被敬上奇鷹之旨。為御兼諾哉。当日者毎年一擲之狩也。

と見え、二七日の諏訪社の神事において「信濃守（貞通）」が贄狩（鷹狩り）を行った由が伝えられている。このように、『蒙求臂鷹往来』において貞通は、諏訪信仰（諏訪社の贄鷹の神事）と密接な関わりを持つ鷹匠として記述されているのも、前章で指摘した通りである。さらに、同書の「臘月三日付修理権大夫某 浄上 備中前司欺」の記事には、彼の鷹書について以下のような説明が見える。

貞通伝書者。或記法度々髄脳相形之精究。或録調養之奇術。医療之捷経。又挙古来多説之昌。詳諸家所用之区。又攅義理幽微之事。示難解玄妙之秘。其外至條々之本説。諸事之濫觴。態芸之委曲。毎物之真贋。故実之細砕等盡載之。直所見先達不傳之極意也。是則貞直淵底。神家握玩書也。

右によると、「貞通伝書」には、鷹術の奥義や調養の奇術、医療の知識などについて古来の説が多く挙げられ、さらには、諸事の起源や態芸の詳細、故実の知識などが記載されているという。そして、それらは「貞直」の極意に基づくものとされている。この「貞直」は祢津神平貞直のことであろう。右に見える「貞通伝書」が具体的に何のテキストに該当するのかは未詳であるが、現存する諏訪貞通の鷹書のうち、『鷹聞書少々』『和傳鷹経』には『諏訪大明神画詞』の影響が窺えることは前章で確認した通りである。それを踏まえると、貞通の鷹書が貞直の極意に基づくものとする右掲の記事は、貞通所縁の実在する鷹書と対応する内容と言えよう。

その他にも、『蒙求臂鷹往来』の「前備中守某謹上匠作尹」の記事では「於神平貞直流者。諏方相伝為勿論

哉」とあり、祢津神平貞直流の鷹術が「諏方」氏に相伝されたと伝えていることや、同書の「臘月三日付修理権大夫某 浄上 備中前司歟」の記事にも「於神平流者。在洛諏方的々相承勿論也」と見え、神平流が京都諏訪氏に相承されたと伝えていることも前章で触れた。このように、忠郷・貞通父子をはじめとする京都諏訪氏は、祢津神平貞直の流れを汲む直系の鷹匠とされていたことが確認できる。

以上のように、祢津神平貞直と諏訪信仰を結び付けた鷹術伝承を喧伝したのは円忠およびその末裔（京都諏訪氏）であった。前章でも確認したように、諏訪信仰所縁の祢津神平貞直流の鷹術を相承していたのは、（少なくとも室町期においては）祢津氏ではなく京都諏訪氏たちである。それならば、「祢津神平が流は、諏訪の贄鷹の派」と説明し、それを継承した氏族として祢津氏の系図を挙げる『柳庵雑筆』の認識は、根拠のない誤認と判断することができよう。

二　信州祢津氏の鷹術

一方、祢津神平貞直の直系の一族である信州祢津氏が従事した鷹術の実態はどのようなものであったのだろうか。その具体的な実相をたどるために、まずは『信州滋野氏三家系図』[※5]に所収されている同氏の系譜について検討してみる（以下、稿者編集）。

清和天皇（略）――貞保親王（略）――目宮王（略）――善淵王（略）――滋氏王（従五位下院判官代信濃守 母太政大臣基経女）――為廣従（従五位上 号三寅大夫。贈）

（中納言。従三位）――為通（従四位下 左衛門督）――道直（禰津小二郎）――貞直（神平 鷹名誉アリ。自院賜宝珠并御剣）――宗直（禰津小二郎美濃守）――宗道（小二郎左衛門尉）――敦宗（左衛門尉）――宗光（神平 法名光仏）――光長（神平四郎）―光義（三郎大力也）―重綱（神平三郎）―光頼（美濃守禰津）―頼直（神平二）―時直（禰津神平二）―長泰（美濃守）―泰綱（美濃守）―氏綱（美濃守民部丞）―遠

光（従五位下越後守）―女子（無男子而女子相続）―時貞（上総介法名龍雲）―信貞（三郎上総介法名正山）―光直（宮内大夫法名竹叟）―覚直（宮内大夫法名一英）―元直（宮内少輔法名元山）―信直（美濃守法名栄安）

右に見える祢津氏の系図は、前掲の『柳庵雑筆』第二に掲出されている記事とほぼ一致する。しかしながら、「貞直」の注記は「神平　鷹名誉アリ。自院賜宝珠并御剣」と簡略に記されるに留まり、鷹術の名人と記されてはいるものの、やはり諏訪信仰との関わりを示す文言は見えない。また、『柳庵雑筆』第二において「大宮新蔵人」と称され、「御所御鷹飼方の秘訣を伝ふ」と説明されている「宗光」についても「神平　法名光仏」と注記されるのみである。この「宗光」については、『柳庵雑筆』とほぼ同時代に成立した『系図纂要　第十三冊』「滋野朝臣姓真田」[※6]に見える当該人物の注記に「神平　大宮新蔵人　傳鷹飼秘術仕酒君流与米光由光流含祢津流相承云」と記載されている。これは、管見において、『柳庵雑筆』以外で「宗光」と鷹術を結び付ける説明をしている唯一の同時代の資料である。さらに、同じく『柳庵雑筆』で鷹術の弟子が八人いたとされる「宗光十五代美濃守信直入道して、松鷗（ママ）軒常安」についても右掲の『信州滋野氏三家系図』では、「美濃守　法名栄（常カ）安」と記されるだけで特に鷹術との関連については述べられていない。しかしながら、この信直（松鷂軒）については、鷹術に従事していたことを伝えるさまざまな資料が確認できる。

その一例として、祢津松鷂軒から伝授されたという多数の鷹書の存在が挙げられる。その中のひとつである宮内庁書陵部蔵『鷹狩記　祢津流　完』（函号一六三―一〇四四）の奥書には、以下のような記述が見える（宮内庁書陵部蔵『鷹狩記　根津流』（函号二〇七―一〇四）にもほぼ同文の奥書有り）。

信濃国小縣郡之住人祢津之家之山多賀之法度、大方如此抜書ト。極意は灌頂巻可有者也。手金奥傳也。

祢津松鶍軒常安
依田十郎左衛門守廣

天正拾六年戊子
二月朔日
江守清兵衛殿

或書曰信州禰津氏ハ清和天皇ノ皇子貞保親王ノ裔孫左衛門尉道直ヨリ代々禰津ニ住ス。天文比村上義清ト戦テ家亡滅ス。禰津元直同弟美濃守甲州ニ奔テ信玄ニ仕ヘ後東照宮ニ奉仕薙髪シテ号松鶍軒。其子美濃守信政蒙台命家傳ノ鷹書ヲ献ヘキ由ノ処、信政卒去ニ付神平吉直奉献也。于時慶長七年歟。元（月カ）直参州長篠ニ於テ戦死スト云ヘリ。

右によると、この書は「信濃国小縣郡之住人祢津之家」に伝わる鷹狩りのご法度を抜書きしたもので、「祢津松鶍軒常安」（ここでは信直ではなく常安）及び「依田十郎左衛門守廣」が天正一六年（一五八八）二月一日に「江守清兵衛」に宛てたものという。※7 このことから、同書が祢津松鶍軒と関わる祢津家所縁の鷹書であることが想定されよう。さらに同奥書の末尾に見える記事には「信州禰津氏」の系譜について、「清和天皇ノ皇子貞保親王」の末裔である「道直」（貞直の先代）を挙げ、彼を祢津に住した同一族の初代としている。そして、天文の頃（一五三二〜一五五五）に村上義清と戦って同家が滅亡した後、元直とその弟の美濃守は甲州に逃走して武田信玄に仕えたという。さらにその後、美濃守は徳川家康に仕えて剃髪後に松鶍軒と号し、彼の子息である信政は徳川秀忠の命を蒙って鷹書を献上する前に死んでしまったので、神平吉直が代わりに献上したとする。これは慶長七年（一六

○二）の頃のことという。それと併せて元直（正しくは松鶚軒の実子である月直）[※8]が、三河長篠合戦において戦死した由も伝えられている。ここに見える「神平吉直」は、『断家譜』第二[※9]や『系図纂要 第十三冊』「滋野朝臣姓真田」[※10]によると、祢津信政の跡を継いだ人物とされる。この吉直が信政の鷹書を献上した経緯は、天保一二年（一八四二）に完成した徳川幕府編纂の史書である内閣文庫蔵『朝野旧聞裒藁』[※11]にも以下のように記されている。

（慶長七年）祢津美濃守信政卒す、これよりさき家伝の鷹の書を徴れ（さ脱カ）しかとも、其事に及はさるにより、嗣子神平吉直これを献す。

ところで、祢津松鶚軒の子である信政が、一万石を領する上野国豊岡藩主になったことはよく知られている。[※12]同藩の三代目藩主の信直（信政の子で二代目藩主の吉直の弟）には跡継ぎがいなかったため、祢津氏は改易されることになった。と同時に、上野国豊岡藩は廃藩、さらには幕府領となった。右掲の宮内庁書陵部蔵『鷹狩記 祢津流 完』の奥書や内閣文庫蔵『朝野旧聞裒藁』の記事は、このような豊岡藩の藩主が鷹術を奉じて幕府に仕えていたことを伝えるものと言える。なかでも、宮内庁書陵部蔵『鷹狩記 祢津流 完』に見える家伝は、豊岡藩主の祖である松鶚軒から同藩藩主に継承された鷹術の系譜に関する伝承とも言えよう。いずれにしろ、ここで注目されるのは、京都諏訪氏が鷹術の祖として重要視していた祢津神平貞直を、当家の家伝では、一切触れていない点である。むしろ当家の業績としては、村上義清との合戦や武田信玄及び徳川家康に臣従したこと、さらには長篠合戦での戦死などの戦国武将としての来歴の方をより強く主張している。

このような上野国豊岡藩主となった祢津氏の同族に、松代藩の真田家に代々仕えた一族があった。すなわち、祢津松鶚軒は長篠合戦で実子（月直）が戦死したため、甥である信光（昌綱）に名跡を継がせた。[※13]初代豊岡藩主になった信政は信光が名跡を継いだ後に生まれたらしく、松鷂軒は信政を伴って徳川家康に従ったという。※14 松鷂軒に随従しなかった信光は最終的に真田信之に仕え、彼の一族は代々松代藩士となったのである。たとえば、長野県立図書館蔵『［松代藩］御家中分限覚』（資料番号0104163142、請求番号N280.3/ﾏﾂ）には、明暦三年（一六五七）の真田信政の時代の分限帳の写しと推測される分限帳が所収されている。それによると、真田家筆頭家老の矢沢家（石高二一二五石）から五番目に「八百石　祢津舎人」と見えるのが確認できるほか、石高二百石の藩士を列挙している部分に「一　弐百石　祢津権大夫」という記載がある。同じく同文書には、『真田幸道時代士卒分限帳』（寛文の頃〈一六六一～一六七二〉のもの）の写しと思われるものも所収されていて、それによると「一　六百五十石　祢津甚平」及び「百五十石　祢津多門」と見えることから、松代藩士には複数の祢津家がいたことが確認できる。

そのような松代藩に仕えた祢津氏の中の人物に対して、初代藩主である真田信之が以下のような書状を送っている。

尚鷂、鶏壱つ進之申候、右之四つ之内はいたか壱つ御鷹匠へ可被相渡候、よく申候、三原信州へもすたか儀被申越候、西窪、こす鷹おり候而、いまた沙汰もなく候、断々堅可申越候、方々よりすたり取望候間、［　］下候様ニ肝煎尤候へく候、

急度申遣候、仍越前中納言様（松平忠直）より巣鷹就于御所望候被預御状、先書ニ申遣候、其許之残置候はいたか四つ之内壱つ御鷹匠へ可被相渡候、為其如此候、恐々謹言、

五月廿七日　信之（花押）

祢津志摩守殿

（上州我妻郡西窪村西窪治部右衛門所蔵『真田信之書状　元和八年（一六二二）』）[※15]

これによると、真田信之が「祢津志摩守殿」なる人物に、鶴や鶏を「御鷹匠」に渡すことを依頼しつつ、松平忠直が巣鷹を所望していることなどを伝えている。ちなみに、岡村博文氏蔵文書『真田信之書状　年次未詳』[※16]にも、右と同じ内容の書状が見える。他にも同じく真田信之が祢津氏の人物に宛てた以下のような書状がある。

以上

一筆を染め候、牧野大和殿より其許の山にて巣廻の鷹うたせられ度候由にて、大和殿より鷹狩其許へ参着し候ば、いづれの山にても彼の鷹まちと相談し候て馳走致すべく候、くれぐれ御頼みにて候間、書状遣わし候、如在有る間敷く候、恐々謹言、

六月七日　　伊豆守

信之（花押）

祢津　式部殿

片山　主膳殿

（上州利根郡白岩村中島某所蔵『真田信之書状　寛永四年（一六二七）〜同一四年（一六三七）』）[※17]

これによると、「牧野大和殿」の鷹狩りについて、真田信之が「祢津式部殿」及び「片山主膳殿」に、いずれの山においても「鷹まち」と相談して彼を「馳走」することを依頼している。ここに見える「牧野大和」とは、長岡藩主牧野忠成の長男である光成を指す。[※18]

以上の書状より、松代藩士の祢津氏の中には、鷹術を以て藩主に仕えていた人物のいたことが確認できる。この人物については、長野県立図書館蔵『松代藩士系図 全』（資料番号0104163225、請求番号N288.3／）に所収されている二種類の系図によると【図版①②参照】、政直（「祢津宮内大輔 松鷂軒」と注記される）の弟である信忠の次子の「幸直」の注記に「式部　志摩守　介右衛門　系左別　武靖公御伽相助　系在別」【図版①】もしくは「式部　助右エ門　志摩守　武靖公御伽」【図版②】と見える。右掲の書状と年代もほぼ一致することから、「祢津志摩守殿」と「祢津式部殿」は同一人物で松鷂軒の甥に当たるこの「幸直」という人物であることが想定される。[※19] ちなみに、同じ系図において「幸直」の兄にあたる人物は「昌綱」とされ、「政直の養子トナル」【図版①】または「宮内大輔　同氏政直養子」【図版②】と注記されていることから、これは先に触れたように、実子が戦死したために松鷂軒の名跡を継ぐために養子となった人物に該当すると思われる。彼の一族もまた鷹術に従事していたらしく、信光（昌綱）の子である信秀の子の「祢津長右衛門」に宛てられた鷹術伝授の祈請文[※20]や信光の子孫に伝来した鷹書が現存している。[※21]

このような松代藩において鷹術を以て奉仕した「祢津志摩守」には、所縁の鷹書が現存している。すなわち、宮内庁書陵部に所蔵されている『根津志摩守ト有之鷹書』（函号一六三―九六八）という鷹書の序文には、以下のような記述が見える。

一大事と申。口傳人ニ諸物みせす、かさす候。子細忘、わかちゑを人の知事、此秘伝書清生をかけくはものこさすして常ニみれは、覚申候。是其儘尋根津志摩守所ニ奉公仕時、ぬすみ出しうつし候。甚兵衛十二才之時也。

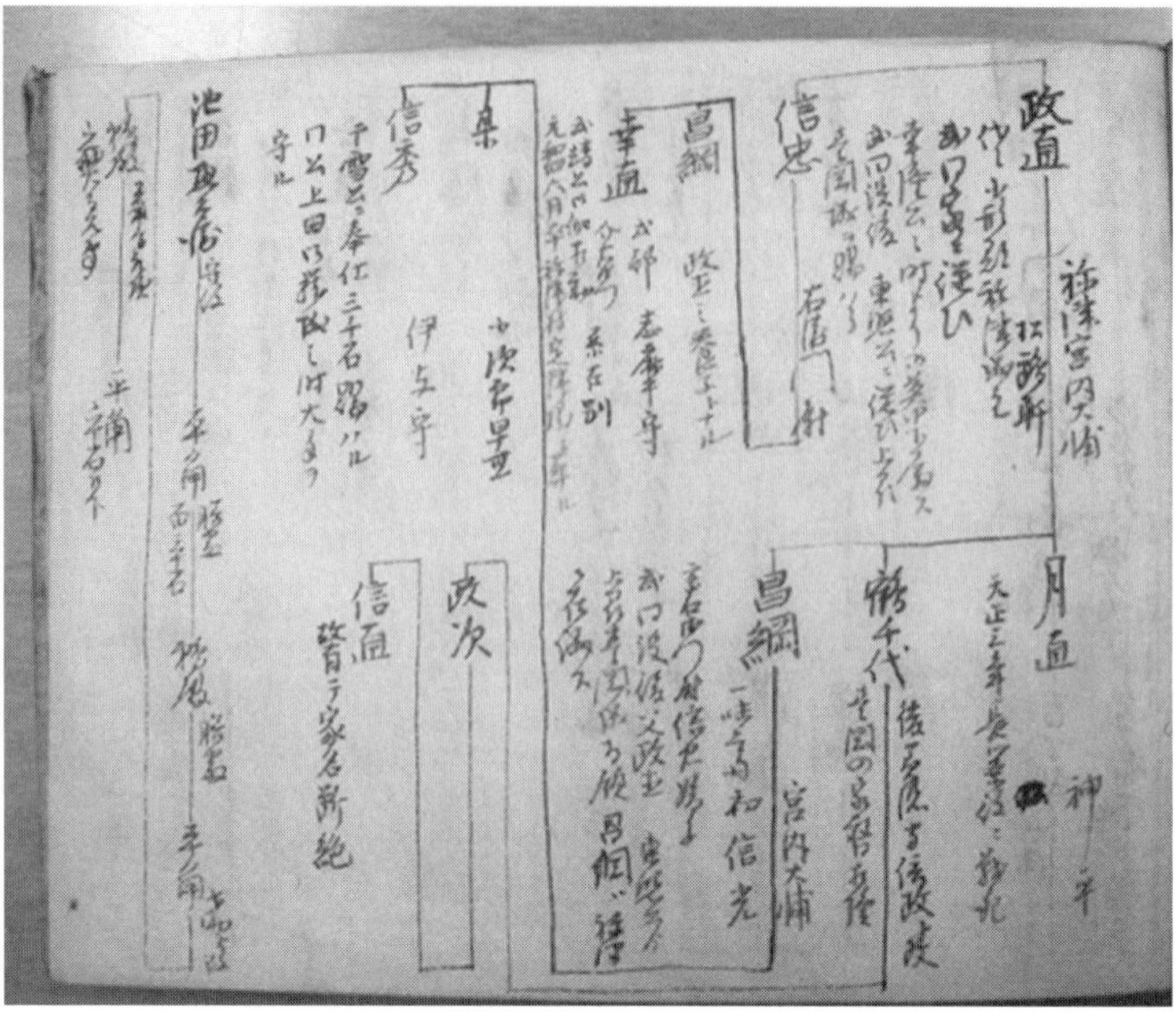

【図①】

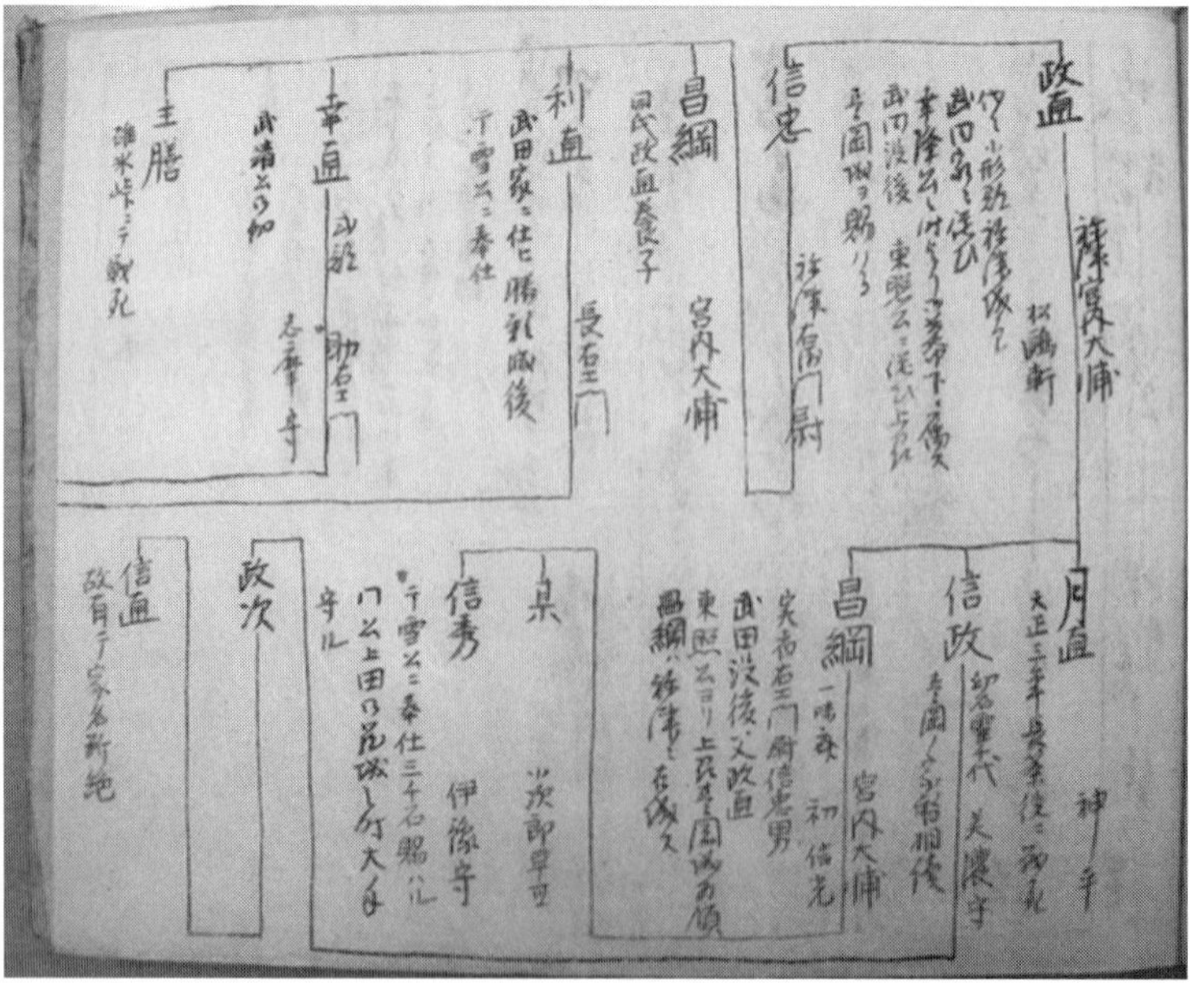

【図②】

右によると、同書は「甚兵衛」なる人物が一二歳のとき「根津志摩守」の元に奉公していた際に盗み写した秘伝書であるという。「甚兵衛」の奉公先である「根津志摩守」とは、松代藩士の祢津幸直のことであろう。そして、彼が写し取った秘伝書とは祢津幸直の鷹書のことを指すと考えられる。

当該書には、「祢津」に関わる説話が二話掲載されている。そのうち一話は「祢津甚平」が登場する説話（「四拾八　八重羽のきしの事」）で、もう一話は「弟切草」という薬草の由来譚において「祢津」の兄弟が登場する説話（「百五十七　祢津の家ノ事」）である。いずれも祢津松鴎軒の鷹書の奥書が主張するような戦国武将としての来歴を誇るものではないが、「祢津」を称する人物が登場していることから、当家の鷹術伝承としての特徴を有する説話であることが予想されよう。そこで、次節において宮内庁書陵部蔵『根津志摩守ト有之鷹書』に見える祢津氏関係の二つの説話について取り上げ、その叙述内容を分析する。

三　信州祢津氏の祢津神平説話（一）

先に触れたように、宮内庁書陵部蔵『根津志摩守ト有之鷹書』「四拾八　八重羽のきしの事」には、「祢津甚平」が登場する説話が見える。該当する叙述は以下の通り。

四拾八　八重羽の雉の事

一　信濃国に小縣地熊大かけの渕ニ八重羽雉有。内裏へしやうけをなし人民取事かきりなし。仁徳天皇御宇、其後、百済国の帝より清来と中僧渡時、政頼将軍彼僧ニ鷹の秘傳を傳る。祢津甚平幾度も鷹を合ぬれは彼八重雉、鷹を渕へ引付る事かきりなし。此よし政頼将軍え申。政頼聞えて百済国の清来ニ惣傳の巻物を祢津甚平ニ渡足ニてたくみ申せとの給。其時祢津、大鷹と鵃と番せ犬と鶻を番せよく〳〵飼主仕入時分、よき比、彼大かけの渕え入さかし出。彼白符鷹を合ぬれは雀の鷹犬と心得、彼渕へ引入、原を犬渕え入、さかし押出しぬれは八重羽の雉、渕え入事ならす。渕より西国をさして飛にける。雉、草臥て美濃国おくい宿町頭にて鷹と犬とにとられ、死。鷹も犬も祢津もつかれて死す。今に至也。みの、国な（ママ）、い（ママ）の町頭に鷹と犬と祢津とせきとう三たい有。亦、鷹と犬と祢津と美濃国の大社と神成。鷹の宮、犬の宮、す、めの宮、祢津の宮、四ヶ所有。それよりして、天下なやむ事なしと申傳也。清来、佛法衆生の為に来る也。是仁徳天皇御宇時也。

一　日（ヒ）吉ハ　鷹の宮　一　月吉ハ　雀のみや

一　星吉ハ　犬のみや　一　大明神ハ祢津のみや

歌ニいわく

疾ひるのさかいハ爰に有明の月吉日吉里をならへて

右の叙述には、文意のわかりにくい部分が若干あるため、内容を箇条書きにしてまとめると以下のようになる。

①信濃国の「小縣地熊大かけの渕」に八重羽の雉があり、内裏に祟りをなし、人々に害をもたらすことが限りなかった。

②仁徳天皇の時代の後、百済国の帝から清来という僧が我が国に遣わされ、政頼将軍に鷹術の秘伝を伝えた。

③八重羽の雉を退治すべく「祢津甚平」が幾度も鷹を合わせると、雉は鷹を渕に引き付けた。

④このことを聞いた「政頼将軍」が百済国の清来から相伝した巻物を「祢津甚平」に渡す。

⑤「祢津」は大鷹と鵤を番いにし、犬と鬠を番いにして「大かけの渕」に探しに出る。
⑥雀と鷹と犬の活躍により、八重羽の雉を探し出してそれが渕へ入れないようにしたので、雉は西国を指して飛んでいった。
⑦雉は「美濃国おくい宿町頭」という場所において鷹と犬に捕られて死ぬ。鷹も犬も「祢津」も疲れて死ぬ。
⑧その後、「みの、国な(ママ)、い(ママ)の町頭」にて鷹と犬と「祢津」が石塔三体で祀られ、さらには美濃国の大社の神になる。「鷹の宮」「犬の宮」「す、めの宮」「祢津の宮」の四箇所があるという。
⑨清来は仏法衆生の為に来たという。
⑩日吉、月吉、星吉、大明神はそれぞれ鷹、雀、犬、「祢津」の宮であることを説き、続いて「月吉日吉里」を詠みこんだ和歌を一首掲出している。

右掲の①に見える「小縣地熊大かけの渕」という地名の具体的な場所は未詳である。が、周知の通り、小縣郡（現・東御市）は祢津氏の本貫地であることから、祢津氏所縁の地元をモチーフにしていることが確認できる。さらに「地熊」は当地を流れる千曲川のことで、「大かけの渕」はその川崖のいずれかにある渕のことであろう。⑦以降の場面において登場する「美濃国おくい宿町頭」もしくは「みの、国な、いの町頭」と表記される地名も、美濃国のどの地域なのか、具体的な場所は未詳である。しかしながら、他の類話と比較すると、「おくい」も「な、い」も、「大井（おおい）」の誤記である可能性が予想される（後述）。もし、「大井（おおい）」表記が正しいとすれば、同地は、中山道の宿場である美濃国恵那郡大井宿（現・岐阜県恵那市大井町）に比定される（後述）。

ところで、このように祟りなす八重羽の雉を退治する説話は、鷹書において多数の類話が散見する。そのうち、本話よりも古いものとしては、立命館大学図書館西園寺文庫蔵『西園寺家鷹秘傳』「雑々返用之詞」第八八条に見える以下のような叙述が挙げられる。

一　つき鷹と云事　是ハ交野にて立たる鳥、遠江国さよの中山までにくるに、鷹飛つかれて鳥をにかす。是、政頼卿か鷹也。然を神平、さよの中山にかねて鷹を置て待けるに、いつものことくににくるを合せてけるに、猶又にけてきされとも、信濃国符郡の野と云所にて、追つめて是をとる。女鳥也。羽八重に生て、ふし儀の鳥也。其よりして此野を八重羽野と云也。此鳥を金鳥と云歟。

右の叙述によると、「つき鷹と云事」という項目を立てて、「交野」を飛び立って「遠江国さよの中山」まで逃げた鳥（羽が八重に生えている鳥）を、政頼卿の鷹が捕まえ損ねたという。そしてそれを「神平」が「信濃国符郡の野」で鷹を遣って追い詰めて捕らえ、それ以来、この野を「八重羽の」、この鳥を「金鳥」とそれぞれ称するようになったと伝える。この「神平」は祢津神平のことであろう。同話と『根津志摩守ト有之鷹書』との最も重要な違いは、前者の結末（＝主題）が「八重羽の」及び「金鳥」の命名由来を説くものであるのに対して、後者は「鷹の宮」「犬の宮」「雀の宮」「祢津の宮」を祭祀する由来伝承となっている点である。

また、右掲の『西園寺家鷹秘傳』に見える八重羽の雉説話には「交野」（現・大阪府交野市北部及び枚方市）「遠江国さよの中山」（現・静岡県掛川市）「信濃国符郡の野」（未詳）の地名が見える。これらのうち〝交野の禁野〟に八重羽の雉が登場するというモチーフもまた、鷹書において多く見られるものである。というより、鷹書に見えるほぼすべての八重羽の雉説話は、その舞台が〝交野〟もしくは〝禁野〟となっている。たとえば、戦国時代から江戸時代初期にかけて活動した関白・近衛前久の著作である『龍山公鷹百首』※22にも、以下のような叙述が見える。

付。禁野かた野の八重羽の雉をとらせられんとて。つき鷹といへる鷹有。政頼が聟禰津神平が鷹と注之。付。
放鷹記と云書に。鷹仕様被注之。鷹の起鷹経に見へたり。同相形図放鷹記に注之。

右によると、「つき鷹」は政頼の聟の「禰津神平」の鷹で、「禁野かた野」の八重羽の雉を捕えさせるための鷹という。すなわち、「かた野」を舞台としているだけでなく、「つき鷹」の称号や政頼と祢津神平の組み合わせなど、『西園寺家鷹秘傳』に記載されている類話とほぼ重なるモチーフが見える。ただし、『龍山公鷹百首』は他にも、やや異なるモチーフを持つ八重羽の雉説話を叙述している。以下に該当部分を挙げる。

彼書に禁野の雉の事、押紙に被注也。昔、仁徳天皇御悩有時に相者云、彼雉のたゝりなりと。占ふに、保昌卿と云人、渡唐して、鷹を習て日本へ帰り、此雉をあわするに、彼化鳥、三足の別足にて鷹に向ふを、鶚といふ鷹、彼足の三有て羽も八重羽の雉を取かためたるといへり。其鷹はしたいと云也。鶚と書也。此名あまりに秘して、鶚はせうと云鷹也と注之。又云。鶚。ハツ。ハシタイ。共いへり。口傳あり。

右によると、仁徳天皇に祟りをなした「禁野の雉」は三本足の八重羽であったという。それを退治したのは渡唐して鷹術を習ってきた「保昌卿」という人物とされている。彼は鶚（はしたい）という鷹を遣って三本足の八重羽の雉を捕らえたと伝えられている。こちらの八重羽の雉説話には祢津神平が登場しない。このように、モチーフや筋立てはほぼ同じでも、祢津神平が登場しない八重羽の雉説話の類話も存在する。たとえば、奥書に文亀三年（一五〇三）の年紀が記されている宮内庁書陵部蔵『放鷹記』上巻（函号一六三―一〇八一）には、以下のような叙述が見える。

一　金野のきみの事　又は交野のきみと云也。交野のうちに禁野と云在所有る也。昔は、此字を用ひ侍る也。

文徳天皇の御宇に、やまと哥の郡よりまいるけてうかたつに取て、御門を脳み奉る。御子の惟高の親王、聞召て、河内交野にこゐて狩し給ふ也。是は鷂をつかひ給へる也。在原業平、御供申奉る。是又、めいよの鷹かひ也。然間、あやしき鳥を思ひのまゝにとり給ふ也。三足の雉也。刃のきみ是なり。此鳥の羽、つるきのことくなるかゆへに、やひはの雉と云。御脳たちまち平癒ならせ給ふ也。それより此かた、今に至まて三足の雉を御調にそなへ奉る也。今は、常の雉に別の鳥の足を一つつきてそなへまいらする也。

右の類話もまた、交野の禁野を舞台としているが、時代は文徳天皇の御代となっている。そして、御門を悩ます三本足の雉は「八重羽」ではなく「やひは（＝刃）」すなわち剣のような羽であったという。そしてその雉を退治したのは惟高親王と在原業平とされている。※23

以上のような鷹書類に見える〝交野〟や〝禁野〟を舞台とする八重羽（刃）の雉説話と『根津志摩守ト有之鷹書』に見えるその類話とではモチーフの一致があまり見られない。わずかな共通点としては、いずれの類話にも祟りなす異形の羽の雉が登場し、一部の類話でそれを祢津神平が退治するというモチーフが重なるくらいである。

ところが、美濃国恵那郡大井（現・岐阜県恵那市大井町）にある長国寺という曹洞宗寺院の略縁起書である『長國寺略縁起書』には、『根津志摩守ト有之鷹書』ときわめて近い八重羽の雉説話が伝えられている。同書は、奥書によると、永禄二年（一五五九）に長国寺住職である義正和尚が書き記し、それを慶長一九年（一六一四）に同じく長国寺僧侶の恕元が書写したものという。この縁起書には「當人皇氏八十二後鳥羽之御宇有信濃州禰津城主侍郎甚平惟之者※24」と見える（「惟之」の系譜等は不明。是行とも）。さらに同書によると、その「禰津城主侍郎甚平惟之」なる人物は、当時同寺院に安置されていた妊観音のご利益で嫡子の惟清を儲けることが出来たとする。

そして、八重羽の雉を狩ろうとしたのはこの惟之・惟清父子であると伝えているのである。以下に、同書の該当部分を挙げる。

其後建久之間、惟之同惟清狩二信之桔梗原一而見二一白雉一悦放レ鷹。雉以二重羽神鳥一高二羽音一、飛鳴還怖レ鷹。惟之瞋放レ狗遂レ之。衆人、防二四方一、擧レ聲、逐レ雉。白雉高擧、指二西空一怒飛。鷹狗雖二逸物一、不レ能レ捉レ之頻追レ跡行。禰津父子、知二是化鳥一、制レ人不レ令レ逐。鷹丞一人疾進尋レ之去。終入二濃州慧奈郡一、勢絶而死矣。白雉、鷹、狗者至二土岐郡日好月好里一、共氣絶矣。蓋雉鷹狗共是以二神明之再化而、本地藏観音普賢之方便力一假現析下於惟之誇二殺生勇力一之心上也。其後三物雖二死而有レ野、太靈甚毒而、人畜飛走其觸二其氣一者當處儘死矣。郷民畏レ之立レ社、請二神官一、號二日好明神一而、恭祭レ之然而。人物無レ惱。若有レ累則、以二魚肉五穀飯一爲レ祭則時平復得レ福者多矣。厥至レ今神異甚新也。況於二昔日一毎年日月糞降二此宮社一。得レ之、人免二一切厄難一云。當時、禰津、聞二神異靈一、忽翻二殺生勇武悪心一、恒念二彌陀観音地藏名號一、日々歸二善心一、遂以二建暦二年壬申之春一、再詣二大井之兩観音一、次至二日好郷一、具問二白雉鷹狗落處一、聞二其社異靈一、愈生二信心一、命二神主一、抽レ實、祭レ之再拜而退。

（恵那市大井町上宿 小島祥瑞氏蔵『長國寺略縁起書』）

右によると、「禰津惟之」とその子である「惟清」は「信濃ノ桔梗ケ原（現・長野県塩尻市）」で鷹狩りをしていたところ、八重羽の雉（白雉）を見つけた。それを狩るために鷹と狗を遣うと雉は西へ向かって飛んで逃げた。鷹と狗は逸物ではあるがこの雉を捕らえることは叶わない。「禰津」父子はこれが化鳥であることを知り、追うのをやめた。鷹匠が一人追いかけたものの、美濃国恵那郡（現・岐阜県恵那市）に入って息絶えた。また、白雉と鷹および狗は土岐郡の「日好月好里」（現・岐阜県瑞浪市日吉町および明世町）に至り、気絶した。ただし、雉・鷹・犬はともに神明の化身で、本地はそれぞれ地蔵、観音、普賢であったものを、惟之の殺生をたしなめるために化現したという。さらに、彼らは死後に祟りなす存在となったため「日好明神」と号して祀られると、人々を災厄から守るようになった。その霊威を聞いた「禰津」は殺生の武勇を誇る悪心を改め、阿弥陀・観音・地蔵の名号を唱えて日々善心に帰ったという。そして、ついに建暦二年（一二一二）の春に大井の両観音（＝長国寺）に再詣した途次に（土岐郡の）日好郷に至り、白雉・鷹・犬の落ちたところを詳しく訪ねてその社の霊威を聞き、ますます信心を起こして神主に命じてこれを祭祀し、再拝して退出したという。[※25]

この縁起における特徴的なモチーフとして、寺院縁起らしく殺生への戒めを説いている点が挙げられる。このような叙述は鷹書においては確認できない。殺生への戒めは、鷹書においてよく説かれる諏訪信仰の教義（諏訪の御勘文（偈）など）とは相反するものだからであろう。しかしながら、雉を狩ろうとした鷹や犬を死後に祀るという叙述は、先に挙げた『根津志摩守ト有之鷹書』の⑧および⑩の内容に近い。さらにそれを「日好（吉）」と称するのも類似している。また、先述したように、『根津志摩守ト有之鷹書』の⑦以降の場面において、雉と鷹の犬と「祢津」が死んで祀られた場所とされる「美濃国おくい宿町頭」もしくは「みの、国な、いの町頭」という地名が「大井」の誤記であれば、『長國寺略縁起書』に見える「大井之兩観音」（＝長国寺）が立地している場所と一致する。それならば、両書に見える八重羽の雉説話には、同じ場所が登場することになる。その他にも、右掲の『長國寺略縁起書』において雉・鷹・犬が祀られた場所とされる「日好月好里」という地名は、『根津志摩守ト有之鷹書』の類話の和歌に見える「月吉日吉里」に該当するものであろう。このことから、両書の類話は、話の筋立てが似ているだけでなく、同じ地域を舞台としているという共通点があることを指摘できる。そもそも八重羽の雉説話では、化鳥の雉が発生した場所を〝交野〟か〝禁野〟と伝えるのが一般的である。それに対して、八重羽の雉が生息している場所を信濃国とすること自体が珍しい。このように、『根津志摩守ト有之鷹書』と『長國寺略縁起書』における八重羽の雉説話には、同じ地域にこだわるという点が特徴として挙げられる。それは、両書における当該話が、共通する地域の文化伝承を志向していた所以ではないかと推測される。

さらに、承応～寛文年間（一六五二～一六七三）に開かれた信濃国佐久郡の八重原新田（現・長野県東御市八重原）は、寛文四年（一六六四）頃に小諸藩領下の村として、「八重原村」と称するようになった。※26 当地所縁の文書である『八重原古来留帳』（個人蔵）は、その当時に同村の住人であった尾山小左衛門眞俊が、その時の八重原村に関する様々な事柄を書き留めておいた記録を、彼の孫の尾山義左衛門がまとめて記したものという。なお、当家の家系図によると、※27 尾山小左衛門の父は、江戸時代の初期に小諸を領した駿河大納言（徳川秀忠の三男・忠長）の家人とされる。また、同文書には「元禄十二年（一六九九年）巳卯霜月晦日」という日付や元禄年中に書写した経緯を伝える文言が見えることから、この文書の現物が写された時期は、おおむね一七〇〇年頃に想定されよう。この留帳の「八重原ノ辯」の章段の冒頭部には、『根津志摩守ト有之鷹書』に見える八重羽の雉説話と符合するような叙述が見える。以下に該当部分を挙げる。

此所を八重原と呼候事、八重羽の雉子、此原にすミ候を、祢津殿鷹狩りして見出被申候得共、取得る事成かたく、其子細ハ追出し候と羽毛山村下千曲川むらたの渕へまい込候故不叶、其後、芝生田村ゟ水中へ飛入、働候犬を求め被申候て、かの雉子を水中迄追いり候て、取候。其時之鷹の鈴、犬の鈴、今以松城真田伊豆守様御家中ノ祢津殿所持被致候由、右之犬、鷹の事、鷹百首の哥にも有之杯と申傳候ハ、文盲千万の事ニ候。川うそなとにとらせ候と申候て可然か、夫とも雉子の水中ニ入事も、心得かたき事なり。彼是と異説申傳人云、信しかたき事のミ。

右の記事は、ところどころ文意がわかりにくい部分があるが、八重原の地名の由来譚であることは想定できる。すなわち、八重羽の雉がこの原に住んでいたところを、「祢津殿」が鷹狩りをしてそれを見つけ出したものの、それをとる事が難しかったと言う。そこで、その八重羽の雉を追い出すと「山村下千曲川むらたの渕」に舞い込んだのでやはり狩ることがかなわなかった。その後、「芝生田村」から水中に入り、犬を使って水中まで追い込んで捕獲したという。その時の鷹の鈴と犬の鈴は、現在、松代藩主真田伊豆守（信之）様の御家中の祢津殿が所持しているという。しかし、雉が水中に入ったとすることなどは疑問であるとし、あれこれと「異説」があるものの信じがたいと説明している。

右掲の叙述もまた、信濃国を舞台とする八重羽の雉の類話である。ただ、『根津志摩守ト有之鷹書』の八重羽の雉説話と大きく異なる点としては、当該書の類話が「祢津」たちを祭祀する縁起譚となっているのに対し、右の『八重原古来留帳』は、八重原の地名の由来を説くことに主眼が置かれた叙述となっている。そのためか、『根津志摩守ト有之鷹書』に見えるような、八重羽の雉が美濃国に逃げて行ったというくだりの叙述は見えない。そのような両書の類話におけるモチーフ上の乖離から、『八重原古来留帳』と『根津志摩守ト有之鷹書』の間には、直接的な典拠関係はなかったことが推測される。しかし、その一方で、両書の類話においていくつか脈絡が通じている叙述も窺える。まず、『八重原古来留帳』において、八重羽の雉を退治した「祢津殿」を「松城真田伊豆守様御家中ノ祢津殿」と結び付けている点である。これは、同じ八重羽の雉説話を掲載する『根津志摩守ト有之鷹書』が、真田信之に仕えた祢津志摩（祢津幸直）所縁の鷹書であることに通じるものであろう。次に、『八重原古来留帳』では、八重羽の雉が逃げた場所について「山村下千曲川むらたの渕」としている。この渕の具体的な場所は不明であるが、〝千曲川にある渕〟であることには確定できよう。一方、『根津志摩守ト有之鷹書』の類話もまた、八重羽の雉の最初の住処を「小縣地熊大かけの渕」と設定し、『八重原古来留帳』と同じく八重羽の雉と千曲川を結び付けている。先述したように、千曲川は祢津氏の本貫地である小縣郡を流れる地元ゆかりの河川である。このような両書における千曲川へのこだわりは、それらがいずれも、祢津氏所縁の在地伝承と関わって叙述された説話であることを類推させよう。ちなみに、『八重原古来留帳』に見える「芝生田村」は、具体的な場所については不明であるが、祢津流の鷹書においては、鷹犬の出身地としてしばしば登場する地名である。[※28]

以上のように、『根津志摩守ト有之鷹書』に見える八重羽の雉説話は、同じ鷹書類に散見する類話よりも『長國寺略縁起書』のそれにもっとも近いことが確認できた。なお、先述のように、『長國寺略縁起書』は慶長一九年に書写されたものという。一方、前節で確認したように「祢津志摩守幸直」は元和から寛永年間において真田信之に仕えていた。このことを踏まえて、前掲の『根津志摩守ト有之鷹書』の序文の内容を信じるならば、『根津志摩守ト有之鷹書』と『長國寺略縁起書』はほぼ同じ時期に流布したテキストであることが推定される。同時代という点からも両書の共通性を見出すことが出来よう。

同様に、同書の八重羽の雉説話には、『八重原古来留帳』のような在地所縁の文書に見える類話とも脈絡の通じた叙述が確認される。このことから、『根津志摩守ト有之鷹書』の叙述は、在地性の強いモチーフを持つことが指摘できよう。同書の当該話には祢津神平貞直が登場しているが、たとえば京都諏訪氏の伝承のように、それは諏訪信仰と関わるものではない。このような鷹書と関わる信州祢津流の鷹術は、地域所縁の文化伝承と関わり深い流派であることが類推されよう

四　信州祢津氏の祢津神平説話（二）

次に、『根津志摩守ト有之鷹書』におけるもう一つの祢津氏関連の説話について検討する。目録によると「百五十七　祢津の家ノ事」と見える項目がそれに該当する。以下に本文を挙げる。

　　百五拾七　祢津の弟切之事

一　弟切草と申由来ハ、祢津の兄、我か秘知ニする草をはき取て、我か鷹にかうニより、兄鷹より無病にて鳥を取。兄ふしんにおもひ心付てみる。扨、彼草を知たるとてしのひ弟をきり、それよりして根津のおと切草と此名申也。別草此色也。もみ候へハ紫色の屋（ママ）に有。此色ねさ、のことく。

右によると、「祢津の兄」が密かに知っている草を使って鷹に処方すると、鷹は無病になって鳥を取るようになった。その草を知った弟を不審に思った兄が斬ったため、それ以来、これを「根津のおと切草」と言うようになった。揉むと紫色になるという。その色は「ねさ、」の葉のようであるという。この「祢津」の兄弟にまつわる鷹の薬草の由来譚を、同書の目録では「祢津の家ノ事」と称しているが、本文に見える題目には「祢津の弟切

之事」としている。本文の題目の方が、祢津家の家伝に「弟切」の伝承を主張する傾向が強いと言えよう。

このような弟切説話と関わる鷹の薬草の由来譚は、正徳三年（一七一三）刊の『和漢三才図絵』巻九四末「湿草類」※29にも以下のように見える。

弟切草（をとぎりさう）　正字未詳

△按弟切草初生似地膚子秧而両両対生、有枝椏而茎葉揉之有汁、須臾變紫色、六七月開小黄花単五瓣、有細蕊。結莢有三稜、中有細子黒色（味甘香美）。茎葉傳金瘡折傷及一切無名腫物有神効。

相傳、花山院朝有鷹飼名晴頼。精其業也入神。有鷹被傷、揉草傳之則愈。人乞問草名秘不言。然有家弟、密露洩之。晴頼、大忿、刃傷之。自此、知鷹之良薬、名弟切草。

一種、茎弱不起、如蔓而、葉花子不異、葉、略小其味辛強。

右掲の叙述によると、「弟切草」という植物の説明として、例の弟切草説話が引用されている。すなわち、兄が秘伝にしている鷹の薬草を弟が外部に漏らし、怒った兄に弟が斬られたことを由来として、その薬草が弟切草と名づけられたという。このように、『和漢三才図絵』に引用されている弟切草説話は、『根津志摩守ト有之鷹書』に見える当該話とほぼ同じ筋立てである。さらには、右掲の『和漢三才図絵』に見える弟切草の説明部分で、同草は揉むと紫色の汁が出ると見えるのも、『根津志摩守ト有之鷹書』の叙述と一致している。ただし、『和漢三才図絵』に見える弟切草説話は、「祢津」の兄弟ではなく、鷹飼の「晴頼」（せいらい）とその弟が登場している点が大きく異なる部分である。このことから、「祢津」の弟切草説話は同氏独自の家伝ではなく、普遍的なモチーフを持つ鷹の薬草説話として鷹術と関わらない人々にも広く流布していたことが予想される。本話もまた、先に検討した八重羽の雉説話同様、諏訪信仰とは特に関わりなく展開した伝承であることが想定されるものである。

しかしながら、実は『根津志摩守ト有之鷹書』には、「八　鷹すを下す事」の条において諏訪大明神への信仰を伝える文言が見える。以下に該当本文を挙げる。

八　鷹の子を下す次第

一山えのほる時、赤食を三五五五廿三はいもりて、山の神ハ、すハ大明神の方え向て、しんこんをとなへ千羽百々羽子と礼むかい給へは御道いを立おろし候へは此たかつかなくそたつ。年とすを尋事なし。

右の叙述は、「鷹の子を下す次第」と項目名に示されている通り、山に登って鷹の子をおろすときの儀礼を説明しているものである。すなわち、赤食を二三杯盛り、山の神である諏訪大明神に向かって真言を唱えて礼をすれば鷹の子がつつがなく育つという。諏訪大明神を山の神とする発想は、狩猟信仰においてよく見られる思想であり[※30]、この叙述においても特に諏訪伝承の出典が見出せるというようなものではない。この叙述は、諏訪の教義に関わる言説というより、普遍的な狩猟信仰の範疇における諏訪の伝承であることが予想されよう。

以上のことから、『根津志摩守ト有之鷹書』における諏訪信仰（贄鷹の神事を中心とする）の影響は希薄なもので、ほぼ無関係であると判断される。このように、諏訪信仰の教義と乖離している、というのが祢津氏の鷹術の特徴のひとつであることが指摘できよう。

おわりに

以上において、『柳庵雑筆』第二に見える記述を端緒とし、信州祢津氏の鷹術の実相について検証してきた。戦前に刊行された『放鷹』が、同書の内容に基づいていたことによって、長年、祢津氏の鷹術（＝祢津流）は信州諏訪社の贄鷹の神事から発祥し、諏訪信仰と所縁深いものとされてきた。が、今回の検討を通して少なくとも中世末期～近世期における祢津氏の鷹術が諏訪信仰と関わる要素はまったく見られないことが判明した。管見において、諏訪社の贄鷹の神事に従事したことが確認できる鷹匠の一族は、前章で確認した京都諏訪氏のみである。一方の信州祢津氏の鷹術は、その鷹書において在地伝承との脈絡が窺えることから、地域の文化伝承が反映された流派であったことが推測される。ところで、祢津流の鷹術は松鶻軒以降、さまざまに展開して各地に流布してゆく。[※31]その中で、信州祢津氏の「祢津流」は、このような当該流派の宗家である。本章では、同氏の鷹術の実相を検証することによって、祢津流の鷹術の祖型を明らかにした。それは当該流派の開祖の実像であり、その成立事情を示す一事例とも言えるものであろう。

注

※1　『日本随筆大成　第三期　3』（日本随筆大成編輯部編、吉川弘文館、一九七六年一二月）所収。

※2　『放鷹』「本邦放鷹史」第一篇「放鷹」「一七、鷹の流派その二　禰津流」（宮内省式部職編、一九三一年一二月、吉川弘文

館、二〇一〇年六月新装復刻）。

※3　当該系図の全文は『諏訪史第二巻前編』「附録」（信濃教育会諏訪部会、一九三一年六月）に所収されているが、翻刻に誤りが多いため、本章においては稿者が新たに翻刻した本文を引用した。

※4　『続群書類従 第一三輯下 文筆部・消息部』（続群書類従完成会、一九五九年四月）所収。

※5　『続群書類従 第七輯上 系図部』（続群書類従完成会、一九五八年九月）所収。

※6　『系図纂要 第十三冊』（宝月圭吾・岩沢愿彦監修、名著出版、一九七四年六月）所収。

※7　「依田十郎左衛門守廣」については本書第二編・第三編参照。

※8　寺島隆史氏「近世大名になった祢津氏―中世末から近世初頭にかけての祢津氏の動静―」（『千曲』四六号、一九八五年七月）などによる。

※9　『断家譜 第二』（宮地直一氏、続群書類従完成会、一九六八年六月）。

※10　注※6に同じ。

※11　『信濃史料 補遺巻下』所収（信濃史料刊行会編、坂本太郎氏・室月圭吾氏監修、信濃史料刊行会、一九六九年五月）。

※12　注※8の寺島論文のほか、原史彦氏「史料紹介―新出史料『徳川家康自筆書状 祢津松鷂軒宛』について」（『尾陽―徳川美術館論集』第八号、二〇一二年五月）など。

※13　山中さゆり「禰津家文書について―戦国期における真田家家臣の動向―」（『松代〈付・年報〉』第二八号、二〇一四年）。

※14　注※13の山中論文。

※15　『信濃史料』補遺下「大鋒院殿御事蹟稿廿一」。

※16　『信濃史料』補遺下「岡村博文氏所蔵文書」。

※17　『信濃史料』補遺下「大鋒院殿御事蹟稿廿一」。

※18　中澤克昭氏のご教示による。なお、注※15・16・17の信之の書状についても中澤氏からご教示頂いた。感謝申し上げる次第である。

※19　この人物は、同じく長野県立図書館蔵『松代藩士系図 全』所収の他の系図では「信州先方 甲州属勝頼公於長篠討死」と注記される「祢津宮内大輔元直」の次子に「志摩　直方」という人物が見え、「母ハ羽尾入道娘ナリ　一当公御幼年之時乳附之親君時　一当公御前にて宮下藤右衛門ヲ討　宮下ハ真田家の家臣ナリ　大阪へ玉薬ヲ通入レタル由に候らゐ討」と注記されている。【図版③】

※20　禰津喜隆氏蔵『三松斎書状』「起請文之事」（真田宝物館寄託禰津家文書『三松斎起請文』、収蔵番号14D002-5）。

※21　信光（昌綱）流祢津氏の現当主である禰津喜隆氏宅には当家伝来の鷹書が複数冊伝来している。本書第二編第二章参照。

※22　『続群書類従　第一九輯中　鷹部』（続群書類従完成会、一九五八年四月）所収。

※23　その他、元禄一三年（一七〇〇）版『絵入　続狂言記』巻四の七「禁野」（新日本古典文学大系『狂言記』（橋本朝生氏・土井洋一氏校注、岩波書店、一九九六年一一月）所収）にも以下のような類話が見える。

扨も垂古天王の御時、此野にて御狩有しに、諸鳥迷惑して、血の涙を流し、津の国玉作り天王寺指して逃げて行、太子ふびんに思召、王位に御異見有て、それより此野は禁野と成、其後三足の雉出生す、化鳥なれば退治有べしとて、御鷹を合され候へ共、此雉の尾やいばの剣なれば、御鷹を刺し落し申間、鉄にて鷹を作り、いつものごとく合ければ、彼雉誠の鷹と心得、刺せども〳〵刺されず候所に、誠の鷹を助鷹にかけとらせ、其雉を神に齋ゐ、雉の領とて、今に有、

【図③】

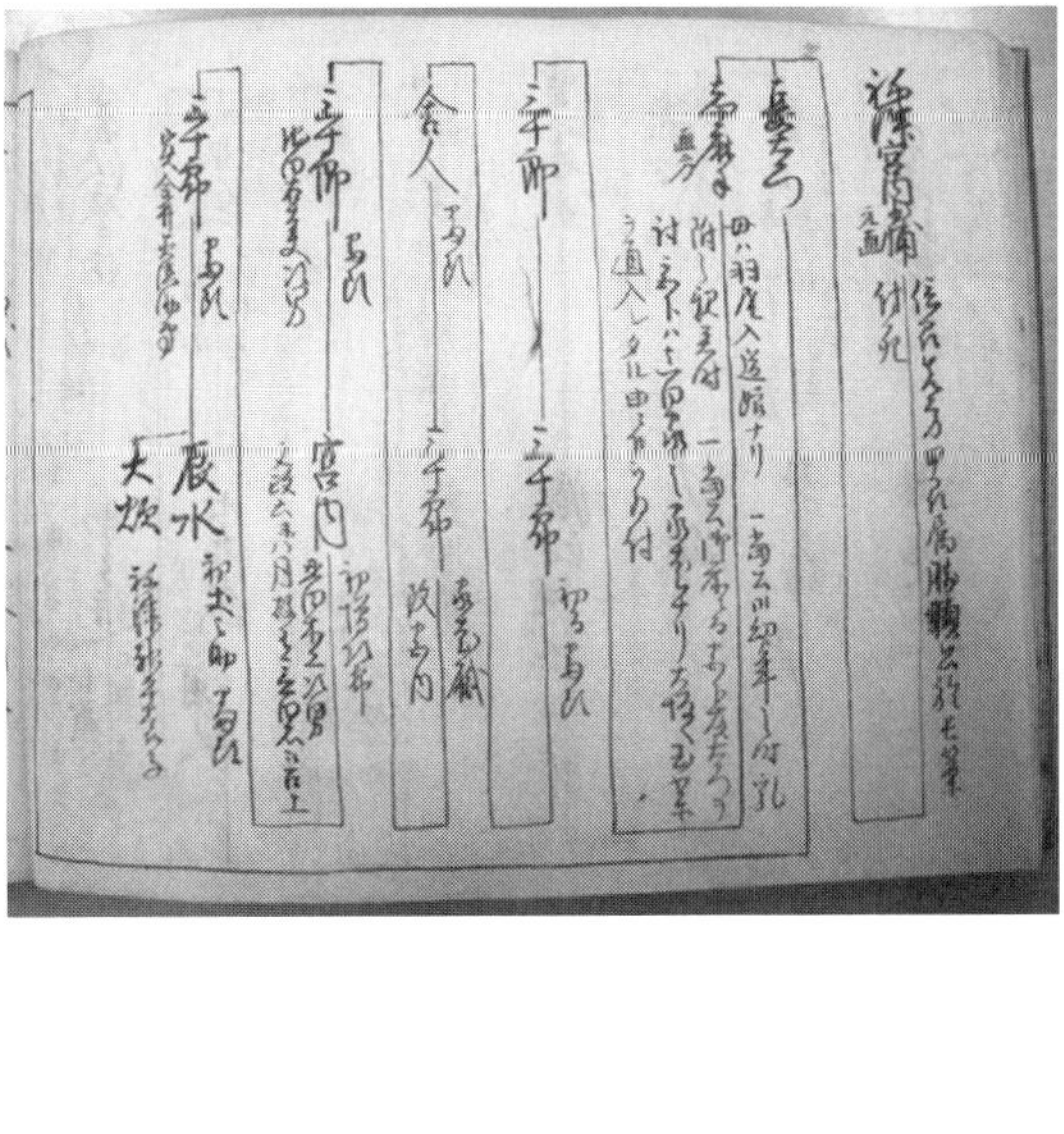

右によると、推古天皇の時代に聖徳太子が「禁野」を設置したところ、尾が刃の剣になっている三足の雉が出生した。これは化鳥なので退治するべく鷹をあわせるも刺し殺されて敵わない。そこで、鉄で作った鷹を囮にしつつ本物の鷹を遣って捕らえ、その雉を神として祭祀したという。同じく化鳥（雉）の異形性を羽の部分ではなく〝三本足〟のモチーフで叙述する類話については、拙著『中世鷹書の文化伝承』第一編第三章「下毛野氏の鷹術伝承―山城国乙訓郡調子家所蔵の鷹書をめぐって―」（三弥井書店、二〇一一年二月）において取り上げた。

※24　恵那市大井町上宿 小島祥瑞氏蔵『長國寺略縁起書』（『恵那市史 史料編』、恵那市史編さん委員会編、恵那市、一九七六年三月所収）。

※25　なお、『長國寺略縁起書』が伝える祢津甚平惟之ゆかりの遺跡や伝説は、後世において当地で広く享受されていたようである。たとえば『集古十種』（寛政一二年・一八〇〇年）には長国寺所蔵の「根津神平是行」の遺品と称する鎧図・鞍銜図が掲載され、『木曽路名所図会』（文化二年・一八〇五年）には「根津神平の墓」として「大井の東、石塔村にあり、甲州武田信玄の家臣なり。鷹を追ひ来りてここに没す」と記述されているほか、『新撰美濃志』（万延元年・一八六〇年）にも「里人鷹を追ってここに死也と言い伝えをおもえば、この白鷹記の神平なるべし」と、祢津神平惟之の事跡に触れた記述が見える。

※26　日本歴史地名大系『長野県の地名』（一志茂樹監修、平凡社、一九七九年一一月初版第一刷）「北御牧村」の項目および「八重原村」の項目による。

※27　『尾山家略系図』（個人蔵）。なお、同系図と『八重原古来留帳』については、荒井良勝氏に資料提供を賜った。感謝申し上げる次第である。

※28　本書第二編第三章参照。

※29　『和漢三才圖會（下）』（和漢三才圖會刊行委員会編、東京美術、一九九九年八月）。

※30　千葉徳爾氏『狩猟伝承研究』本編第七章「狩猟信仰としての諏訪神道」（風間書房、一九六九年一一月）。

※31　本書第二編・第三編参照。

第二編　鷹術流派の系譜

第一章　祢津流の伝播の実相
―依田氏の鷹書群―

はじめに

本書の第一編第二章で挙げた『柳庵雑筆』第二の記事によると、「百済の米光由光」の鷹術は「出羽守源斉頼」に伝わり、さらには武家に伝来したとされる。同書の当該記事にみえる説明は、すべてが史実に基づく内容というわけでないことは、前編で確認した。すなわち、祢津流（家）の鷹術について、それが諏訪社の贄鷹の神事所縁の流派であるとする同書の見解は、事実と相違することを指摘したのである。

ところで、鷹書に見える諸記事においては、祢津流（家）の鷹術を諏訪の神事と結び付けるような誤認は、確認できない。たとえば、国立公文書館内閣文庫蔵『鷹書　小笠原　上』（函号一五四―二九九）は、鷹詞に関する説明として、「鷹匠」の表記（用字）について取り上げ、以下のような説明をしている。

鷹しやう家によりて替れり。

一　御當家には　鷹匠（ジヤウ）　鷹をたくみて使との儀也

一　上諏訪には　鷹左右（シヤウ）　左右に鷹を居との儀也

羽印の鷹　左右
居ル　白尾の鷹

一　下諏訪には　鷹成（我心ヲ鷹と名付て使との儀也）

巣印の鷹
矢形尾の鷹

一　祢津（ネツノ）の家には　鷹生（鷹をいかして使との儀）也

蒼鷹
真白符鷹

一　宇都（ツ）宮の家には　鷹常（ふ断鷹に成との儀也）

一　行平には　鷹公羽（かへしく使との儀也）

右、依家つかふ秘事也。たかしやうとは字をかなにかくへし。又、鷹聖。鷹師。

右によると、当家（＝小笠原家）は「鷹匠」、「上諏訪」は「鷹左右」、「下諏訪」は「鷹成」、「祢津の家」は「鷹生」、「宇都宮の家」は「鷹常」、「行平」は「鷹公羽」と表記することがそれぞれ説明されている。「上諏訪」及び「下諏訪」は諏訪社の上社・下社の流派のことであろう。「行平」は在原行平にちなむ流派か、未詳。また、そもそもここに示されている各流派の用字の真偽も未詳である。が、「上諏訪」「下諏訪」とは別の流派として「祢津の家」が認識されていることは、注目に値する。ちなみに、この内閣文庫蔵『鷹書　小笠原　上』は、その奥書に記された文言によると、小笠原家の秘術の鷹書であるという。つまり、近世期に隆盛した武家流の礼法である「小笠原流」の伝書とされるものである。※1 さらに、同じく同書の奥書によると、小笠原流の礼法家の間に伝来したとされるこの伝書が、最終的に伝授されたのは寛永二年（一六二五）の八月一三日という。近世の早い段階から流布していた鷹書と見なされよう。

このように、祢津流（家）の鷹術を諏訪社の鷹狩りとする認識は、鷹狩りの専門書というべき鷹書ではまったくと言って良いほど確認されない。[※2]一方の『柳庵雑筆』は鷹狩りの書物ではないため、誤った認識を記載したものであろうか。ただ、そのように錯綜した情報を載せる前掲の『柳庵雑筆』の記事ではあるが、当該流派の遡源を「出羽守源斉頼」から伝わる「武家流の鷹術」と位置づけ、由緒正しい鷹術として説明している点は看過できない。と言うのも、祢津流（家）の鷹術は、中世末期から近世において、武家のあいだで最も格式高い流派とされていた。そのきっかけは、戦国時代に祢津松鶻軒が家康に仕えたことに倣い、将軍家や大大名家がその鷹術を好んだことによる。[※3]松鶻軒については、上野国豊岡に五千石の領地を与えられたことや、その子である信政がさらに五千石を加増されて初代豊岡藩主となったことなどをすでに前編第二章で紹介した。家康に仕えて出世した戦国武将の一人と言えよう。また、彼に関わる鷹狩りの資料が残っていることもすでに述べた通りである。『柳庵雑筆』の著者である栗原信充は、幕末に活動した幕臣の故実家であることから、鷹術の流派に関する専門的な知識は乏しくても、このように祢津流（家）が格式のある武家の鷹術であったことは理解していたと想像する。そのような実情を踏まえて、前掲の『柳庵雑筆』の記事は、武家の鷹術の代表的な事例として祢津流（家）の由緒を説いたものであろう。

さて、前編第二章では、そのような祢津流（家）宗家の鷹術について取り上げ、その実相を探りながら当該流派成立の一端について考察した。本章では、それが中近世期に格式高い武家流の鷹術として流布していった経緯について検討する。具体的には、享保年間に加賀藩の鷹匠に抜擢された依田氏に伝来する新出の祢津流（家）の鷹書群について取り上げる。富山県小矢部市在住の依田盛敬氏宅には、ご当家伝来の鷹書と鷹術文書が併せて一

○○点以上現存している。同氏はかつて加賀藩に仕えた鷹匠の一族であった（後述）。当家所蔵の家系図によると、「依田十郎左衛門守廣」なる人物が祢津松鶴軒の娘聟になり、彼から祢津流の鷹術を伝授されたという。それを起源として、当家に代々祢津流の鷹術及び鷹書が伝来したとされているのである（後述）。この「依田十郎左衛門守廣」という人物と松鶴軒の名前が奥書に併記されている鷹書は、先学において相応にその存在が知られてきた。※4たとえば、前編第二章で引用した宮内庁書陵部蔵『鷹狩記 祢津流 完』（函号一六三―一〇四四）もその一例である。すでに述べたように、同書の奥書によると、当該書は「信濃国小縣郡之住人祢津之家」の鷹法についての抜き書きで、天正一六年（一五八八）の二月一日付で「禰津松鶴軒常安」および「依田十郎左衛門守廣」から江守清兵衛に宛てて送ったものとされる。本書のほかにも、奥書に祢津松鶴軒とともに依田氏の人名が併記されている祢津流の鷹書は数多く現存する。今回発見された依田氏伝来の鷹書群の多くも、それに相当するものである。

先述のように、祢津流の鷹術は中世末期以降に流布した著名な流派のひとつであった。にも関わらず、長らく諏訪流と混同視されてきたこともあり、それが広まった経緯についてはほとんど知られていない。今回、新しく発見された依田氏所蔵の鷹書と鷹術文書の存在は、そのような状況を打破する有力な手がかりになろう。

以上のことから、本章では、代々祢津流の鷹匠であった依田氏と当家に伝来した新出の鷹書について紹介する。そこから得られる基礎情報を整理して、祢津流の鷹術が展開した実相をたどる一助として提示したい。

一　依田氏の系譜

信濃国小縣郡依田荘（現・長野県上田市丸子町）を発祥の地とする依田一族の中で、従来注目されてきたのは、戦国期に武田信玄・勝頼父子に仕え、後に徳川家の家臣となった依田信蕃の家系である。彼の一門は、佐久郡蘆田（現・長野県北佐久郡立科町）を拠点としていた時期もあり、「芦田」とも称した。そのため、信蕃に関する事績をまとめた『依田記』は別名『芦田記』とも称される。また、井原今朝男[※5]によると、江戸幕府によって寛永二〇年（一六四三）に編纂された『寛永諸家系図伝』は、信蕃の弟・信吉の一門が幕府の徒歩同心となったことを伝え、信吉の家系が当家の嫡流であるかのように記していると指摘されている。さらに井原[※6]は、文化三年（一八〇六）に同じく幕府によって編纂された『寛政重修諸家譜』は、『寛永諸家系図伝』に見える依田氏の嫡家に関する認識が修正されていると説明する。井原によると、第一二代福井藩主の松平重富から提示された系譜をもとに、結城秀康に臣従した信蕃の子「康真（後に加藤康寛および宗月と改称）」の直系を信蕃の家嫡にするという訂正をしているというのである。なお、康真流依田家は明治維新まで福井藩の家老職を世襲した。また、康真は『依田記』の作者ともされている[※7]。さらに、平成二三年度長野県立歴史館春季展において、未公開資料を含む当家伝来の「依田家資料」が展示され、同一族に関する新たな知見が提示される機会が設けられた[※8]。

このように、依田氏に関する研究は、『依田記』や江戸幕府が編纂した系譜類および福井藩士の依田家伝来の「依田家資料」を基礎資料としてこれまで進められてきた。その結果、同氏については信蕃およびその弟の信吉の一門が研究対象の中心となり、その事績が徐々に明らかにされている。このような先学の研究成果に倣って、本章も江戸幕府編纂の系図類および『依田記』の記述を確認し、依田氏と鷹術との関わりから検討してみる。まずは『寛永諸家系図伝』および『寛政重修諸家譜』について、信蕃を中心とする系譜の関連記事を以下に挙げる。

【系図①】『寛永諸家系図伝』「清和源氏頼親流　依田」※9

大和源氏の末流なり。代々信州佐久郡依田の城に住する故、依田と称す。

●俊舎 次郎左衛門尉（後略）――行信 石見守――時行 伊勢守――信貞 備前守（後略）

- 信蕃　松平常陸介　従五位下　信州芦田の城に住す。東照大権現に属したてまつりて、数度の軍忠あるにより、松平の称号をたまハり、十万石の地を拝領す。其後岩尾の城にて兄弟三人討死す。
- 信吉 依田下野守――信幸 伊賀守（後略）――信守 肥前守（後略）
  - 信政　源太郎　肥前守（中略）寛永八年、将軍家より、騎馬の与力五人・歩同心三十人仰付らる。
    - 政勝　平左衛門
  - 信重　内蔵助（中略）寛永十六年、鈞命により御かちのかしらとなる。
    - 信弘　友之助

（後略）

康国
松平源十郎　修理大夫　従五位下
大権現より御諱の康の字を下さる。
小田原陣のとき、討死す。

（後略）

康貞
松平右衛門大夫　従五位下
大権現より、三万石の地を拝領す。

（稿者編集）

【系図②】『寛政重修諸家譜』「清和源氏満快流　依田」※10

寛永の依田系図は、大和源氏の末流、（頼親の流）代々信濃国佐久郡依田の城に住するゆへ、依田と称すといひて、次郎左衛門尉俊舎を突出し（中略）、其男を石見守行信とし、其男を伊勢守時行とし、其男を備前守信貞とし（中略）、其長男松平常陸介信蕃信濃国蘆田の城に住し、東照宮に属したてまつりて、数度の軍忠あるにより、松平の称号をたまはり、十万石の地を拝領す。其後岩尾の城にて兄弟三人討死す。二男依田下野守信吉（今依田内記信福が祖なり。寛永の呈譜、系を誤る事は下に弁ず。）信蕃が男松平修理大夫康国はじめ源十郎東照宮より御諱の康字を下さる。小田原陣のとき討死す。其男松平右衛門大夫康真、東照宮より三万石の地を拝領すといふ。（のち所領没収せられ、越前中納言秀康卿につかふ。今其子孫嫡流をつたへて、松平越前守重富が家にあり。）今庶流依田内記信福が新呈の譜を閲するに、依田六郎為実（按ずるに満快の流）を元祖とし、俊舎以前の世系数代を連綿し、俊舎以後は略寛永譜とおなじといへども、其譜伝くはしきに過て信じがたきものあり。今松平越前守重富が呈せる家臣蘆田大学賢貞が家系をみるに、寛永の譜をよび内記信福がたてまつるところとおなじからずといへども、寛永のときはたゞ庶流の譜をもつてこれを記せしにより、其伝甚あらく、正を得たりともいひがたし。今重富がたてまつれる系図は、この家の嫡流にして、しかも文書重器等をも伝へ、秀康卿よりこのかた代々彼家につかへしものなれば、や、証とするにたるもの多し。ゆへにしばらく其家系にしたがふ。六郎為実信濃国小県郡依田庄に住するにより、はじめて依田を称し、太郎行俊をよび左衛門尉資行二代は飯沼と号し、唯心某がときまた依田と称す。右衛門佐経光にいたり、同国佐久郡蘆田村にうつり、これより子孫或は蘆田をなのり、或は依田を称す。修理大夫康国松平の御称号を賜ひ、右衛門大夫康真に至りて家たゆ。

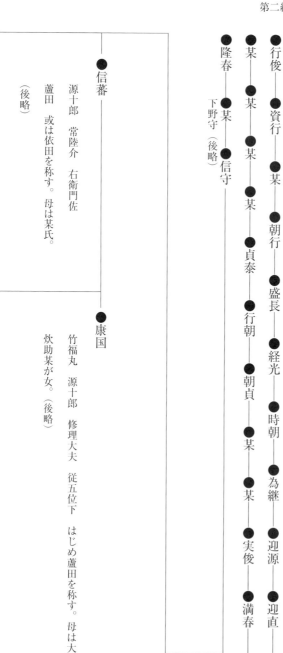

●行俊—●資行—●某—●朝行—●盛長—●経光—●時朝—●為継—●迎源—●迎直—

●某—●某—●某—●某—●貞泰—●行朝—●朝貞—●某—●某—●実俊—●満春—

●隆春—●某（下野守）—●信守（後略）

●信蕃
源十郎　常陸介　右衛門佐
蘆田　或は依田を称す。母は某氏。
（後略）

●康国
竹福丸　源十郎　修理大夫　従五位下　はじめ蘆田を称す。母は大炊助某が女。（後略）

●康真

福千代丸　新六郎　右衛門大夫　従五位下　はじめ蘆田を称す。母は上におなじ。

（中略）

そのゝち結城中納言秀康卿使をつかはして頻にまねかる。ときに秀康卿上杉景勝の押へとして下野国小山に在陣あり。康真小山におもむき秀康卿に謁し、これより姓名をあらため、加藤四郎兵衛康寛宗月（後号）と称し家臣となる。子孫蘆田を称し、連綿して今松平越前守重富につかふ。室は大久保相模守忠隣が女。

信幸

依田内記信福が祖。源八郎　伊賀守　母は某氏。

嫡流系図、源八郎正明に作るといへども、庶流に至りては全からざるものあるべし。よりて今信福が譜にしたがふ。寛永系図、信蕃が弟に依田下野守信吉を係、其男を伊賀守信幸とし、岩尾の城攻に、兄信蕃弟信春と一所に討死（す脱カ）といふ。その伝文によるときは、信蕃が弟に係し信吉は、信蕃が父の下野守信守が事にして、そのかみの系図世系を錯置するに似たり。故にこれをあらたむ。

女子　母は某氏。依田治右衛門某が妻。

女子　母は某氏。松井与兵衛宗直が妻。

（稿者編集）

両系図が伝える信蕃周辺の系譜について、主な相違点として挙げられるのは、『寛永諸家系図伝』では同一族を「清和源氏頼親流」の系譜に分類して「大和源氏の末流なり」と注記しているが、『寛政重修諸家譜』では「清和源氏満快流」の系譜に分類している点である。『寛政重修諸家譜』は、依田氏について「大和源氏の末流、頼親の流」という説明を付しつつも「依田内記信福」という庶流家の「新呈の譜」を根拠に、当家を「満快の流」とする説を紹介しているのである。その他にも、信蕃の父と弟に関する情報についても両系図の間に齟齬がある。すなわち、『寛永諸家系図伝』の方では父の名前を「信貞」、弟の名前を「信吉」としているが、『寛政重修諸家譜』ではそれぞれ「信守」「信幸」となっている。これについて、『寛政重修諸家譜』の「信幸」の注記では、「寛永系図、（中略）その伝文によるときは、信蕃が弟に係し信吉は、信蕃が父の下野守信守が事にして、そのかみの系図世系を錯置するに似たり。故にこれをあらたむ」と見え、『寛永諸家系図伝』の錯誤を改めた結果であることが説明されている。ちなみに、『依田記』も信蕃の父の名前を「信守」とする。このように両系図の異同の多くは、先学が指摘している通り『寛政重修諸家譜』が『寛永諸家系図伝』を改訂したことによって生じたものと確認できよう。しかし、いずれにしろ、これらの系図類には、依田氏と鷹術との関わりを示す痕跡は見当たらない。

次に、右掲の系図類と同様、従来の依田氏研究の基礎資料である『依田記』[※11]について、鷹術との関連が予想される記述を以下に挙げる。

天正十年壬午年之秋ヨリ。依田右衛門佐計策を以。真田安房守を引付申候。此義。信州に而真田安房守大名と申。殊に先年之時分。武田信玄公使番。其節は武藤喜兵衛武篇之行をも見聞申者之義に御座候故。右衛門佐は其所を存寄。先真田をさゐ引付。味方に仕候はヽ。小侍は手に立義に而無御座候間安存。先真田方へ。午ノ秋。津金寺と申出家を遣し。真田方え色々申遣候。真田対面。具に右衛門佐方へも返事御座候つる。就夫。二度目に依田十郎左衛門と申者を。真田え弥和談に仕。三度目には真田安房守自身。蘆田小屋之麓迄参り候。右衛門佐義。蘆田小屋より罷出。真田と対面仕。直に良久談合御座候つる。其時。右衛門佐申杯と。家康様え□々存寄候はヽ。起証文を以。申上可然と好み被申候へは。真田。尤と同心仕候。

右の記述は、天正一〇年（一五八二）年九月、徳川家康と敵対する北条軍に加担していた真田昌幸を味方につけるため、依田右衛門佐（信蕃）が画策する場面である。信蕃が真田方へ遣わす一度目の使者として「津金寺と申出家」が選ばれ、二度目に派遣される人物として「依田十郎左衛門」が登場している。なお、三度目には昌幸自身が「蘆田小屋之麓」まで参上して信蕃と対面し、結果、昌幸は家康に服従することになったという。これによると、依田信蕃所縁の人物として、天正一〇年に「依田十郎左衛門」と称する人物が存在していたことになる。先に挙げた宮内庁書陵部蔵『鷹狩記 祢津流 完』の奥書に見える天正一六年という年紀を信じるならば、『依田記』に見える「依田十郎左衛門」と「依田十郎左衛門守廣」は同時代で、同一人物と見なせよう。なお、たとえば、宮内庁書陵部蔵『祢津流 鷹名所記』（函号一六三―一三一五）の奥書には、以下のように依田氏の人物が複数人数併記されている。

天正十六年戊子

二月朔日
祢津松鶴軒常安

依田次右衛門殿
同　十郎左衛門殿
同　与市殿
同　陽外記殿
同　権助殿

これによると、この鷹書は、天正一六年二月一日付で祢津松鶴軒常安から五人の依田氏に宛てたもので、書名からも判断されるように祢津流のテキストである。ここに見える日付は前に挙げた宮内庁書陵部蔵『鷹狩記 祢津流 完』のそれと同じ天正一六年二月一日であることから、右掲記事に五人併記されている依田氏のうち二番目に見える「依田十郎左衛門」と宮内庁書陵部蔵『鷹狩記 祢津流 完』の奥書に見える「依田十郎左衛門守廣」とは同一人物で、それは『依田記』に見える「依田十郎左衛門」にも比定できよう。

ところで、このような『依田記』や祢津流の鷹書の奥書に見える天正年間から約五〇～七〇年後の寛永一六年（一六三九）～万治二年（一六五九）における富山藩士の禄高を記載した『御分国之砌御家中禄高帖』※12の「御鷹師衆」には、以下のような記事が掲載されている。

御鷹師衆
一　拾七石五斗外四人扶持　久郷四郎右衛門

一　弐拾石右同断　　山崎　三左衛門
一　拾七石五斗右同断　　山嵜　七左衛門
一　拾七石五斗　　久郷　重太夫
一　右同　　吉田　伴七
一　右同　　山崎　新三郎
一　右同　　市村　小兵衛
一　右同外四人扶持　　依田次郎左衛門
一　右同　同断　　加堂　佐左衛門
一　右同　同断　　盛長　三郎

これによると、当時の富山藩に仕えた「御鷹師衆」の一人として「依田次郎左衛門」の名前があり、「鷹匠の依田氏」が実在していたことが確認できる。「依田次郎左衛門」と「依田十郎左衛門守廣」とは、名前が通じていることから近親の同族であろう。この依田氏は、所属が富山藩士であったため、これまで見逃されてきたものと思われる。

二　鷹匠の依田氏

江戸時代前期に富山藩士であった鷹匠の依田氏は、そのご子孫が富山県内に在住し、ご当主の依田盛敬氏が当家に伝わる古文書類を一〇〇点以上所蔵している。このたびご当主のご厚意により、すべての資料を調査させていただく機会を得ることが出来た。まずは同氏の全体像を確認するため、依田盛敬氏所蔵の文書群のなかから、平安期より始まるとされる当家の系譜を記した『依田家系圖』の全文を以下に挙げる。

【系図③】『依田家系圖』

∴六孫王經基之五男

○滿快（ヨシ）　右衛門尉　遠江介
—滿國　遠江介
—爲滿　甲斐守　室河内守頼信朝臣之女
—爲公　伊那信濃守　母河内守頼信朝臣之女信州伊那ニ在任スルニ付テ伊那ト改

—爲扶（スケ）　伊那太郎
—爲實　依田六郎　是依田之元祖ナリ
—實信　依田次郎太夫
—信行　依田三郎
—廣綱　依田源八兵后号ス兵衛尉ト

是世云信濃源氏ナリ依田三郎信行ヨリ芦田備前守入道玄栄迄暦代由緒書為焼失中絶ス因茲略ス

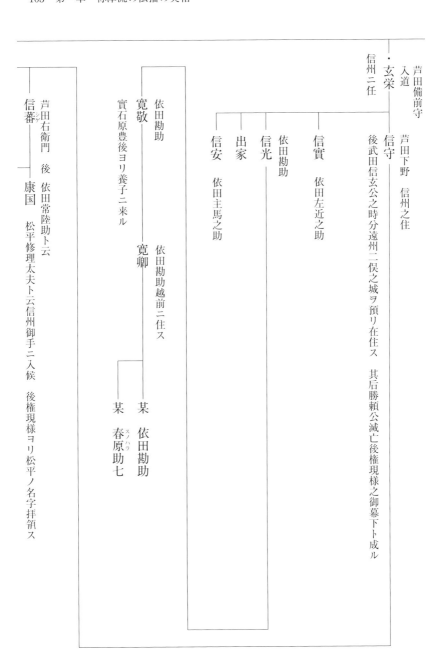

○
—依田三郎信行後胤　家ノ紋三蝶或ハ三折蝶

- ・玄栄　芦田備前守　入道　信州ニ任
  - 信守　芦田下野　信州之住　後武田信玄公之時分遠州二俣之城ヲ預リ在住ス　其后勝頼公滅亡後権現様之御幕下ト成ル
    - 信蕃（シゲ）　芦田右衛門　後　依田常陸助ト云
    - 康国　松平修理太夫ト云信州御手ニ入候　後権現様ヨリ松平ノ名字拝領ス
  - 信實　依田左近之助
  - 信光　依田勘助
    - 寛敬　依田勘助　實石原豊後ヨリ養子ニ来ル
      - 寛卿　依田勘助越前ニ住ス
        - 某　依田勘助
        - 某　春原（スノハラ）助七
  - 出家
  - 信安　依田主馬之助

康寛
松平右衛門太夫　権現様ヨリ勘気ヲ蒙リ
加藤宗月入道ト改

某
加藤造清正

吉賢
芦田図書先年順見上使被ニ通候　以後図書朝夕
文武ヲ嗜建上聞ニ御勘気御免ニ付本名之芦田ヲ名乗越前ニス領七千石

某
芦田内近越前ニ住ス

信綱
依田源八郎　比者大力有テ裂鹿ノ角

信国
依田善九郎

女子
依田十郎左衛門守廣室

○

金龍齋
依田金伍信州之任　后上州白井惣林寺葬ス
禅宗金伍畫賛之像越前心月寺ニ在之処任職他山之砌富山移リ富山光厳寺之宝物之内ニ今ニ在之

・出家　信州津金寺住職真言宗也

○
守廣
生國信州　依田惣藏次右衛門　后十郎左衛門与改メ
依田金吾嫡子　信州佐久郡之住人　天正十年六月織田信長公御滅亡之砌権現様ヨリ芦田右衛門信蕃江信州御手ニ入候様ニ忠節可仕旨被仰付依之方々御手ニ引付則信州岩村田諏訪山二ヶ所被抱置則諏訪山ニハ芦田右衛門佐信蕃依田十郎左衛門守廣被指置岩村田ニハ依田勘助被指置地侍共支配仕居候其后芦田上州藤岡江所替被仰付依田十郎左衛門守廣ハ信州佐久郡之内ねきわ村平井村北津村領之ス　守廣妻芦田下野信守女　後妻根津松鴎軒常安ノ女松鴎軒常安男子無之ニ付鷹家之儀依田十郎左衛門守廣江得之後　越前江被越　越前卒ス　菩提所心月寺禅宗法名覺城院殿武観違進居士ト号ス

守常
生國信州　依田惣藏次右衛門　后十郎左衛門与改メ
其巳後駿河大納言様江相汝無程病死法名月海恵庵上座ト号

貞清
生國越前依田次郎左衛門
浪人故越前芦田圖書方ニタヨリ在之内越前相公様江鷹方御指南申上ル色々拝領仕ル内七寳流シ之キセル今ニ所持ス
其后富山松平淡路守様鷹家之儀及御徳近藤甲斐ヲ以被召抱　正保四年ヨリ相勤六拾六歳ニテ病死禅宗富山全慶寺葬之
改名心月耳通居士ト号

仍守
生國富山依田権六

富山淡路守様江父次郎左衛門存命之内ヨリ幼少ニテ被召出父並ニ御鷹方相勤六拾歳ニテ元禄十五年十一月廿日ニ病死　禅宗富山金慶寺ニ葬ス法名玉林智昌居士ト云妻鹿野九郎兵衛女心光永鏡大姉ト号ス

女子　渡部三右衛門妻

某　依田□右衛門後久吾ト改　生国富山幼少ヨリ加州江越シ依田源吾厄介ニ成其后依田ヲ名乗ル

某　依田金吾　金沢ニ生ル

某　依田多源　金沢ニ生ル后中山

女子　二人

貞廣　生国富山依田源吾
松雲院様御代被召抱宝永六年十一月廿二日病死雲中浄林信士妻伊藤五助女

貞虎　依田六郎右衛門若年ニ死ス

女子　二人

女子

女子　早世

女子　鹿野九郎兵衛重之妻
富山ニ生幼名依田弥十郎后源次内蔵丞ノ後十郎左衛門ト改号ス

盛昌
実鹿野九郎兵衛重之三男外祖父依田権六養子ト成ル宝永四年亥十一月廿六日八歳ニテ富山長門守様御代権六為名跡被召出御鷹方相努被在妻木村侍兵衛女故出雲守様御代享保十二年八月十八日御倹略御人減ニ附御暇被下暫浪人之内冨山村隼人江相努其后横山大和守殿入口ヲ以護国院様御代享保十七年六月六日御鷹方江被召抱相努大應院様御富代迄相努被在

女子　富山ニ生ル
村田右内妻

守真
冨山ニ生ル幼名依田小十郎后次右衛門ト号ス

女子

某　金沢ニ生ル
依田虎之助

某　金沢ニ生ル
依田虎之助

当系図は縦二〇・〇チセン×横九六・〇チセンおよび縦一九・八チセン×横九六・五チセンの二葉からなる巻子本で、もとはひとつながりであったものが裁断され、一括して巻かれた形態となっている。

さて、この依田盛敬氏蔵『依田家系圖』によると、当家の氏祖については『寛政重修諸家譜』と同じ「満快」流であることを伝えている。なお、満快の八代末裔の「信行」から信蕃の祖父とされる「玄栄」までは、由緒書が焼失してしまったためにその部分を中略したと説明している。さらに、『寛永諸家系図伝』と『寛政重修諸家譜』において異同が見られた信蕃の父の名前が、右の系図では「信守」となっており、『寛政重修諸家譜』および『依田記』と一致する。弟は「信綱」「信国」の二人の名前が見え、いずれも『寛永諸家系図伝』および『寛政重修諸家譜』には見られない名前である。また、信蕃の妹については、『寛政重修諸家譜』によると二人存在していることが記され、そのうちの姉の方に「依田治右衛門某が妻」という注記が付されている。一方の『依田家系圖』には、信蕃の妹は一人しか見えず、その注記によると「依田十郎左衛門守廣室」と説明されている。このような信蕃の妹婿にあたる「守廣」は、信蕃の祖父の弟である「金龍斎」の子とされ、その注記に「依田惣藏次右衛門　后十郎左衛門」と見える。「依田惣藏次右衛門」の名称は、『寛政重修諸家譜』に見える「依田治右衛門」に該当するものであろう。続けて同注記には、守廣が信州佐久郡の住人であることや、信蕃とともに徳川家康に仕えた状況などについて記載されている。すなわち、天正一〇年六月に織田信長が滅亡した際、徳川家康が芦田（依田）信蕃に臣従することを要請し、信州の岩村田（現・長野県佐久市岩村田）および諏訪山（未詳。諏訪郡内か）を掌握した。そのうち諏訪山には信蕃と守廣を配置し、岩村田には依田勘助を配置して地侍たちを支配した。その後、信蕃は「上州藤岡（現・群馬県藤岡市）」に所替を命じ、守廣には「信州佐久郡之内ねきわ村平井村北津村

（未詳）」を領有させたという。また、守廣の妻は「芦田下野信守女」すなわち信蕃の姉妹であったが、後妻に祢津松鶴軒常安の娘を娶る。それを機縁として、男子のいない松鶴軒から鷹の家の流儀を会得したという。この経緯は、前掲の祢津流の鷹書の奥書に松鶴軒と守廣の名前が併記されていることに通じるものであろう。さらに、鷹術を会得した後の守廣は、越前に居を移してその地で卒したという。菩提寺は「心月寺」、法名は「覺城院殿武観達進居士」と号したとされる。ちなみに、右の系図に見える金龍齋の弟（守廣の叔父）に該当する「出家」と称される人物は、その注記に「信州津金寺住職真言宗也」と見えることから、先に挙げた『依田記』で信蕃が真田方へ最初に派遣した「津金寺と申出家」に比定されよう。

また、守廣の子である守常については、信州に生まれて依田権兵衛と称し、父・守廣とともに越前に来た後に「駿河大納言（徳川秀忠の三男・忠長）」に仕え、ほどなくして病死したと伝えている。さらにその守常の子である貞清は、同系図の注記では越前に生まれて依田次郎左衛門と称したと見える。浪人であったため「越前芦田圖書（依田吉賢）」を頼って、「越前相公（結城秀康）」に鷹方を指南して色々拝領した後、初代富山藩主の「松平淡路守（前田利次）」に「鷹家之儀」や富山藩士の近藤甲斐（未詳）の「御徳」などを以て召抱えられ、正保四年（一六四七）から仕えるようになった。六六歳で病死し、「冨山全慶寺」で葬られ、法名は「心月耳通居士」と号したという。当家が鷹術で富山藩に仕官するようになったのは、この守常からということになる。貞清の子である「仍守」も、父が存命中の幼少時に前田利次公に召し抱えられ、父と並んで「御鷹方」を勤めたという。元禄一五年（一七〇二）一一月二〇日に六〇歳で病死し、父と同じく全慶寺に葬られ、法名は「玉林智昌居士」と号したという。妻は「鹿野九郎兵衛女」で「心光永鏡大姉」という。仍守の跡を継いだ「盛昌」は、幼名を「依田弥十郎」、後に「源次内蔵丞」さらに後に「十郎左衛門」と改号したという。実は「鹿野九郎兵衛重之」の三男であったが、外祖父である仍守の養子となり、宝永四年（一七〇七）一一月二六日に第三代富山藩主の「富山長門守（前田利興）」の御代に、八歳で仍守の名跡を継いで御鷹方を勤めたという。妻は「木村侍兵衛女」。また、第四代富山藩主の「出雲守（前田利隆）」の御代である享保一二年（一七二七）八月一八日以降に暫く浪人して富山村の隼人氏に仕えた後、加賀藩年寄の「横山大和守（横山貴林）」を介して第五代加賀藩主の「護国院（前田吉徳）」の御代である享保一七年（一七三二）六月六日に御鷹方として加賀藩に召し抱えられたという。その後、第六代加賀藩主の大應院（前田宗辰）の御代まで勤めたとされる。この盛昌以降、守廣流の依田氏は拠点を加賀藩に移したらしく、盛昌の跡を継いだ「守真」自身はその注記に「富山ニ生ル」と見えるものの、彼の妹と二人の弟の注記には「金沢ニ生ル」と見える。

以上のように、依田盛敬氏所蔵の『依田家系圖』は、『寛政重修諸家譜』および『依田記』に記載されている内容とわずかに重なりつつ、その多くは、これまで未詳であった守廣と彼の一門に関する詳しい系譜を記載している。それによると、松鷂軒の娘婿となった守廣以来、彼の子孫は代々鷹匠を勤め、その家職をもってまずは富山藩、後に加賀藩に仕えたという。先学の研究において見逃されてきた鷹匠の依田氏とは、この守廣流の依田氏であることが確認できよう。

三　依田氏伝来の鷹書群

依田盛敬氏が所蔵する古文書類はおよそ一〇〇点以上あり、そのうち大半を占めるのは八三点にのぼる当家伝来の鷹書（冊子本）である。これらは鷹匠としての依田氏に関する情報を多く含み、その実像を明らかにする手がかりとして有用である。そこで、次に、同氏所蔵の鷹書について紹介する。

さて、依田盛敬氏所蔵の鷹書群には絵巻物も数点含まれるが、ほとんどは冊子状のものである。それらの冊子類は、表紙の装丁及び寸法のほぼ同じものが一〇〜数一〇冊ずつあり、それぞれ一揃いのシリーズ本と見なせるもので、以下の三種類に分類することができる。

①打雲紙を上下裁断して改装したと思われる表紙のもの（上部の藍雲の部分を表表紙、下部の紫雲の部分を裏表紙にそれぞれ装丁）。寸法は縦がおおよそ一四〜五チセン×横がおおよそ一六チセンのもの。…四五冊現存。
②縹色の表紙で縦がおよそ二四チセン×横がおよそ一八・五チセン前後のもの…二七冊現存。
③表紙も大きさもふぞろいのもの…一一冊現存。

上記の①〜③の各鷹書の書誌一覧は「付・依田氏所蔵鷹書書誌一覧」に掲出したので参照されたい。

まず、①に分類される鷹書については、1〜19は朱筆の書き入れがあるテキスト、20〜45は墨書のみで朱筆が無いテキストと大別できる。さらに、1〜19は虫損甚大なテキストばかりであるのに対して、20〜45のテキストはいずれも汚損等が少なく、比較的状態が良い。これらの四五冊はすべて表紙の装丁が同じでほぼ同じ寸法のテキスト群ではあるが、書写状況などにおいてそれぞれ異なる経緯のあったことが予想される。と言うのも、奥書については、1～19はすべて「祢津松鶴軒（縦三・一センチ×二・三センチの朱長方印）／天正十六年戊子／二月朔日　常安（花押）／依田十郎左衛門殿」と記載するものばかりであるが、20～45ではそれ以外に「寛永元年甲子依田次郎左衛門／二月朔日　守廣（花押）（つり鐘形の朱印）／同斎之助殿」と記すテキストも混在している（＝22・23・24・25・27・29・30・31・34・35・39）。また、20～45のテキスト群で後者の奥書を持つものは、いずれも三つ目綴になっているという特徴も見られる（そうでない奥書のものは四つ目綴。但し、1～19のテキスト群では同じ奥書で三つ目綴と四つ目綴が混在する）。さらに、これらの依田氏伝来の鷹書のうち、奥書において松鶴軒の名前とともに記載されている年月日と、前節で紹介した宮内庁書陵部蔵の松鶴軒の名前が奥書に見える鷹書のそれはどちらも同じ天正一六年二月一日である。しかしながら、この日付をそのまま信じることはできない。むしろ伝承上の問題を孕むものとして注目すべきであろう。なお、1～19および20・21・26・28・32・33・36・37・38・40～45の奥書には、天正一六年二月一日に「祢津松鶴軒常安」から「依田十郎左衛門殿」に宛てて伝授した由が見える。この「依田十郎左衛門」は、松鶴軒と同じ時代に生きた人物であることを踏まえて、『依田家系圖』から判断すると「守廣」に該当すると思われる。一方、22・23・24・25・27・29・30・31・34・35・39の奥書には寛永元年（一六二四）二月一日に「依田次郎左衛門守廣」から「同斎之助殿」に伝授された由が見える。「依田次郎左衛門」は「依田十郎左衛門」の誤記であろう。宛先となっている「斎之助」は守廣の嫡孫である「貞清」の別称とされる。[※13]

次に、②に分類される鷹書の奥書について整理すると、2～18・20～23・25・26は、いずれも宝暦九年（一七五九）六月吉日に「依田十郎左衛門盛昌」から「依田次右衛門殿」に当てて伝授したものであることが記されている。「盛昌」とは、先に挙げた『依田家系圖』によると、守廣から直系の五代目にあたる人物である。また、「依田次右衛門」とは、同じく『依田家系圖』によると、盛昌の子である「守真」に該当すると想定される。なお、1・19・27には奥書がない。また、24の奥書によると、同書は、松鶏軒常安から四代の末裔が現在伝えているとする。そして、延宝二年（一六七四）三月吉日に「依田源五貞廣」から「孫三郎殿」に当てて伝授された由を記す。ここに見える「貞廣」は、『依田家系圖』によると、守廣から直系の四代目にあたる「仍守」（盛昌の父）の弟に該当する人物で、守廣の嫡流の子孫ではない。「孫三郎」は未詳。

最後に、③に分類されるテキストのうち、1・3・8の奥書には、天正一六年二月一日に「祢津松鶏軒常安」から「依田十郎左衛門殿」（守廣）に伝授された由が記載されている。また、2のテキストには、奥書に二種類の伝来の経緯が記されている。まず、宝永五年（一七〇八）六月一六日の日付と「同次右衛門守廣」から「依田斎助殿」に伝授された由が見える。「次右衛門」とは、『依田家系圖』によると、「守廣」が「十郎左衛門」に改名する前の称であるという。「依田斎助殿」は、守廣の孫である「貞清」のことであろうか。さらに2の奥書は続けて、天正一六年二月一日に「祢津松鶏軒常安」から「依田次右衛門尉殿」（守廣）に伝授された由が見える。その他、5の奥書には、「依田次右衛門守廣」の名前とともに、永禄六年（一五六三）五月二〇日の日付が見える。ちなみに、6と7については、「祢津流（家）の鷹書」ではないためか、奥書に依田氏の名前は見えない。また、9・10においては本奥書と書写奥書があり、前者には、天正一六年二月一日に「祢津松鶏軒常安」から「依田十郎左衛門殿」（守廣）に伝授された由が見え、後者には元禄一五年五月五月・六日に「依田権六仍守」から「依田弥十郎」に当てて伝授した由が記載されている。「依田弥十郎」とは、『依田家系圖』によると、盛昌の幼名であるという。11は奥書のない仮綴のテキストである。

おわりに

以上において、これまでほとんどその存在すら知られてこなかった「鷹匠の依田氏」について、その具体的な実像を一部明らかにした。従来は信蕃流の依田氏ばかりが注目されてきたため見落とされてきた、別流の依田氏の一門が存在したのである。同氏が主張する系図によると、祢津松鷂軒の娘婿になった守廣以来、鷹匠を世襲するようになったといい、その家業を以て富山藩・加賀藩に仕えたとされる。そのような鷹匠の依田氏には、八三点におよぶ鷹書が伝来している。その多くは祢津流のテキストを称するもので、表紙の装丁や寸法によって一揃いのシリーズ本に分類されるものである。

繰り返しになるが、祢津流の鷹術は中世末期から近世期において武家の間で隆盛した流派であった。しかし、その伝播の実態はこれまでほとんど知られてこなかった。その主な原因としては、諏訪流の流派と混同されてきたことと手がかりとなる情報が不足していたことが挙げられる。今回、発見された依田氏伝来の鷹書群は、祢津流の鷹術の展開に関する新しい情報を多く含むものである。このことから、これらのテキスト群は、当該流派の伝播の実相を明らかにする最有力の手掛かりと言えるものであろう。

注

※1　当該流派の詳細については本書第四編第一章参照。

※2　ちなみに、京都諏訪氏所縁の鷹書である『和傳鷹経』上巻「鞭寸事」には、・祢津流鞭のこしらへやう、藤の皮をむかて其儘さす。（ママ）かたを一文字に切て、さきをうつさきにする也。と見える。これは、鷹道具である鞭について、「祢津流」による作成方法を説明している記述である。このことから、諏訪信仰所縁の京都諏訪氏の鷹書においても、祢津氏の名前を冠した祢津流の鷹術は「当家（＝諏訪社と関わる京都諏訪氏）」の鷹術と記されるものではないことが確認できよう。

※3　詳細については本書第二編第二章参照。

※4　三保忠夫『鷹書の研究―宮内庁書陵部蔵本を中心に―上冊・下冊』第二部第五章第四節「依田十郎左衛門守広、依田源五貞広、宇野七之佑、宇野富素」（和泉書院、二〇一六年二月）など。

※5　井原今朝男「徳川家康と依田信蕃・康国―佐久郡の戦国・織豊期について―」（『平成二三年度長野県立歴史館　春季展　武士の家宝～かたりつがれた御家の由緒～』、長野県立歴史館、二〇一一年五月）。

※6　注※5の井原論文。

※7　山崎会理「「依田記」成立の背景と由緒書への転換の可能性について」（「長野県立歴史館　研究紀要」第一八号、二〇一二年三月）など。

※8　『平成二三年度長野県立歴史館　春季展　武士の家宝～かたりつがれた御家の由緒～』、長野県立歴史館、二〇一一年五月参照。

※9　『寛永諸家系図伝　第三』（斎木一馬・林亮勝・橋本政宣校訂、群書類従完成会、一九八〇年一二月）。

※10　『新訂寛政重修諸家譜　第六』（高柳光寿・岡山泰四・斎木一馬編集顧問、群書類従完成会、一九六四年一二月）。

※11　『続群書類従　第二一輯上』（続群書類従完成会、一九七五年五月）所収。

※12　『越中資料集成　1　富山藩侍帳』（高瀬保編集、桂書房、一九八七年三月）所収。

※13　注※4の三保著書ほか。

第二章　祢津流の鷹術伝承

—依田盛昌の鷹書—

はじめに

前章で紹介したように、信濃源氏・満快流の一族を主張する依田氏には、近世期に鷹匠として活動した家系がある。彼らはまず初代藩主の前田利次の時期に富山藩に仕えた。次に第六代藩主・前田吉徳の藩政期に加賀藩に仕官した。このように、複数の藩にまたがって転々と仕官するのは珍しい例であるが、当家は明治期まで加賀藩士の家として継続した。ご当主の依田盛敬氏は、伝来の鷹術文書を一〇〇点以上所蔵し、それらの大半を占めるのが八三点に及ぶ「鷹書」であることも前章で述べた通りである。このような近世期の放鷹文化に関する豊富な情報を満載した依田氏の文書類は、貴重な文化資源として注目に値する。

ところで、これらの鷹書群のうち、加賀藩に仕官した最初の人物である依田盛昌（後述）の名前が見える『鷹序之巻　乾一』（本書「付・依田氏所蔵鷹書書誌一覧」②の20）は、全部で九条あるすべての項目に鷹術関連の説話が記載され、鷹狩りに関する実技的な記事は一切掲載されていない。伝書の形態としては珍しいものといえよう。

本章では、鷹書に所収される説話への関心と、祢津流の鷹術伝播の媒体としての視点から当該書に注目する。

まずは、新出資料である同書の全文を翻刻紹介し、類話との比較を通してその特徴を分析する。このような本書に関する知見を提示することによって、近世期の鷹匠に伝来した鷹書に関する文化伝承的な価値を理解する一助とすると同時に、当該テキストを介して展開した祢津流の鷹術に関する実像を明らかにしたい。

一　依田氏の鷹術説話

『鷹序之巻　乾一』の全文翻刻は、以下の通り。なお、改行は／を以て示し、改丁は」で括って（一オ）のように丁数ならびに表裏を示した。朱引きについては、地名は右に一本、人名は中に一本、書名は中に二本の棒線で示した。便宜的に、項目ごとに改行を行った。以下同じ。書誌については、「付・依田氏所蔵鷹書書誌一覧」に見える該当項目を参照されたい。

鷹席（序カ）之巻　乾一」（一オ）

（一丁オ・二丁ウ白紙）

鷹序之巻／

一　夫鷹ヲ仕ト云事、人倫之非業、摩阿陀國之聖界、／大聖世尊之謀、衆生之心不同ニシテ、其儀マチ々／成間、此身ニ随テ心ヲヨロコハシメ、夫ニ依テ罪之／輕重、生死無常之理、難レ定。然ニ、生者必滅會者／定離之理也。爰ニ煩悩即菩提、生死即涅槃、諸／法之至極カ。去ハ、何モ此身ハ法ナラスト云事ナシ。尤、／鷹之始リ荒々顕者也ト云々。」（三オ）

一　鷹ヲ仕始ラレシ事ハ、摩阿陀國之聖界、江南國之／國主、鷹ヲ爲レ好給也。太歳ハ壬寅十一月三日、申之時、／西淨國ト云國之主、殿上達部、鷹狩ニ出、爲／仕給事有キ。賢仙ト云山之麓ニテ、仕被始也。其野之／名ヲハ、大千道ト云也。白生之鷹之極テ羽之速事、余／之鷹ニハ勝タリ。眼ハ如明星也。頭ハ晴水トシテ、似秋ノ／月ニ。唇ハクレ〳〵トシテ、鷲之山ヲ如爲出シ。肩ハ、ハン〳〵／トシテ、海中ニ二つ之岩、如爲指出。側之毛ハ、波之花之如／漂蕩カ。胸之毛ハ、呉竹之節ヲ並タルニ似リ。後、難山之」（三ウ）流ニ似リ。是ヲ鷹之王トス。此鷹ヲ長推ト云者、高／祖之鷹タヌキニテ、紅之巻上之鈴ヲ指テ、此野ニ／押出タリ。國主、御覧シテ、榮花ニ侈愛給所也。彼／鷹、手ヨリ彈テ死ナントス。國主、御覧シテ、爲驚給／ケル所ニ、アル秦國之夫人、參テ申樣、此鷹之病者、／萬病時氣ト申也。其時、國主、仰ケルハ、此煩ヲ知ナラハ、命／ヲ継テマイラセヨト宣旨有。彼夫人、宣旨之仰ナラハ／承ヌト申テ、偖、錦之袋ヨリ藥ヲ取出シテ、鷹之眼ニ／微塵計塗、亦上ニモ湔、口ニモ塗ケレハ、其時、如本之ヨリ健ニ（四オ）」見ヱケレハ、國主、被仰下ケル、汝ガ藥ハ如何成藥ソト曰。夫人答テ／曰、鷹飼之中ニハ、無老ト申者也。十善之御内ニハ赤田藥／ト申。國主曰樣者、更ハ此藥之本性ヲ自ニ可知ト宣旨／有。夫人申樣ハ、昔ハ長生殿之内ニテ宣旨ヲ五度返ス。中比ハ／伽比羅城之内ニシテ、宣旨ヲ七度返ス。今之夫人ハ、帝王之／仰ニ随テ、彼向顔ヲ延テ、於三度ニ者不可申。汝カ傳厚／ニハ来齊國ヲタフヘキト宣旨有。其時、夫人申ケル條、禄ヲ／不給共、十五代ヨリ夫人ニ傳ト云共、帝王之仰ニ随テ、藥／之本性ヲ可申。大海之ウロクストハ、九穴之蚫之ホソ腸」（四ウ）鹿之角ノ目ヲ以テ、是ヲ鷹之萬病ヲ治スル藥トス。昔ハ／長生殿之内ニシテ、ハコメウフモントト名付ル也。中比、伽比羅城之／内ニシテ、節之藥ト名付、今ハ大千道之本ニテ、名ハ、向顔／ニ上、藥ヲハ殿上之箱ニ納、末代世々ニ至迄、鷹ヲ好マン衆／生ハ、仰此本性ヲ可仕。太歳ハ、ソヨウ元年正月三日未之／刻、マカキノ前ニ来留ル鷹ヲ以始トス。従其以来、傳テ／千八百余年也。俊鷹ハ、阿修羅道之大将軍之化身、／本地毘沙門天王也。摩阿陀國之内、王子之関ニ着、王／子ノ津ヨリモ堀河津迄ハ、五萬千里也。白濟國堀河」（五オ）之津ヨリモ、日本國越前之國敦賀津迄ハ、三萬三千里／也。七日七夜ニ日本國越前國敦賀津唐人橋ニ着者也／ト云々。／

一　抑、鷹之日本エ渡始ル事、神之代也。白濟國ヨリ一番ニ越、／駿河之富士ヲ巣山トナシテ、七ツノ子ヲ作。七月七日ニ巣山ヲ／出、日本六十余州エ廣ムル也。吾朝ニ鷹ヲ仕ト云事、／仁徳天皇之御宇之八十六年之御代ヲ為持給。四十／六年ニ當リシ年、白濟國ヨリ鷹ヲ書ト相添テ渡シ／ケル。其鷹之名ヲ、俊鷹ト云也。使之躰、如僧也。仁徳天皇」（五ウ）之御代之後ハ、鷹ヲ仕ト云事絶タリ。清和天皇之／御時迄、此書有ト云共、讀開人ナシ。使ノ名ヲハ小満ト／云也。清和天皇之御時、渡鷹ハ韓巻ト云也。使之躰、如／僧也。此仁、越前國敦賀津ニ渡着。名ヲ好仁米光ト云／也。文書盡シテ被渡キ。越前之國敦賀津ニ着テ／奏聞ス。其時之都ハ、粟津也。大臣、公卿、納言、殿上至迄、集／給テ、韓巻ヲ取ニ可下ト宣旨有ケレハ、公卿各々申／サセ給イケル。其時、播磨國之住人、源政頼、為勅使敦賀／津ニ被下。内裏之御使成ト云。唐人之字者好仁ト」（六オ）云。名乗ヲ米光ト云也。米光カ奨束ニハ、大荒目之ホイノ／色也。刺貫、節染之三重ノ衣ヲ着タリ。錦之帽子ヲ／ゾシタリケル。形ハ似僧ニ。政頼、彼ニ向テ、宣旨御使成ト／云ケレハ、政頼ニ向テ申テ曰、韓巻ニ文書ヲ相添テ、取渡／テト云。其時、政頼、大國之文ヲ讀兼テ、米光ニ讀ト云ニ、／ホウ枕ヲタベト答フ。其時、小竹ト云半物ヲ出ス。米光、餘ニ／喜テ床ヨリ下、七度拜ス。小竹カ奨束ニハ、山吹之匂之色、／紅之茂袴、髪ハ如翡翠也。形ハ似如来ニ。米光申ケルハ、小竹ヲ／以テ奏聞可申ト御返事申。御門重テ政頼ヲ以、此鷹之」（六ウ）文書ヲ可讀由、宣旨也。御使政頼也。彼米光、手ヲ打テ、／此國ニ此書有ト驚。讀開事ナシ。政頼、此由奏聞ス。御門／之御謀ニ、小竹ト云女ヲ、政頼、御使トシテ出シ給。政頼、／此文書ヲ讀開、八十一巻之書。其後、政頼ニ相傳シ、／三十六之口傳トス。如右之、不殘信濃國祢津、是ヲ傳／者也ト云々。／

一　鞭ト云事、安養之淨土之尺杖也。如何成ハ、尺杖ヲ鷹之／鞭ト云侍ルト申ニ、夫昔、安養之淨刹之天竺之内ニ、上天／竺ニ山寺有。其山寺之開山ヲハ、藥王菩薩ト申也。然間、此」（七オ）藥王菩薩、淨刹ヨリ天竺ニ天降給所ニ、其時、白鷹之／第（弟カ）兄ヲ左右之御手ニ据、乙ヲハ右之御手ニ月輪ト号／シ、兄ヲハ左之御手ニ日輪ト号シテ、天竺之山寺ニ渡給。／其時、彼山寺ニ地ヲシメテ、御建立侍ル故ニ、此山寺之山号／ヲ兄弟山ト申也。然ニ彼白鷹ヲ天竺エ越給ニ、悪魔ニ必ト／ラルヘシ。然ニ、淨刹ニハ、此杖ヲ以、地神モ賢穿之爲、亦法界ヲ此杖ニ／テ釋スル時ハ、五百之聲聞、四千八百九十八匹之ヒヅメ共、此杖／ニテ釋スレハ随リト云々。／

一　鈴ヲ指ト云事、安養之淨刹ニテハ、此折節、白鷹遠」（七ウ）行ケルニ、フセウ山ニハ十萬八千余柄ノ鈴有。木ノ名ヲハ沙羅／双樹トテ、此山ニ四萬五千本生也。其枝毎ニ鈴ヲ付置給イ／ケルニ、白鷹、余所ヨリ飛来。沙羅双樹之枝ニ登ントシケル／ニ、鈴、鷹之羽ニ當リテ、カラ〳〵ト鳴ケレハ、大日如来現給。／何者ゾヤ。鈴ニ當ルハト宣エハ、諸之菩薩達出テ見給／エハ、白鷹、此木之枝ニ登リケル。鈴之音ヲ聞故ニ、白鷹ヲ／見付給イケル。切々尋ンヨリハ、此鈴ヲ一柄可付トテ、彼白／鷹ニ付給。然ニ鷹ハ是、阿字也。阿字ハ是、鷹師也。鷹師ハ／是、同躰分身之阿字也。如来之神徳也。然ニ鷹ヲ居、殊勝」（八オ）ニ思ワン人ハ、安養之世界ヨリ、紫雲タナヒキ、大日如来之／世界エ鷹師ヲ引導セン事、疑アラントゝ〻。／

一　仁徳天皇之御時、渡鷹。俊鷹是之。同耳之先赤女犬ニ、／九尋三尺之綱ヲ付テ渡ス也。／

一　清和天皇之御宇ニ渡鷹。韓巻ト云リ。出羽國羽黒／山エ放給。同白犬ニ六尋二尺之綱ヲ付テ渡シケル。男犬也。／使之者名ヲ好仁米光是也。／

一　十條院之御時、唐轡ト云鷹渡也。紀伊之國熊野山エ放／給。同赤駮之男犬ニ三尋一尺之綱ヲ付テ渡也。使ノ者、名ヲ」（八ウ）小満ト云也。／

一　家ニハ十牧紙、極意也。十牧紙、無相傳者、一部トハ不可云也。／一部之巻数、不可云。十八之秘事、三十六之口傳ハ、一部之／外也。極ル秘事也。何トテ十八之秘事、三十六之口傳ト云ニ、／弥陀之十八願ヲ本ニ立給故ニ、是ヲ以、十八ト云垂跡、八幡／大菩薩也。三十六之口傳ハ、地之三十六禽ヲ以也。是モ本分／也。天子成間、故ニ是ヲ以、三十六之口伝傳ト定ル也。鷹韝（講カ）釋ハ／十八之秘事、三十六之口傳ヲ以スル書物ニ顕ハ大方之／事也トゝ〻。」（九オ）（九丁ウ・一〇丁オ白紙）寶暦九己卯　依田十郎左衛門／六月吉日　盛昌（花押）（朱正方印）／依田次右衛門殿」（一〇ウ）

先述の通り、同書は一つ書き形式で全九項目が掲載されている。さらに繰り返すが、鷹狩りの伝書であるにも関わらず、実技的な鷹術の知識は一切記されていない。すべての内容は物語性を伴う叙述となっているのである。各条の概要を以下に整理する。

【第一条】＝鷹を遣うことの由来は人間の業ではなく、「摩阿陀國」の「大聖世尊（釈迦）」のはかりごとによるものという。

第二条＝鷹を遣い始めることは、「摩阿陀國」の「聖界」である「江南國」の国王が鷹を好んだことに始まるという。「壬寅十一月三日申之時」に「西浄國」の国王が「殿上達部」と鷹狩りに出たことがあった。「賢山ト云山之麓」の「大千道」という野で狩りをしたとき、吉相を備えた「鷹之王」とされる白生の鷹を「長推ト云者」がこの野に出した。国王はこれを愛でるが、鷹は手から落ちて死にかける。驚く国王に対して「アル秦國之文人」が、この鷹の病気が「萬病時氣」であると診断する。国王はこの人物に鷹の救命を命じ、「夫人」なる当該人物は宣旨ならばと承諾し、秘伝の薬を投じて鷹を救命した。国王は「夫人」にその薬の名前を聞き、「夫人」は「無老」（鷹匠）「赤田薬」（十善）である旨を説明する。続けて国王が薬の本性を尋ねたところ、「夫人」は長生殿や伽比羅城における宣旨の先例を挙げながら、三度の宣旨においては申すべからざる旨を答える。「来濟國」を下賜する宣旨があると、「夫人」はそれを拒否して一五代より「夫人」に伝来した薬の本性を明かす。その名前が「ハコメウフモン」（長生殿之内）、「節之藥」（伽比羅城之内）、「向顔」（大千道之本）と変遷したことを述べつつ「殿上之箱」に納め、末代に至るまで鷹を好む衆生はこの薬方を用いることになった。また、「ソヨウ元年正月三日未之刻」に「マカキノ前」に来て留まる鷹を以てその始まりとする。それ以来、「千八百余年」伝来した。「俊鷹」は「阿修羅道之大将軍之化身」にして本地は「毘沙門天王」である。『摩阿陀國之内、王子之関」から「五萬千里」離れた「白濟國堀河之津」を経て、さらに「三萬三千里」離れた「日本國越前國敦賀津唐人橋」までたどり着いたという。

第三条＝鷹が初めて日本に渡ったのは神代のことであるという。百済国から「駿河之富士」を巣山とし、七つの子を産んで日本国内に広めたという。本朝で鷹を遣ったのは仁徳天皇の時代に「白濟國」から鷹と書を添えて伝来したのが始まりという。その鷹の名前は「俊鷹」という。鷹を伝えた使者は僧形をしていた。しかし、その後は鷹を遣うことは絶え、清和天皇の時代までこの鷹書を読み開く人もいなかった。このときの使者の名前は「小滿」という。清和天皇の時代に伝来した鷹は「韓巻」という。使者はやはり僧形をしており、越前国敦賀津に到着した。名前を「好仁米光」という。文書を披いて越前国敦賀津において奏聞した。その時、都では、粟津の大臣や公卿・納言・殿上人にいたるまで集まり、「韓巻」を取りに敦賀津に下るべき宣旨があった。「播磨國之住人源政頼」が当地に下り、内裏の使者として、「唐人之字者好仁卜云。名乗ヲ米光卜云」人物と対面した。米光が政頼に向かって言うには、「韓巻」に文書を添えて渡すという。政頼は文書を読みかね、米光に読むように「小竹卜云半物」を使って交渉したところ、米光は喜んだ。米光は小竹を以て奏聞するべき旨を申し上げた。すると、帝は重ねて政頼を以てこの鷹の文書を読むべき由を宣旨した。米光はこの国にこの書があると驚いたものの読み開くことはなかった。政頼がこの由を奏聞すると帝は謀をめぐらし、小竹を使者として遣わした。結果、政頼はこの文書を読み開き、「八十一巻之書」とした。その後、政頼に相伝して「三十六之口傳」とした。それらは残らず「信濃國祢津」に伝わったという。

第四条＝鷹の鞭は安養浄土の尺杖であるという。なぜ尺杖が鷹の鞭とされるのかというと、その昔、安養浄土の天竺のうち、上天竺に山寺があった。それは薬王菩薩の開山とされる。この薬王菩薩が極楽浄土から天竺に降りたところ、白鷹の雌雄（弟・兄）を左右の手に据え、雌を月輪、雄を日輪と称して天竺の山寺に渡来させた。そこで、この寺の名前を兄弟山と号したと伝えている。この白鷹を天竺に連れてゆくとき、必ず悪魔に取り殺される。極楽浄土ではこの杖を以て地神も賢穿のため、法界ではこの杖で釈するときには、「五百之聲聞」及び「四千八百九十八匹之ヒヅメ」が随うという。

第五条＝「鈴を指す」ということについて。極楽浄土では、白鷹が遠くに飛び行き、「フセウ山」に「十萬八千」余りの柄の鈴がある。木の名は沙羅双樹といって、この山に「四萬五千本」生えている。その枝ごとに鈴を付け置いたところ、白鷹が飛来し、沙羅双樹の枝に登ろうとすると、羽に鈴が当たって音が出た。大日如来が現れて音の正体を尋ねたので、諸の菩薩たちが出てきて見ると、白鷹がこの鈴の木の枝に登っていた。鈴の音を聞いて見つけたので、その白鷹に鈴を付けることになった。ところで、鷹は阿字で阿字は鷹師である。鷹と鷹師は「阿字」の同体分身で、如来の神徳である。このことから、鷹を据えて殊勝に思う人は極楽浄土から大日如来の世界へ引導されることは疑いないという。

第六条＝仁徳天皇の時代に渡来した鷹は「俊鷹」と言う。それとともに耳の先が赤い雌犬も「九尋三尺」の綱を付けて渡されたという。

第七条＝清和天皇の時代に渡来した鷹は「韓巻」と言う。それは出羽国羽黒山に放鳥された。同じく雄の白犬に「六尋二尺」の綱を付けて渡された。使者の名前は「好仁米光」である。

第八条＝一条院の時代に渡来した「唐轡」という鷹は、紀伊国熊野山に放鳥された。同じく赤駮の雄犬に「三尋一尺」の綱を付けて渡された。使者の名前は「小満」という。

第九条＝伝書の巻数の極意について。「十八之秘事」というのは、阿弥陀如来の「十八願」に由来し、「三十六之口傳」は地上の「三十六禽」を以てそれという。「鷹鞲（講カ）釋」は「十八之秘事」で、「三十六之口傳」の書物に大方のことが見えるという。

右の叙述のうち、第一条〜第五条については、第一編第二章で引用した『柳庵雑筆』第二の記事で松鵠軒の弟子の一人とされる「屋代越中守」の鷹書にも類似した叙述が掲載されている。屋代氏とは、信濃国埴科郡屋代郷（現・長野県千曲市）を本貫地とする清和源氏頼信流の村上氏の一族である。[※1] 同氏族の人物で、戦国武将であった屋代秀正は、武田氏、織田氏、北条氏、上杉氏と主家を転々と変え、最終的に徳川家に仕えた。江戸時代になると、秀正は、幕府から甲斐国巨摩郡（現・山梨県北杜市）に六千石の領地を賜り、徳川秀忠の次男である駿河大納言忠長に従って小諸城代を務めたという。[※2] 宮内庁書陵部蔵『屋代越中守鷹書』（函号一六三―一〇三五）は、その奥書に「従祢津松鷗軒傳也／慶長九年　屋代越中守／九月吉日／秀政（花押）／諏方因幡守殿」と見え、「祢津松鷗軒」伝来のテキストを慶長九年（一六〇四）九月吉日に「屋代越中守秀政」から「諏方因幡守（諏訪藩初代藩主の諏訪頼水）」に伝授した由が記載されている。[※3] 同書は、本来別個の七種類のテキストを一括して所収したもので、全部で七章構成となっている。そのうちの第一章に相当する部分に、右掲の『鷹序之巻　乾一』の第一条〜第五条と重なる以下のような叙述が見える。

一　夫たかをつかふと云事、人倫のわさにあらす。まかた國のしやうかひ、大聖世尊のはかりこと、衆生の心不同にして、其儀まち〳〵なる間、此身に随而、心をよろこはしめ、それによつて罪の軽重、生死無常のことハり、定かたし。然に生者必滅會者定離のことハりなり。爰に煩悩即菩提生死即涅槃諸法のいたり、きいまりか（ハ歟）。されは、何れも此身ハ、法ならすと云事なし。尤、たかの始、あら〳〵あらわす物なりと云々。

一　たかをつかひ始られし事、まかた国のせいかい、かうなむ國の国王、たかをこのませ給ふ事有き。た歳ハみつのへとら拾一月三日、申の時、さいちやう國と云國の国王、天ちやうかんたちめ、たかかりに出つかわせ候事ありき。けんせむと云山のふもとにて、つかひ始めたり。其野の名をは、たいせんとうと云墅也。白ふのたかのきハめて羽のはやき事、余のたかにはすくれたり。眼は明星のことし。頭ハ、せひすいとして、秋の月に似たり。口ひるハ、くれ〳〵として、鷲の山を出たるかことし。かたは、はん〳〵として、海中に二の岩、さし出たることく。そはの毛は、なみの花のたゝよふかことし。むねのけハ、呉竹のふしをならへたるに似たり。うしろハ、なんさんのなかれに似たり。是をたかの王とす。此たかを、ちやうすひと云もの、こうそのたかたぬきにて、すゑて、くれなひのまきあけ、鈴をさして、此野にをし出たり。國王、御覧して、栄花にほこりて、あひし給候所なり。波（彼歟）たか、手より落て、はねをひろけてしなむとす。國王、御覧して、おとろかせたまひける處に、あるしんこくのふにん、参て申様、此たかの病は、万病ちけと申なり。其時、國王、此病をしるならは、命をつきてまいらせよとて、せんしあり。有（其カ）時、此夫人、せんしならは、うけたまハりぬと申て、錦のふくろより薬を取出して、たかの眼にみしんはかりぬる。又、上にもそゝき、口にもぬりけれは、其時、本のことくよりも、すくやかに見へけれは、國王、仰、なむちか薬ハいかなる薬そと、のたまへは、夫人、こたへていわく、たかかひの中にハ、むろうと申もの、十せんの御内には、あかたやくと申。國王のたまふ様、さらハ此薬の本せひ、みつからにしらすへしと、せむしなり。夫人、申様、昔ハ、ちやうせいてんの内にして、せむしを七度かへす。中比ハ、かひらちやうの内にして、せむしを五度返す。今は夫人は、帝王の仰に随て、彼かうかんをのへて、三度におゐてハ、申へからす。なんちかてんとうにハ、きさひ國をたふへきとせむしあり。其時、夫人、てうろくをたまハらす共、拾五代よりすゑ、人につたふと云共、帝王の仰にしたかひ、薬の本せひを申へし。大海のうろくつは、九けつのあわひのほそわた、かのつの、めおもつて、是をたかの万病をちする薬とする。昔は、長生殿の内にて、はこめうふもんと名付、中比、かひらちやうの内にして、ふしの薬と名付、今ハ、せんとうのもとにて、なハかうかんにあけ、薬をは、天ちやうの箱におさめ、末代有世々に至るまて、たかをこのまん衆生ハ、此本せひをあをいてつかふへし。たさいは、そよふ元年正月三日、ひつしの時、さりうをまかきの前に来りと、まるたかをもつて始めとす。それより、此かた、つたわりて千八百余年なり。しゆんわうハ、あしゆらたかの大将軍の本をひしやもん天王也。まかた國の内、堀河の関につく。たまこの津より堀川の津まてハ、五万五拾里也。はくさい國ほりかハの津より日本國越前の国つるかの津まてハ、三万三千里也。七日七夜につるかの津につきたりといへり云々。

一　夫たかの日本へ渡り始る事、神の世也。はくさい國より、一番に駿河の富士を巣山となして、七の子を成す。七月七日に巣山を出、日本六拾余州へひろむ也。吾か朝にたかをつかふと云事、仁徳天王の御時、八十六年の世をたもたせ給ふ。四十六年にあたりし年、はくさい国より、たかを書と相そへて渡し奉る。其たかの名をハ、しゆんわうと云也。使の舡（本のマヽ）、僧のことし。仁徳天王の御世の後ハ、たかをつかふと云事、たへたり。清和天王の御時迄、此書有といへ共、よみひらく人なし。其時、唐人、越前の靍賀の津に渡り付。此唐人の名を、こうちんよねみつ、文書をつくしてわたされき。越前國靍賀の津に着てそうもんす。其時の都は、あわつ也。大臣、くきやう、なこん、さいしやう、天しやうにあつまり給ひて、しゆんわう、とりにくたるへきとせむし有けれは、くきやう、おの〳〵申させ給ひけり。其時、はりまの国の住人、みなもとのせいらい、靍賀の津につきて、大内の御使、あさなこうちんといふ。名乗ハよねみつ、しやう束ハ、大あられのほいの色の、さしぬきの、ふしそめのまろ（いカ）のみへのきぬきたり。錦のほうしをそしたりける。かたち僧に似たり。せいらい、向て、せんし御使也と云ければ、せいらいに向て申ていわく、しゆんわうに文書あいくしてわたされ（ママ）てと云。其時、せひらい、大國の文をよみ侍すして、よねみつによめと云に、ほうまくらをたへとこたう。其時、こちくと云はしたものを出す。よねみつ、餘によろこひて、ゆかよりおりて、七度はいす。こちくか装束、山ふきのにほいの色、くれなひのもはかま、かみハひすひのことく、かたちハ如来のことく也。よねみつ申様、こちくをもつて奏門（聞）申へきと御返事申。御かと、かさねて政頼をもつて、此たかの文書をよむへきよし、せんしなり。御使にハ、政頼也。彼よねみつ、手を打て此國に彼書有とおとろく。よみひらく事なし。政頼、此由をそうもんす。御門、御はかりことに、こちくと云女をまさより、御使とて送りたまふ。其後、まさよりに、此文書をよみひらき、八十一巻の書お、まさよりにつたふ。三十六の口傳す。右のことく不残、祢津、是を傳る者也。云々。

一　むちと云事、安養の浄とのしやくつへ也。いかなれは、しやくつへをは、たかのむちとハ云侍るそやと申に、それ、むかし安養のしやうせつの天ちくの内に、上天ちくに山寺有き。其山寺のかいさんをハ、薬王ほさつのしやうせつより、天竺へあまくたり給ふところに、其時、はくわうの乙鷹兄鷹を左右の御手に、乙鷹をハ右の御手に月輪とかうし、兄鷹をは左の御手に日輪とかうし、上天竺の山寺に渡り給ふ。其時、彼山寺に地をしめて御建立侍るゆへに、此山寺の山号を兄たいさんとハ申也。然に彼白鷹を天ちくへこし侍るに、悪魔に必すとらるへし。然間、浄刹にてハ、此つへをもつて、地神もけんろうのためなり。又、法界を此杖にて、しやくする時は、五百のしやうもん、四千八百九十八ひきのひつめとも、此つへにしやくすれハ、かれらを随けり。

一　鈴をさす事、安養の浄刹にて、此折節、しろたかとおく行侍るに、ふせう山にハ鈴、十万八千余、から木の名は、しやらそうしゆの木とて、此山に四万五千本をゐたるに、其枝のこに（ことに歟）鈴をつけたまふ所に、白鷹、余所よりとひ来り、此しやらそうしゆの枝にのほらんとしける。鈴、たかの羽にあたりて、から〱となりけれハ、何ものそや、鈴にあたるハと、大日如来ありけれは、もろ〱のほさつたち、立出見給へは、白鷹、此木の枝にのほり給ひけるゆへに、鈴、から〱となるゆへに、白鷹を見付たまふ故に、さひ〱尋んよりは、此鈴お一柄つけへしとて、此白鷹につけ給ふ。其時より、鈴を今の世までもつけ侍る也。然間、たかハ、是阿字なり。阿字ハ是たかしやう也。たかしやうハ是、とうたいふんしんのあひの如来のしんとく也。然間、たかをすゑてハ、しゆせうにおもハん人ハ、安養世界より紫雲たなひき、たかとけんし給ひ、大日如来の我かせかひへ、たかしやうをいんしうせん事、何のうたかいあらん。

右のように、『屋代越中守鷹書』第一章と『鷹序之巻　乾一』の第一条～第五条は、おおむねその叙述が一致している。しかしながら、『屋代越中守鷹書』の本文は、漢字ひらがな交じり文であるのに対して、『鷹序之巻　乾一』は右掲の通り、漢字片仮名交じり文である。このことから、両書には底本が近いというような関係は想定できない。それだけでなく、両書の叙述内容については、語句や表現レベルでの異同が見られる上、モチーフについても相応に目立つ異同がある。たとえば、両書の第三条に見える鷹の伝来説話について、『鷹序之巻　乾一』では、仁徳天皇の時代に伝来した鷹の名前を「俊鷹」、清和天皇の時代に渡来した鷹の名前を「韓巻」と区別している。それに対して、『屋代越中守鷹書』では、仁徳天皇の時代に渡来した鷹も清和天皇の時代に渡来した鷹も、どちらも同じ「しゅんわう」と称している。『鷹序之巻 乾一』に見える名前の区別については、同書のみに見える第六条の記事においても、仁徳天皇の時代に伝来した鷹の名前を「俊鷹」と説明し、同じく第七条においても、清和天皇の時代に伝来した鷹の名前を「韓巻」と叙述している内容と符合するものであろう。それに対して、『屋代越中守鷹書』には、『鷹序之巻 乾一』の第六条及び第七条に相当する記事は掲載されていないため、当該書の第一章全体の内容としては辻褄が合う。その他にも、同じく両書の第三条において、渡来人の米光と対応する人物の名前について、両書とも「せいらい」とする記述が確認できる。しかし、その一方で、『屋代越中守鷹書』は、同じ人物を表すのに「まさより」という名称も用いている。「まさより」は、「正頼」の訓読と判断されることから、同一人物の別称として示したものであろう。このように、両書における鷹の伝来説話では、鷹や鷹匠の名前という主要なモチーフについて異同が見られるのである。このことから、『鷹序之巻 乾一』の第一条～第五条と『屋代越中守鷹書』第一章の叙述には、直接的な影響関係はないことが指摘でき、それぞれ別系統の伝播過程を経たことが予想されるものである。それはすなわち、当該の叙述が、「祢津松鷂軒直伝の鷹術伝承」として、祢津家所縁の鷹書の中で重視されていたことを窺わせよう。

また、『屋代越中守鷹書』には記載されていない『鷹序之巻 乾一』の第六条～第九条のうち、第六条・第七条・第八条は、いずれも鷹の伝来に関する叙述で、それに伴う鷹犬についても言及している。実は、依田氏には、鷹書と併せて犬牽の伝書と犬牽の印可状が数点伝来している。※4 その中には、『鷹序之巻 乾一』と同じく、奥書に盛昌から次右衛門に伝授された由を記すテキストも含まれている。このことから、盛昌が、鷹術と併せて犬牽の術にも積極的な関心を寄せていたことが確認できよう。『鷹序之巻 乾一』の第六条・第七条・第八条は、そのような盛昌の姿勢が反映された叙述であろうか。『鷹序之巻 乾一』の叙述内容が、同じ松鶴軒直伝の祢津流の鷹書であっても、屋代秀正のテキストとは異同が見える所以であろう。

ところで、本書の「付・依田氏所蔵鷹書書誌一覧」の①に含まれるものの中に、(17)『鷹序巻』・(33)『鷹序巻　一』という、『鷹序之巻 乾一』とよく似た表題を持つ二本の写本がある。両書の奥書にはいずれも「祢津松鶴軒（縦三・一センチ×二・三センチの朱長方印）／天正十六年戊子／二月朔日　常安（花押）／依田十郎左衛門殿」とあり、天正一六年（一五八八）の年紀が見える。一方の『鷹序之巻 乾一』の奥書に見える年紀は、宝暦九年（一七五九）であることから、(17)『鷹序巻』・(33)『鷹序巻　一』は、約一七〇年前のテキストということになる。これらの天正の年紀が見えるテキストの第一条～第五条と『鷹序之巻 乾一』の第一条～第五条は、ほぼ同文となっている。ただ、天正の年紀が見えるテキストの方が全体の分量が多い（(17)は全三五丁、(33)は全三七丁）ことから、『鷹序之巻 乾一』は、これら天正の年紀が見えるテキストの説話部分を抄出して編集しなおしたものかもしれない。ちなみに、天正の年紀が見えるテキストの書名は、両書とも外題として記されていて、『鷹序之巻 乾一』は内題で確認できる書名である。その他、同じく依田盛敬氏所蔵の鷹書群の①に分類される34『山鷹巻　全』は、その奥書に「寛永元年甲子依田次郎左衛門／二月朔日　守廣（花押）（つり鐘形の朱印）／同斎之助殿」と見え、寛永元年（一六二四）の年紀と守廣から「依田斎之助」に伝授された由が記載されているテキストである。同書の第一条にも、『鷹序之巻 乾一』第三条とほぼ同文の鷹の伝来説話が所載されている。※5

このように、『鷹序之巻 乾一』に掲載されている説話群のうち、鷹の由来および伝来に関する説話は、依田盛敬氏所蔵の他の鷹書にもたびたび引用され、当家の鷹書において重視されていた鷹術伝承であったことが窺えよう。また当該話群は、依田氏の鷹書以外の、中世～近世にかけて流布した他流派の鷹書においても多くの類話が散見する。※6 たとえば、永青文庫所蔵『和傳鷹経　上下』（資料番号3―3―44）は、本奥書によると「前信濃守神貞通」が、明応五年（一四九六）に書写して幕府に進上したものという。※7 この「前信濃守神貞通」とは、室町時代に幕府奉行人を世襲した京都諏訪氏の人物で、その関係上、同書には彼の一族が奉じた諏訪信仰の影響が窺えることについては、すでに本書の第一編第一章で述べた通りである。同書の書写奥書には宝暦一一年（一七六一）の年紀があることから、依田盛敬氏所蔵の『鷹序之巻　乾一』とは近い時期に伝播した鷹書であることも確認できる。その冒頭には、『鷹序之巻　乾一』と類似する鷹狩りの由来譚及び鷹の伝来説話が以下のように記載されている。

・序

・鷹は是人倫の事にあらす。摩伽陀國の威戒大聖世尊の謀、衆生の心不同にして其儀まち〳〵なる間、好に随ひて心をよろこはしむ。夫、罪の種重、生死無常の理さためかたし。しかれは、牛者必滅、會者定離の理、煩悩即菩薩生死即涅槃ならは、諸法の玉位何を好むも法ならすといふ事なし。抑鷹を仕ひ始られし事は、摩伽陀國の威戒かうなゐ國の王、鷹を好給ふとなん。爰に治用元年壬寅十二月三日申の時に、さうしやう国と云國王、殿上神達部（しんたちめ）鷹狩に出て仕はせ給ふ事ありき。雪山と云山の麓にてつかひ始めたりき。其墅の名をは大善道と云。此野也。此墅の白府なる大鷹きはめて羽のはやき飼の鷹に勝たり。眼は明星のことし。頂はせひ〳〵として秋の月に似たり。御はしはくれ〳〵として鷲の山をいたゝきたり。肩ははん〳〵として海の中に二の岩のさし出たるに似たり。うはの毛はくれ竹のふしをならへたるかことし。背は難山のなかれニ似たり。

是鷹の王とす。此鷹を長瑞といふは紅桜の鞲にて紅の巻上の糸にて鈴さして此墅に出たり。国王御覧して栄花にほこりてあひし給ふほとに鷹おもはするに手よりおちて羽をひろけてしなんとす。国王御覧して奥(ママ)をさまし思召時にある神国の夫人飼(ママ)て申やう、此鷹の病は万病治けといふ云(ママ)けり。其時、国王、此病をしるならは、命をつきてまいらせよと云宣旨ありしに、此夫人宣旨ならは承りぬと申て、錦の袋より藥を出して鷹の目にみちんはかりぬり、上にもそゝき、口にもぬりけれは、本のことくすみやかに見へたり。其時、國王、抑なんちか薬はいかなる薬かとの給ふニ、夫人、承て云、大海の内にはころうかと申、十若の内にはあかた薬と申、しからは此薬のほんせいをつたへ申へし。昔は長生殿の裏にて宣旨七度返し申。中比かひら城の裏にて五度かへし申しゝかとも、今の夫人宣旨にしたかひ申へし。てんごうには、さゐ國を給ふへしとのたまひけれは、夫人、宣旨重ねたまはらす共、帝王の仰に従ひて、彼薬のほんせいを申へし。大海の内には九穴のあはひのほそわた、うさきの目、是をもて鷹の万病を治する薬とす。末代悪世にいたるまて鷹を好まん衆生は此本せひをあふひて仕へし。大歳は蘇用元年正月三日末の時、左竜王籬の前に来てつかふ。是をもて鷹の始とす。夫よりつたはりて一千八百余年なり。

一・天地ひらけはしまりて、いさなき、いさなみの尊のみとのまくはいをしり、此書に人の上下をわかつてといへ共、更に智恵なかりし。鷹をたてまつりしより、皆智恵を得たり。政頼、眉白の鷹をすへしより以来、はをかけるつはさまても、君におそれ、つかへすと云事なし。是によりて、鷹をつかふ人は千顆万顆の国にも、なを勝たり。善を修する者は、又悪を知り、悪をみる時は、善も爲す事、余他に満なし。故に鷹を好み、よくつかへは成仏解脱うたかひなし。

・本朝鷹渡始事

一・抑此土へ鷹渡始事三ヶ度也。神代の時一度人間始て、一度其後二百余年にあたつて、つかひ給して此道学傳る人なし。其名のみ云傳たるまてにて不分明也。仁徳天皇四十六年代百濟国より國使を副て鷹を奉る。其鷹をハ倶智祖といへり。鷹飼の名をハ米光と云。犬飼、名をは袖光と犬の名をハ、とまほこと云。毛ハ黒駮也。彼唐人を越前敦賀津に着。政頼行向て鷹を請取、犬を請取て日記副て渡也。米光、兼満とす。政頼彼唐人の心をとらん為に長持一えた、からひつ一かう、酒の筒一、小竹といへるはした者にもたせて、唐人の所へつかハす。米光、なのめならすよろこひて、是を請取。さて朝に、おんなを返すとて捨文云

小ちくてふ事かたか（ママ）らハ笛竹の一夜のふしを人にかたるな

此哥をよみて、あさの小袖一重とらせけり。此女にめて、、三ヶ月まてと、まり、政頼終夜當て鷹の事を被尋とひけるに、十六の秘事、三十六の口傳、悉習当當て鷹を仕けるには、下におきて哥□の思ひをなし、不思儀の見物なりとて御門も大に御悦あつて政頼にこまの郡を給にけり。

一・仁徳天皇八十七年たもたせおハします其時、四十年云正月ニ摩伽陀国ゟ駿王と云鳥をわたし、天竺の使にハ、勾陣、米光、文書相具して渡り、此宣旨を下さる、。宮あわつの宮なり。納言、宰相、公卿、大臣、殿上人、參集る時、誰か駿王鳥請取に下へきと宣旨ありけれハ、公卿、各申させ給けるハ、蔵人政頼ハかりそ御使に下て、駿鳥請取へきと申上給ける其時、政頼、越前国敦賀津へ下き。大国の御使、字勾陣、米光か装束は、大あられのあけにこうのさしぬきに藤染色の上の衣を着たり。錦の帽子をしたり。其時の形、僧ににたり。政頼、相向て宣旨の御使たりと云。米光駿王まいらす。文書あいくして渡したり。政頼、大國の御

文よみへす。米光によめと政頼かいふに、ほう枕をたへと云。其時、こちくといふはしたものをいたす。米光、餘に悦て床よりおりて七度拜す。小竹か装束は款冬のにほひの色、くわに紅のまろ袴也。かみはひすいのことく、形は如来のやうなる其時、政頼とくとおもふハ、いかにと云へハ米光よむへしと答、小竹取て返事、

くれはとりかさねし夜半の朝よりふしてまされる小竹ことかね

かくいひて米光大国の文書よむ。さて云、駿王ハ是た、の鳥にあらす。毘沙門天皇の変化駿鳥の魂也。摩伽陀の内鷲峯山の麓にて駿王と云、けいたん国のうち五臺山の麓にてハ山に鳥といふ。日本富士のこしにてハ鷹と云。百濟国ゟ日本国つるかの津にて三万三千里之。唐人ハ水神也。百濟国ゟ七日七夜につる賀の津に着と云々。

一・仁徳天皇御代、駿鳥渡りて日本六十余ヶ國にひろめ給き。蔵人源政頼は江州高嶋郡の住人也。駿鳥を相具して六十六ヶ國をまいり大國の山、しからふん山に少様にたりと云て甲斐国富士山の腰つきて、是をひろむ。駿（鳥カ）は大國より正月ニいたる。其後、信濃国に落付事三月也。諏方郡より國中にひろまる也。子を十四生たり。男鳥七鳥女鳥七生置て三月廿日より五月五日まて巣にふして、わかせいになつて五月五日午ノ時に巣より出て物を習はしたりき。五月廿五日より七月十五日まて以上八十日の間、此鳥を父の駿鳥、心をつけて才をならはす。太郎鳥をは鷲と云。切府中黒を出して帝王大臣の御宝となり、鳥を鴫と名付けて、あまの面といふ羽を出して、王の御宝となす。三郎の鳥をは大鷹と名付、金鳥を取て王の御宝とす。四郎の鳥をは、隼と名付て、墅鳥の鶉を取て田堵百姓の唯物を食鳥を取失て、王の御宝となす。五郎の鳥をは、はゐ鷹とな

つけて、まふけの君の御宝となして、小鳥をとつて小児の御宝となる。六郎の鳥は、鵄と名付て、日本国天魔えんの棄物として、王の御かたきとなせし。七郎の鳥は、木の枝と名付て、極東の鳥となるへし。八十日の間、かくのことく習はし訓て、雲の中に具して上りて捨る也。是を七鳥の別と云也。六十六ヶ國にふたとなれる鳥なり。其鳥つかひ蔵人源政頼、鷹のまほりて(ママ)なりて本地毘沙門天皇に見出し、ます信州諏訪南宮の化現なり。されは鷹の魂は東にありと也。

まず、右掲の『和傳鷹経』上巻「序」に見える説話は、本書の第一編第一章でも取り上げた部分である。その内容は、『鷹序之巻　乾一』の第一条及び第二条に見える摩訶陀国での鷹狩り由来譚（夫人の薬方説話含む）と類似している。続いて、この「序」のあとに見える第一条には、『鷹序之巻　乾一』には無い記述が見える。当該部分の叙述によると、本朝では、天地開闢以来、人々は知恵を持たなかったが、鷹を遣うようになってから皆知恵を得るようになったという。また、政頼が眉白の鷹を据えるようになって以来、鳥類までもが君に畏れ仕えるようになった。これによって、鷹を遣う人は「千顆万顆の国」に勝るようになったこと、さらには鷹を好み、よく遣うと「成仏解脱」が疑いないことなどが記載されている。

次の『和傳鷹経』上巻「本朝鷹渡始事」においては、仁徳天皇の時代とされる鷹の説話が三項目にわたって掲載されている。すなわち、第一条には本朝に鷹が三度伝来し、三度目に「百濟國」から「倶智祖」という鷹、「米光」という鷹飼、「袖光」という犬飼、「とまほこ」という犬が伝来した説話、第二条は天竺摩伽陀国から「勾陣、米光」という使者、「駿王」という鷹が伝来した説話、第三条は本書第一編第一章でも引用した「駿鳥」が渡来して日本六六余州に鷹が広まった説話（七鳥の別）がそれぞれ記載されている。このうち第二条に見える鷹の伝来説話の叙述が『鷹序之巻 乾一』の第三条のそれと近似している。ただし、『和傳鷹経』上巻「本朝鷹渡始事」第三条の叙述も『鷹序之巻 乾一』の第三条と部分的に内容がつながっている。というのも、『鷹序之巻 乾一』第三条には、冒頭に「白濟國」から渡来した鷹が富士山にて七つの子を産み、日本六六余州に広まったことが短文で記されている。それは『和傳鷹経』上巻「本朝鷹渡始事」の第三条に見えるような「七鳥の別」の説話を簡略化して触れたものと判断される。

このように、『和傳鷹経』上巻「本朝鷹渡始事」第二条と『鷹序之巻 乾一』第三条との叙述内容は、おおむね一致しているが、部分的な異同も何か所か見られる。たとえば、『和傳鷹経』上巻「本朝鷹渡始事」第二条では、鷹が伝来した時期を「仁徳天皇八十七年たもたせおハします其時、四十年云正月」、伝来した鷹の名前を「駿王」としているのに対して、『鷹序之巻 乾一』第三条では、それぞれ「清和天皇之御時」、「韓巻」とする違いが見られる。さらに、最も重要な異同として、『和傳鷹経』上巻「本朝鷹渡始事」第二条では、その末尾において「小竹」が詠んだ和歌が一首掲出され、続けて駿王が毘沙門天の変化であることや「摩伽陀の内鷲峯山の麓」「けいたん国のうち五臺山の麓」「日本富士のこし」といった場所ごとの鷹の呼び名の違いや「百濟国」から七日七夜かけて「つるかの津」に到着した由を述べて結んでいるのに対して、『鷹序之巻 乾一』第三条の結末部分は、本朝に伝来した鷹書を政頼が相伝して口伝とし、それらはすべて「信濃國祢津」に伝授されたと叙述している点が挙げられる。この結論部の文言によって、『鷹序之巻 乾一』第三条は、祢津家の鷹術の由来譚となっているのである。

また、立命館大学図書館西園寺文庫蔵『宇都宮社頭納鷹文抜書秘伝』（函号一九五）は、本奥書に文禄四年（一五

九五）、書写奥書に寛永一七年（一六四〇）の年紀が見え、「宇都宮平野代々秘書」（一七丁表）と記される鷹書である。[※8]宇都宮の平野氏とは宇都宮神社の神官に準ずる一族で、書名の通り、同書は宇都宮社所縁のテキストと判断されることはすでに述べた通りである。[※9]同書の冒頭にも、『鷹序之巻　乾一』『和傳鷹経』の鷹の伝来説話によく似た類話が以下のように叙述されている。

> 仁徳天皇之御代を八拾七年たもたせ給ふ。四十貳年と申せし正月十日、きのへねに太國よりしゅんはうと云たかをこされたり。太國の御つかひこうちん、しゅんわう鷹ふみをもあひくして渡りたり。公卿大臣雲相蔵人殿上にまいりたまいて議る。しゅんわう請取へきものある。其時、源の正頼、たかきようなるに如（ママ）、たか請取へき。宣旨（センシ）をかうむり、まかりむかいける。大国の御つかひ、あさなこうちん実名しゅくはふかしやうそくには、太あられのあけにふけもの、さしぬきにふしそめまるのきぬきて、錦のほうしをしたりけり。かたち、ほうしに似りけり。正頼あひむかいて、せんしなりといひけれは、しゅくわう申ていはく、しゅんわうをはまいらすへし。鷹ふみおもあひくしてわたされたり、といふ。その時、正頼たかを請取ける。同くたかふみをは請（うけ）とらすして、しゅくはふによめといへり。しゅくはう、さやうに侍はふうまくらをたまはり、よむへしといへり。その時、正頼小竹と云はた（しカ）物をいたす。しゅくわう、よろこひて、ゆかよりおりてこちくをおかみける。その時のしやうそくには款冬けむのきぬきて、紅のはかまおそきたりける。ほとけのひすい女来のかたちのことし。其時、正頼小竹にむかい、しゅくわうにたか文をよませよといふ。しゅくわう、たかふみをはよむへしとて小竹より返事にかくなむ、
>
> 　くれはとりかさねしよはのあしたより

　ふしそまされる小竹殿とよね（ママ）

かくてしゆくわう、大國よりあひくしけるたか文をよむ。さて、いたくしゆんわうは、これたゝの鳥にあらす。ひしやもん天皇のへんさなり。ひしやもん、しゆんわうのその上にてしゆほうを請、けいそく山まてきてうなり。まかた国の内、けいそく山をこしては、しゆんわうといへり。さいまん國の内、けいそく山のこしにては、ちうまんといへり。

其後、みなもとの蔵人正頼は、江州たかしまの住人也。しゆんわう、都にてとりかひて日本国にひろめ申へきの御いとまをたまはつて、六拾六ケ国をまいり見るに駿川の國大國のしゆほう山に似たりとて、ふしのふもとにおちつきにけり。大国よりは正月拾日に為りき。しなの國下向せし日は三月廿日也。さて正頼、すはのこほりにとゝまる。しゆんわうをは富士山にはなつ。十四の子をうむ成。おん鳥七つ、女鳥七つかやうにうみて、三月廿日より卯月毎日五月五日まて、以上五拾四日、巣ふして我身のせいになして、五月五日むまの時巣よりいたして子ともにのうをならはす。太郎の鳥をは、わしと名つけてきりふなるくろをしてわうの鷹とす。二郎の鳥おは、熊鷹と名付て羽をとりて、おほ鷹とす。三郎の鳥をは、大鷹とかうして金鳥（まし）をとらせて王の供器（くぎ）にそ給ふ。四郎の鳥をは隼と名付て、しゆ鳥のけいしとて田舎の土民百姓のさくもんをふみうしなふかい鳥をとらせん、わうの鷹とす。五郎の鷹を鷂（ハイタカ）とてう申（ママ）て、まうけの、のの小鳥うつらをとらせて王の御なくさめとし、諸人のたからとす。六の子をは、とひと名付て日本のまんゑ（ママ）んのとふりやうとして王の御敵（テキ）を□（ホロホし）うしなふ。七郎の鳥をこのしたとかふして、國の鳥のわうたるへし。とる（ママ）つけておの〳〵七拾五日か四日のうをならはしはしめて、七かいとなつて、ふみ月十五日むまの時に青雲の中へくそくして、飛のほりこくうにて子供を打ちすてける。かくておんないの中をたちける。是をしち鳥のわかれと云侍るにや。其時、御使正頼、たかのまほりとなりて今にいたるまて鷹ふみの相傳もろ〳〵たえす。国といへる本地ひしやもんの天王の作訛にて、すはのなんくうと申是也。諸人をしゅこしたてまつり侍る也。鷹の守護神は東におはしますと也。

右の叙述のうち、後半部分は第一編第一章ですでに取り上げたところである。当該の叙述は、冒頭部から一貫した鷹の伝来説話となっていて、その内容は、『鷹序之巻　乾一』第三条および『和傳鷹経』上巻「本朝鷹渡始事」の第二条・第三条に近い筋立てを持つ。ただし、細かなモチーフの違いはあり、たとえば、本朝に鷹を伝えた使者の名前について、右の『宇都宮社頭納鷹文抜書秘伝』の叙述では、「あさなこうちん実名しゆくはふ」と見える。「こうちん」は「好仁」(『鷹序之巻　乾一』)及び「勾陣」(『和傳鷹経』)と同名と考えられるが、「しゆくはふ」は異なる名前である。一方、使者の装束については、『宇都宮社頭納鷹文抜書秘伝』では、「太あられのあけにふけもの、さしぬきにふしそめまるのきぬきて、錦のほうしをしたりけり。かたち、ほうしに似りけり」と叙述している。それは、『鷹序之巻　乾一』が、同じく使者の装束を「大荒目之ホイノ色也。刺貫、節染之三重ノ衣ヲ着タリ。錦之帽子ヲゾシタリケル。形ハ似僧ニ」と記述し、『和傳鷹経』が「大あられのあけにこうのさしぬきに藤染色の上の衣を着たり。錦の帽子をしたり。其時の形、僧ににたり」と述べている表現と近い。さらに、『宇都宮社頭納鷹文抜書秘伝』では、大国からの使者が小竹と対面した場面について「しゆくわう、よろこひて、ゆかよりおりてこちくをおかみける。その時のしやうそくには款冬けむのきぬきて、紅のはかまおそきたりける。ほとけのひすい女来のかたちのことし」と記述する。このような使者の反応や小竹の装束および容姿に関する表現は、『鷹序之巻　乾一』では「其時、小竹ト云半物ヲ出ス。米光、餘ニ喜テ床ヨリ下、七度拝ス。小竹カ奨束ニハ、山吹之匂之色、紅之茂袴、髪ハ如翡翠也、形ハ似如来ニ」と見え、『和傳鷹経』では「其時、こちくといふはしたものをいたす。米光、餘に悦て床よりおりて七度拝す。小竹か装束は款冬のにほひの色、くわに紅のまろ袴也。かみはひすいのことく、形は如来のやうなる」と叙述され、それぞれ近似している。なお、この『宇都宮社頭納鷹文抜書秘伝』に見える鷹の伝来説話の結末が、『和傳鷹経』とほぼ同じ筋立てであることも、本書の第一編第一章ですでに指摘した通りである。ただ、七鳥の別れ説話については、たとえば、駿王（しゅんわう）の子供に関する叙述に細かな異同が見られたり（『和傳鷹経』には二郎が登場しないなど）、能を習わせる日数が異なる（『和傳鷹経』は八〇日、『宇都宮社頭納鷹文抜書秘伝』では七五日か七四日）などといった些末な異同はあるものの、それらを除くと『宇都宮社頭納鷹文抜書秘伝』と『和傳鷹経』の当該部分の叙述は、おおむね重なる内容となっている。

以上のように、『鷹序之巻　乾一』に所収されている鷹の伝来説話は、近世前期〜中期において書写され、伝播したさまざまな流派の鷹書において、語句レベルで一致する部分が見られるほど近似した類話が散見するものであった。当時、鷹書においてよく知られた伝承が掲載されていることがわかる。しかしながら、そのように普遍性のある説話を引用しつつも、『鷹序之巻　乾一』は、結末部分において「祢津家」の鷹術の由来を説くという独自の展開を示す。それは、第一節で触れたように、同じ説話を載せる天正本の『鷹序巻』・『鷹序巻　一』の内題に「祢津家たか文巻類之内」とあり、さらにその奥書には「祢津松鴎軒常安」から「依田十郎左衛門」に伝授された旨が記されるように、当家の鷹書が「祢津家」との所縁を主張することと通じるモチーフであろう。

しかしながら、このような依田氏の鷹書に見える「祢津家」の鷹術由来を説くモチーフは、当の「祢津家」の鷹書においては見られない。すなわち、第一編第二章で取り上げた松鶻軒の甥にあたる信光（昌綱）から一五代末裔に当たる現当主の禰津喜隆氏※10は、当家伝来の鷹書を五冊所蔵している。それらは、いずれも外題・内題等がなく、それぞれの書名は不明。そのうち、墨付き全二二丁のテキストの冒頭部（一丁裏～二丁裏）には、以下のような鷹の伝来説話が見える。※11

一　それたかの日本へわたりはしめたる事。神代より、はくさいこくより一はんにこえて、するかのふし山をすやまとなして、七の子をなす。七月七日にたて、、日本国にひろむ也。たかをつかふといふ事、仁徳天王の御とき、八十七年のよをたもたせ給ふ四十六年にあたりしとし、はくさいこくより、たかを書とあひそへてけんしたてまつり、そのたかのなをくちんといふなり。使のてい、そうのことし。仁徳てんわうの御よの後ハ、たかをつかふといふ事、たちたり。

清和天王の御ときまて、この書ありといへとも、よみひらく人なし。そのとき、唐人、越前の靍かの津にわたり付。この唐人は、名をよねみつといふ。その米光に、このたかの真書をよむへきよし、せんしなり。御つかいには政頼なり。かのよねみつ、てをうちて、この国に、かの書ありとおとろく。よみひらく事なし。政頼、このよしをそうす。みかと、御はかりことは、こちくといふおんなを政頼、御使とておくり給ふ。その、ち、政頼に、このしんしよをよみひらく。八十一くわんの書をつたへ　○（十八の秘事）　三十六の口傳をならひとり、しかるあひた、日本にたかを相傳ハ政頼、はしめてひろめけり。

右によると、鷹が日本へ初めて渡ってきたのは、神代に「はくさいこく」から「するかのふし山」を巣山として七つの子を産んだことによるという。また、仁徳天皇八七年の御代の四六年に「はくさいこく」から鷹に鷹書を添えて献上した。その鷹の名前は「くちん」といい、使いの様子は僧のようであった。その後は、鷹を遣うことが絶えてしまって、清和天皇の時代にまでこの鷹書を読みひらく人はいなかった。清和天皇の時代に、「よねみつ（米光）」という名の唐人が「越前の鶴かの津」に渡来し、この鷹の「真書」を読むべき宣旨が下る。宣旨の使いは政頼であるが、米光はこの書を読みひらくことはなかったため、帝が謀をめぐらし、「こちく」という女を政頼に使いとして送った。その後、（米光は）政頼にこの真書を読みひらき、「八十一くわんの書」を伝え、「〇十八の秘事三十六の口傳」を伝授したという。それを相伝した政頼が日本にはじめて広めたという。

以上のように、信光（昌綱）流祢津氏伝来の鷹書に見える鷹の伝来説話は、『鷹序之巻 乾一』第三条とほぼ同じ筋立てとなっている。それだけではなく、語句レベルにおいても極めて近似している叙述が確認できる。たとえば、右掲の信光（昌綱）流祢津氏の鷹書に見える鷹の伝来説話及び『鷹序之巻 乾一』第三条の冒頭には、いずれも『和傳鷹経』「本朝鷹渡始事」の第三条に見えるような「七鳥の別」の説話の要約が、ほぼ同じ文言で記載されている。また、信光（昌綱）流祢津氏の鷹書及び『鷹序之巻 乾一』第三条では、鷹術の秘伝を政頼に伝授する渡来人が日本を訪問したのはどちらも清和天皇の時代と伝えている。これは、『和傳鷹経』や『宇都宮社頭納鷹文抜書秘伝』に見える類話において、それを仁徳天皇の御代と伝えているモチーフと比較すると、両書の近似性がより強く窺えよう。その一方で、信光（昌綱）流祢津氏の鷹書は、『鷹序之巻 乾一』第三条の叙述とは異なり、米光やこちくの装束及び外見についてほとんど触れていなかったり、彼と政頼とのやりとりの部分も簡潔に表現されている。しかし、それらの叙述についても、モチーフの異同はないことから、信光（昌綱）流祢津氏の鷹書に記載されている鷹の伝来説話は、『鷹序之巻 乾一』第三条の記事を簡略化した叙述であることが想定されよう。このように両書は近い本文を持つにも関わらず、信光（昌綱）流祢津氏の鷹書に見える鷹の伝来説話は、政頼に相伝された八一巻の書物と三六の口伝が「祢津家」に伝わったという文言を記さない。「祢津家」の鷹術由来を説くモチーフは、「祢津家以外の氏族」が祢津流の鷹術伝承を主張する際に見られることが確認できよう。それは、祢津流の鷹術を標榜する鷹匠たちにとって、当該流派の由緒の正当性を保証する有用な伝承であったことが推測される。

このような現象は、個々の鷹書のテキストが、それを伝来した人々の思想や精神文化と深く関わりながら伝承を作り変えてゆく事例として興味深い。では、次の問題として、依田氏がこのような「祢津家」に拘る鷹術伝承を記載する鷹書を伝来した背景には、どのような経緯があったのだろうか。その意義について検討するべく、当該テキストを伝来した「盛昌」を中心とする当家の系譜について確認してみることとする。

二　富山藩の依田氏・加賀藩の依田氏

正保四年（一六四七）三月以降、加賀藩では、各藩士から『諸士先祖由緒并一類附帳』が複数回にわたって提出されている。[※12]同文書の内容は「当主の略歴にはじまり、遡って先祖以来の系譜と略歴、ついで当主の四親等（一部）までの親族を書きあげたもの」[※13]という。金沢市立玉川図書館近世史料館加越能文庫（以下、加越能文庫と略す）には、文政五年〜一一年（一八二二年〜一八二八年）および明治三年（一八七〇）に提出されたものが所蔵されているが、[※14]依田盛敬氏が所蔵する当家伝来の文書の中には、同文庫所蔵のものよりさらに古い『宝暦四年四月　先

祖由緒一類附　依田次右衛門』が含まれている。[※15] すなわち、宝暦四年（一七五四）に加賀藩に提出された一類帳の写しである。『鷹序之巻　乾一』の奥書によると、盛昌が「依田次右衛門殿」にこのテキストを伝授したのが宝暦九年とされることから、当該テキストと同時代の情報が確認できる史料と言えよう。以下に同文書の全文を挙げる。

一　三拾俵　本國信州 生國越中　歳二十六　依田次右衛門

私儀依田十郎左衛門嫡子ニ御座候処、寛延四年未ノ四月、本多安房守方江為雇分鷹役被申付相勤罷在候処、宝暦四年戌ノ三月廿七日御鷹方御徒並ニ被召出、御切米三拾俵被下之。同取次役支配ニ被仰付候。

一　五世祖父　依田十郎左衛門

生國信州芦田下野一族ニ而、芦田領之内配分仕佐久郡ニ居住仕罷在御処、鷹家之儀同國小縣之住人祢津美濃聟ニ御座候処、美濃男子無御座、因茲鷹家之儀不残依田江相傳仕候。其後、芦田下野嫡子芦田右衛門佐儀越前黄門様江御附、御家老ニ罷越申刻、十郎左衛門儀も越前江罷越、芦田方ニ罷在及老年則越前ニ而、病死仕候。

一　五世祖母　祢津美濃娘

病死仕候年号承傳不申候。

一　高祖父　依田権兵衛

駿河大納言様江被召出罷在候處、壮年ニ而病死仕候。

一　高祖母　由緒承傳不申候

一　曾祖父　　　依田次郎左衛門

父権兵衛病死仕候ニ付、越前江罷帰、鷹家之儀不残祖父十郎左衛門ゟ相傳仕候。其後、於冨山淡路守様江被召出、御鷹役相勤罷、在病死仕候。

一　曾祖母　　由緒承傳不申候

一　祖父　　依田権六

淡路守様江被召出、御側近ク相務罷在申候。其後、父次郎左衛門病死仕候ニ付、跡式被仰付、御鷹役相勤罷在候処之様、十五年病死仕候。

一　祖母　　於冨山村隼人家来家老役
　　　　　鹿野故々故九郎兵衛妹

正徳四年病死仕候。

一　父　　御鷹方取次役
　　　　　依田十郎左衛門

父十郎左衛門儀、實ハ於冨山村隼人家来家老役鹿野故々九郎兵衛三男ニ御座候処、外祖父依田権六、男子無御座候ニ付、権六為養子。

長門守様、御代与外組ニ被召出御鷹方相勤罷在候処、先出雲守様御代、享保十二年御倹約之時分、御人減ニ而、御暇被下。則村隼人方江給、人並ニ罷越相勤申候。然処、護国院様御代、享保十七年、祢津鷹方家筋之者、御用ニ御座候由ニ而、横山故大和守、被貫度旨隼人方江被申越、則被呼寄御家江御鷹匠ニ被召出、御切米七拾俵被為下之、御鷹役相勤罷在申候。寛保三年七月、御鷹療治役被仰付、大應院様御代、延享三年十一月、御塒飼役被仰付、相勤申候処、謙徳院様御代、寛延三年十月、御塒飼役御免被為成、御鷹方御用取次役被仰付候ニ付、則取次役療治役共ニ相勤罷在申候。

一　母　出雲守様御家来与外組　木村故伊兵衛娘

一　外祖父　右同断　木村伊兵衛

一　外祖母　享保十八年病死仕候　由緒無御座候

一　姉　享保十九年病死仕候　横山大膳家来給人　村田右内妻

一　妹　父十郎左衛門方ニ罷在申候　壱人

一　弟　右同断　依田虎之助

一　同　右同断

依田六郎

一（母方）おち　出雲守様御家来与外組　木村清五郎

一（同）おは　於冨山村隼人家来家老役　堤半左衛門妻

一（父方）いとこ　右同断家老役　鹿野九郎兵衛

一（同）同　出雲守様御家来御馬廻組　高嶋八郎右衛門妻

一（母方）同　於冨山村隼人家来　鹿野九郎兵衛妻

一（同）同　堤半左衛門せかれ　堤岩之助

一　甥　村田右内せかれ　村田千之助

一　甥　村田右内せかれ　村田幸次郎

一　宗旨ハ禅宗寺ハ堀川太岩寺檀那ニ而御座候。右、私先祖由緒一類附必斯御座候。此外、御国他國共近キ親類縁者無御座候。向後、増減有之節御断可申上候。以上。

宝暦四年四月　　依田次右衛門（花押）（長方印）

山崎七左衛門殿

依田十郎左衛門殿

まず、冒頭に記されている当主の「依田次右衛門」は、同時代の年紀を持つ『鷹序之巻　乾一』の奥書に見える同名人物に該当しよう。右掲の注記によると、寛延四年（一七五一）から「本多安房守（本多政行）」に鷹役として仕えたという。次に、この「依田次右衛門」の「五世祖父」とされる「依田十郎左衛門」は、その注記によると、信州生まれの芦田下野一族で、芦田の領内である佐久郡に居住していたところ、小縣の住人である「祢津美濃」の婿となって同家の「鷹家之儀」を残らず相伝したとされる。この「依田十郎左衛門」が、守廣に該当する人物であろう。「祢津美濃」は「祢津美濃守」を称した祢津松鷂軒と思われる。同注記はさらに「芦田下野嫡子芦田右衛門佐（依田信蕃）」が「越前黄門（結城秀康）」に仕えたのを機に「十郎左衛門」も越前に赴いたと記す（結城秀康に仕えたのは正しくは信蕃の二男の加藤康寛）。さらに、当主の「高祖父」とされる「依田権兵衛」の注記には「駿河大納言様（徳川秀忠の三男・忠長）」に召し出されたものの、壮年期に病死した由が見える。続いて当主の「曾祖父」とされる「依田次郎左衛門」の注記によると、父・権兵衛が病死したため越前に戻り、「祖父十郎左衛門（守廣）」から「鷹家之儀」を残らず相伝されたと見える。そして、その後、「富山淡路守様（初代富山藩主・前田利次）」召し出されて「御鷹役」を勤めているうちに病死したという。続けて当主の「祖父」とされる「依田権六」

の注記にも「淡路守様」に召し出された由が見え、そば近く仕えていたところ、父が病死したため、その跡を継いで「御鷹役」として仕えた由が見える上、一五年後に病死したと記されている。さらに続けて当主の「父」である「依田十郎左衛門（盛昌）」の注記によると、彼は、実は「冨山村隼人家来家老役鹿野故々九郎兵衞」の三男であったが、外祖父の依田権六に男子がいなかったため、権六の養子になったと見える。そして、「長門守様（第三代富山藩主・前田利興）」に召し出されて「御鷹方」として勤めていたが、「出雲守様（第四代富山藩主・前田利隆）」の御代の享保一二年（一七二七）にご倹約のために人減らしされ、暇を賜わったという。そのため、則村の隼人方に勤めていたところ、「護国院様（加賀藩第六代藩主・前田吉徳）」の御代の享保一七年（一七三二）に「祢津鷹方家筋之者、御用ニ御座候」という理由から「横山故大和守（加賀藩の年寄を務めた横山貴林）」が隼人方から盛昌を貰い受け、当家の鷹匠として切米七〇俵で召し抱えたという。それ以降、寛保二年（一七四二）に「御鷹療治役」に仰せ付けられ、また「大應院様（加賀藩第七代藩主・前田宗辰）」の御代の延享三年（一七四六）一一月に「御𪀚飼役（鷹の飼育係）」を仰せ付けられて勤めていると、「謙徳院様（加賀藩第八代藩主・前田重熙）」の御代の寛延三年（一七五〇）一〇月、「御𪀚飼役」を免じられて「御鷹方御用取次役」を仰せ付けられたために療治役とともに勤めたとされる。

以上の由緒書の情報を整理すると、当家は、前田利次の時代から享保年間までは富山藩に御鷹役として仕え、前田吉徳の時代から加賀藩の御鷹役として仕えたことになる。その経緯や代々の当主の系譜などは、前章で紹介した依田盛敬氏所蔵の『依田家系圖』の内容とほぼ一致する。このような当家の事績を確認する史料として、たとえば、万治年間（一六五八～一六六〇）の富山藩士の分限帳である加越能文庫蔵『御先祖利次公万治年中御分知之節御家中総分限帳』（史料番号090–0504）には、当藩の「御鷹師衆」の「拾七石五斗」の藩士として「依田次郎左衛門」の名前が見える。また、加越能文庫蔵『富山分限帳』（史料番号特16.39–005）は、その目録に「龍光院様（利次）御代分限帳」とある分限帳で、それによると、同じく「御鷹師」の「百三拾石」の藩士として「依田次郎左衛門」「依田権六」の名前が見える。これらは守廣流の依田氏の人物であろう。この加越能文庫蔵『富山分限帳』に見える「依田次郎左衛門」は守廣の孫である貞清、同じく「依田権六」は守廣の曽孫に相当する仍守と思われる。このような文書史料によって、彼らが利次の時代に富山藩の鷹匠であったことが確認でき、前掲の『宝暦四年四月　先祖由緒一類附　依田次右衛門』が伝える情報と一致する。

一方、加越能文庫蔵『護国院様御葬式御忌鷹一巻』（史料番号　特16.16–267）には以下のような記録が見える。

一　延享二年六月十二日辰刻　　御逝去

　上野四塒御大鷹　　据人　廣瀬伴吾

　弥勒山拾一塒御大鷹　同　武山八佑

御評順　横手小屋三塒大鷹　同　山崎八郎太夫

　　　　手明　依田十郎左衛門

但十郎左衛門儀出御廟所御鷹放候節鷹式法等相勤申候

　萬入箱持参足軽

　　　　吉田儀右衛門

執次役

山崎七左衛門

右御鷹三居六月廿六日宝田寺ゟ野田迄御葬道御供御忌鷹但御鷹数之内御詮儀有之御在世ニ御奉江上リ申鷹御撰右三居ニ相極ル

これは、延享二年（一七四五）に逝去した加賀藩第六代藩主の前田吉徳の「忌鷹（鷹を死者供養のため野に放つこと）」に関する諸事を記録した文書である。右の記事において、大鷹を据える鷹匠の一人に「依田十郎左衛門」の名前が見える。『宝暦四年四月　先祖由緒一類附　依田次右衛門』の記事に基づくと、これは当家で初めて加賀藩に仕官したとされる盛昌に該当するものであろう。それ以降は、たとえば、加越能文庫蔵『天明三年侍帳坤』（史料番号　特16.30-046）には、「御鷹方取次」の項目に「九拾石」の藩士として「依田知左衛門」の名前が見えるほか、同じく「御鷹匠」の項目に「七拾俵」の藩士として「依田次右衛門」の名前も記載されている。その他、文化一一年（一八一四）～文政一一年（一八二八）の御鷹方の事績を記録した加越能文庫蔵『御鷹方交名帳　貳冊』（史料番号　特16.26-149）にも繰り返し「依田十郎左衛門」の名前が見え、依田氏が、幕末まで加賀藩の鷹匠として活動していたことが確認できる。このような史実もまた、吉徳の代から加賀藩に仕官したとする『宝暦四年四月　先祖由緒一類附　依田次右衛門』の記事と重なるものであろう。

以上のように、『宝暦四年四月　先祖由緒一類附　依田次右衛門』の情報が史実通りであるならば、「祢津鷹方家筋之者、御用ニ御座候」という理由で盛昌が加賀藩に取り立てられたとする同文書の注記が注目される。というのも、同藩が「祢津鷹方家筋之者」を重視する理由のひとつとして、藩主の前田家は代々、徳川将軍家の儀礼を模す[※16]という慣例が挙げられるからである。たとえば、これまで何度か挙げた宮内庁書陵部蔵『鷹狩記　祢津流完』は、その奥書に天正一六年の年紀と「祢津松鷂軒常安」並びに「依田十郎左衛門守廣」の名前が併記され、さらには「禰津元直同弟美濃守甲州ニ奔テ信玄ニ仕ヘ後東照宮ニ奉仕薙髪シテ号松鷂軒。其子美濃守信政蒙台命家傳ノ鷹書ヲ献ヘキ由ノ処、信政卒去ニ付神平吉直奉献之」という文言が見えることはすでに紹介した通りである。すなわち、美濃守（祢津松鷂軒）が、はじめは武田信玄に仕え、後に徳川家康に仕えたこと、さらには、その子である信政が秀忠に鷹書を献上しようとしたところ卒去したため、代わりに神平吉直が献上したことなどが記述されているのである。これによると、松鷂軒の鷹術は、家康および秀忠という徳川将軍家に所縁深いことが主張されていると窺えよう。それならば、加賀藩が依田盛昌を鷹匠として召し抱えることにした理由は、同氏が徳川将軍家所縁の鷹術に従事する鷹匠であったことが一因と予想される。とすれば、その盛昌が息子の次右衛門に伝授した『鷹序之巻　乾一』において、「祢津家」の鷹術由緒譚としての様相が強く窺える鷹術伝承を収載しているのも、このような背景が多少なりとも影響していたことが予想されよう。

おわりに

以上において、依田氏の中で初めて加賀藩の鷹匠となった盛昌伝来の『鷹序之巻　乾一』について考察してきた。同書は鷹狩りの伝書であるにも関わらず、実技的な情報はまったく記さずに物語性豊かな説話のみを叙述している。その本文の中から、普遍的な鷹の伝来説話が祢津家の鷹術の由来譚となっている点に注目し、そのようなテキストが伝来した背景について検証した。

すなわち、依田氏が鷹術を伝授されたと主張する祢津松鴎軒は、徳川家康に仕えた鷹匠であった。彼が家康に重用されたのは、上州豊岡に五千石の知行地を下賜されたことからも窺えよう。このような徳川将軍家と近しい鷹術は、将軍家の儀礼をまねる加賀藩主にとって必要なものであったに違いない。将軍家の鷹匠であった祢津流の鷹術に従事していたことが有利に働いて、盛昌は加賀藩の鷹匠に抜擢されたことが推測される。それならば、盛昌の立場上、祢津流との所縁はより喧伝すべきものであったはずである。家業を継いだ息子の「次右衞門」に、祢津家の鷹術由来譚を掲載する鷹書（『鷹序之巻　乾一』）を伝授したのは、このような背景による影響が考えられるものである。

なお、依田盛昌のように、祢津流の鷹書を利用して、当該流派の鷹匠としての地位を獲得するという手法は、当時、他にも多数の事例があったものと予想する。その場合の「祢津流」は、徳川家康に重用された祢津松鴎軒からの伝授を主張することによって格式の高さを喧伝したものであろう。第一編第二章で挙げた『柳庵雑筆』第二巻において、屋代越中守（秀正）をはじめとする松鴎軒の弟子たちの中にも、依田氏と同様のケースに該当する人物がいたことが類推されるものである。

注

※1　志村平治『信濃屋代一族―屋代越中守秀正―信濃に発祥した屋代一族、徳川家康に仕えた武田の遺臣・屋代秀正』（総合出版社歴研、二〇一三年一月）など。

※2　注※1志村著書など。

※3　三保忠夫『鷹書の研究―宮内庁書陵部蔵本を中心に―（上冊）』第二部「宮内庁書陵部所蔵の鷹書」第二章「中世武家に関わる鷹書」第一二節「屋代越中守秀政、諏訪因幡守頼水」（和泉書院、二〇一六年二月）でも触れられているが、当該書の第三章・第四章・第五章・第六章の末尾にも、本文で挙げた奥書とほぼ同じ文言が記載されている。また、第二章には、二条道平の著作とされている（真偽は未詳）『白鷹記』の叙述が記載されているため、同章段の末尾には「永和三年（一三七七）卯月六日」の文言が見える。

※4　本書第三編第一章参照。

※5　本書第二編第三章参照。

※6　拙著『中世鷹書の文化伝承』（平成二三年二月、三弥井書店）など参照。

※7　本書第一編第一章参照。

※8　注※7に同じ。

※9　注※7に同じ。

※10　山中さゆり「禰津家文書について―戦国期における真田家家臣の動向―」（「松代〈付・年報〉」第二八号、二〇一四年）による。

※11　本書執筆にあたり、禰津喜隆氏から当該テキストのデジタルデータをご恵与いただいた。感謝申し上げる次第である。

※12　『金沢市立玉川図書館近世史料館所蔵文書データベース解説』「先祖由緒并一類附帳」。(http://jmapps.ne.jp/amhr/det.html?data_id=6658)。

※13　注※12に同じ。

※14　三保忠夫『鷹書の研究―宮内庁書陵部蔵本を中心に―（下巻）』「第二部　第五章　徳川将軍家・幕臣、諸侯・諸藩鷹匠などに関わる鷹書　第四節　依田十郎左衛門守広、依田源五貞広、宇野七之佑、宇野富泰」（和泉書院、二〇一六年二月）では、加越能文庫に所蔵されている文政年間と明治三年の『一類附帳』をもとに依田氏について触れている。

※15　その他に依田盛敬氏が所蔵している『一類附帳』の写しは以下の通り。『天明四年九月　先祖由緒一類附　依田和左衛門』、

『享和二年四月　先祖由緒一類附　依田和平』、『文政五年　先祖由緒并一類附帳　依田十郎左衛門』、『安政四年　先祖由緒并一類附帳　依田金太郎』、『弘化三年十一月　依田故十郎左衛門先祖由緒并一類附帳　依田式左衛門』、『慶應三年 明治三年　先祖由緒并一類附帳　依田権六』。

※16　深井雅海「徳川将軍家と加賀前田家の「年頭儀礼」について」（『金沢市史会報』VOL.12、平成一三年三月）。

【付記】

本章を成すにあたり、金沢市立玉川図書館近世史料館学芸員の宮下和幸氏にご教示賜った。感謝申し上げる次第である。

第三章　袮津流の袮津神平説話

はじめに

平安時代末期の東国武士である「袮津神平貞直」は、『諏訪大明神画詞』「諏訪縁起絵 上加下」に見える説話を以て、諏訪信仰ゆかりの鷹匠と認識されてきた。しかしながら、本書の第一編第一章で考察したように、同書に見える諏訪信仰ゆかりの貞直伝承は、袮津氏との関わりを主張する円忠とその子孫である京都諏訪氏による独自の伝承と判断される。たとえば、一六世紀頃の成立とされる諏訪市博物館寄託大祝家文書『前田氏所蔵巻軸諏訪氏古系図』の「円忠」の注記には「袮津神平貞直鷹道一流文書并諏訪郡大鹽御牧等相傳之」[※1]とあり、彼が貞直の「鷹道一流」と「文書」及び諏訪郡の大塩牧などを相伝した由が記されている。この袮津氏所縁の大塩牧（現・長野県茅野市）を実際に円忠が領していたことは、暦応二年（一三三九）六月一一日付『高師直施行状』によって確認できる。[※2]『諏訪大明神画詞』において貞直が大祝氏および諏訪信仰にゆかりの鷹匠と伝えられる根拠のひとつとして、同書の制作者である円忠のこういった袮津家とのつながりが反映していることが考えられよう。

ところで、その袮津神平貞直の末裔に当たる信直（松鴾軒）が、袮津流の鷹術を受け継ぐ著名な鷹匠であったことについても、すでに述べた通りである。[※3]実際に、彼が徳川家康に取り立てられたのを契機として、近世期になると各地で祢津流の鷹術が重用されるようになった。特に、加賀藩の藩主は諸儀礼の作法を将軍家のそれに倣うことから、享保一七年（一七三二）に、松鷂軒伝来の祢津流を称する鷹匠の依田盛昌が召し抱えられるようになった。加賀藩士となった依田氏には、多数の「祢津家の鷹書」が伝来し、現在のご当主である依田敬盛氏は、約一〇〇点を超える鷹術関連の文書類を所蔵している。[※4]それらの蔵書群に含まれているいくつかのテキストには、複数の祢津神平説話が記載されている。それらについて注目すべきは、いずれもこれまで知られてきた他流派の鷹書に見える祢津神平説話とは異なるモチーフを伴っている点である。と言うのも、祢津流の鷹匠を称することで加賀藩に仕官できた依田氏にとって、「祢津家」を称する鷹匠の貞直説話は、当該流派の格式の高さと関わる重要な伝承とされていた可能性が予想されるためである。

そこで本章では、依田氏文書の鷹書に叙述されている祢津貞直説話について取り上げ、当時様々に展開していた祢津神平説話の一事例として、その特徴を分析する。さらに、それを手掛かりとして、祢津流の鷹匠が伝える貞直伝承の意義を考察し、当該流派の伝播の実相を明らかにする一端としたい。

一　依田氏の鷹書における祢津貞直説話（一）

さて、先述した依田盛敬氏所蔵の鷹書群のうち、祢津神平貞直に関する叙述が確認できるテキストとして、本章で取り上げるのは、本書の「付・依田氏所蔵鷹書書誌一覧」の①に分類される13『[illegible]　家意趣巻　三』、32『家

意趣巻　三』、34『山鷹巻　全』、18『仕方圖　外物』、22『仕方圖　外物』の五点である。その他、「付・依田氏所蔵鷹書書誌一覧」の②に分類される7『祢津意趣　乾』にも祢津貞直に関する叙述が見られるが、当該書は欠損部分があり、一見して内容の把握をすることが困難である。そのため、本章では検討対象から外し、欠損部分の内容については別途考証する。[※5]なお、各テキストの書誌については、「付・依田氏所蔵鷹書書誌一覧」に見えるそれぞれの項目を参照されたい。

各書の奥書によると、13『三　家意趣巻　三』・32『家意趣巻　三』・18『仕方圖　外物』は、天正一六年（一五八八）二月一日付で祢津松鷂軒常安から依田十郎左衛門（守廣）に宛てたものとされ、34『山鷹巻　全』・22『仕方圖　外物』は寛永元年（一六二四）二月一日に守廣から「依田斎之助」に宛てられたものという。このうち、13『三　家意趣巻　三』・32『家意趣巻　三』と18『仕方圖　外物』・22『仕方圖　外物』はそれぞれ同じテキストの写本であることから、その貞直伝承は同一のものである。34『山鷹巻　全』のみ孤本であるが、13『三　家意趣巻　三』・32『家意趣巻　三』とほぼ同文の貞直説話が叙述されている。以上の情報を整理すると、依田氏の鷹書において確認できる貞直説話は、13『三　家意趣巻　三』・32『家意趣巻　三』・34『山鷹巻　全』のテキストに記載されている類話と18『仕方圖　外物』・22『仕方圖　外物』のテキストに記載されている類話の二種類に分けられる。

このうち、本節ではまず、13『三　家意趣巻　三』・32『家意趣巻　三』・34『山鷹巻　全』のテキストに記載されている貞直説話について確認する。以下に、13『三　家意趣巻　三』・32『家意趣巻　三』の写本のうちから、虫損の少ない13『三　家意趣巻　三』に見える該当部分の叙述を挙げる。

一　祢津ヱ鷹御ユルサレノコト、一条院ノキヤウ御門ヱ奥州冨士深山ノ人鷹コトニスクレタルヲ、サメ奉ル。イカントシテカ、イチヱン鳥ヲトルト云コトサラニナシ。其比信濃ノ国祢津ノ神平貞直トテ鷹ノチヤウスアツテ、メシノホセラレ、カノ鷹ヲ取飼ヘキヨシ、センシナリ。貞直ソウシケルハ、キヨワラノヲモムキヲミ奉るニ、ミサコノトツキタル鷹ニヨリ、鳥ヲトラヌモコトワリナリ。ウヲナラテ取カタシト申ケル。サラハウヲニ取飼ヘキヨシ、重而センシナリ。神平承、ウヲニ取飼申ヘキコト、ヤスキシサイニ候共、河川ヲメクル犬、アラシト申ケル。其時、神平ケライノ者ニソウツイト申者申ケルハ、上流ノオリフシ、河ニヲイテ、カワウソノ犬ノコアリト申。シカラハ、コノ犬ヲ以河川ヲカマセントテ、ヤカテヒキノホセ、鷹犬トモニコシラヱ、ヨキ日ノ時ヲヱラヒ、難波ノウラニウチイテ、申ノ刻、夕（ユウ）日シツカナル時分、犬ヲ河ノヲモテヱハナシケル。貞直モ、鷹ヒキスヱテナキサニヒカヱタリ。シカルニ、波ノ上ヱス、キト云ウヲ一丈斗トヒアカル、則アワセケル中ニ取リテ、手帰、御門ナノメニヱイランアツテ、貞直ニ七度ノ官ヲサツケ、八拾壱巻ノヤウキヤウノ内、拾八帖ノ鷹フミトテ、拾八巻壱部ニテ、ヒテンヲヱラヒ出シ、天下ニヲイテ末世末代マテ、武家ノ鷹ノミナモトタルヘキヨシ、インセンニアツカリ、クタサレケル。是ヨリ鷹ノ家トカウス。御トリツキハ、二条殿ニテ御座候。其後ノ代々ノ子孫、学ノトコロ、イマニコレヲ傳るナリ。

一　ナヲ家ノイシユノコト、貞直ト云代ニ賀深山ヨリ、鷹ノツフコヲトリテキタル。レンチウ、フトコロノ内ニテ、ハヤシケル。ミレハセウナリ。ヤカテ、手ムキノ兄鷹ト是ヲ号。貞直、取飼ケルニ、コトニスクレタル逸物ナリ。ソノヲリフシ、霜月ミマキノ内ニ、一ノ原アリ。カノ原ニテ鷹ヲツカイケレハ、フル雉子アリテ、カヱリテ鷹ヲ取コトタヒ〳〵ナリ。シカルニ神平、彼野ニイテ、手ムキノ兄鷹ヲツカワレシニ、レイノ鷹ソト心得、彼雉子イテ合、ヒシトソミ（クカ）、イカ、アリケン、只ヒキニヒク。ソノホトリニ千熊川ハタマカ渕ヱ引入ル。犬ヲマワシケレハ、渕ノソコヱカミイル。アヤシメ聞ケレハ、鈴モナリケル間、スイレンウ（ヲカ）イレ、ミケレハ、ロクシヤウイロノフル雉子ノ羽八重ニヲイ、足三ツアリ。ヤカテ取飼ケル。是ヨリシテ別足ト云コトハシマリケル。八重羽ノ鳥ノ住ケル野ナルニヨリ、ソノ原ヲ八重原ト号ス。鈴、水ノソコニテナリケル間、瀧丸ト号。其後、神平ヲモイケルハ、シセン都ヱキコシメシヲ、ヨハレ、メサレンニ遣上候ヘハ、家ノ拾代タルヘキヲト、ヲモイソノウツシヲハリ遣上ノタメニ、ヲト丸（トカ）号ス。以上、鈴二ツアリ。ソノホカ、モスニ鸖ヲアワセ、サマ〲ノコトアリトイヱ共、サイケンナク、ソロ（ノカ）間シルスニヲヨハス。マタ犬ノユライヲタツヌルニ、芝生田ト云所ヨリ出タルムク犬ナレハ、芝ムクト是ヲ名付。惣而、鷹ヲシラスシテ、ツカウコト常ニアラス。鷹ノヲコリヲシルヘシ。鷹ハコレアチナリ。鷹師ハ是、タウタイフンチンノアチノ如来ノシントクナリ。条々口傳有云々。

右の叙述は当該書の冒頭の第一条および第二条に掲載されているものである。文意のとりにくい部分があるため、箇条書きにして内容を整理してみる。まず第一条には、祢津家に鷹術が許された由来について、下記のような経緯が述べられている。

・一条院の卿（未詳）が帝に「奥州冨士深山」の優れた大鷹を献上したが、どうしたことか鳥を捕らない。
・その時、「信濃ノ国祢津ノ神平貞直」という鷹の上手がいて、召し出されて上洛し、この鷹を飼うべき宣旨が下る。
・貞直の見立てによると、この鷹はミサゴが嫁いだオオタカなので、鳥を捕らないのも道理で、魚でなければ捕るのは難しいという。

・それならば魚を捕るように、貞直に重ねて宣旨が下る。

・神平は承りつつ、魚を捕ることは易いが、河川で遣える犬が無いという。

・神平の家来の「ソウツイ」と言う者が、上流の河において「カワウソノ犬ノコ」がいることを進言する。

・この犬を以て河川で狩りをするべく、すぐに引き連れて鷹犬ともに用意して良い日の時を選び、「難波ノウラ」で申の刻の夕日が静かな時分に犬を河面に放す。

・貞直も鷹を据えて渚に控えていると、波の上にスズキという魚が一丈ばかり飛び上がるのを狩り、持って帰った。

・帝はそれを叡覧し、貞直に七度の官位を授けて、八一巻の鷹経のうち一八帖の鷹書を一八巻一部にして秘伝を選び出し、天下において末世末代まで武家の鷹術の源とするべき由の院宣を下した。

・これより（祢津家は）鷹の家と称するようになった。お取次は二条殿である。その後の代々の子孫が学ぶところのものが今にこれを伝えている。

次に、第二条は、その他の当家（祢津家）の意趣として、貞直の名鷹である「手ムキの兄鷹」を中心とする断片的な種々の逸話が記載されている。すなわち、

・貞直の代に「賀深山」（未詳）から鷹の卵をとってきて、懐で温めると孵化した。見ると兄鷹（雄のオオタカ）である。すぐに「手ムキの兄鷹」と称し、貞直が飼ったところ特に優れた逸物であった。

・その当時、霜月に「ミマキの内」の「一ノ原」で鷹を遣っていると、古雉子が逆に鷹を捕ることがたびたび

あった。

・神平は、かの野において「手ムキノ兄鷹」を遣っていると、いつもの鷹だと心得た雉子が出てきて、どうしたことかひたすら引っ張る。

・そのほとりにある「千熊川ハタマカ渕」に引き入れる。

・犬を回して渕の底へ噛み入れる。

・不思議に思って聞いていると、鈴の音が鳴っている。その間に、泳ぎの達人を入れてみると、羽が八重に生え、足が三つある緑青色の古雉子がいた。すぐにそれを捕獲した。

・これより別足ということが始まった。また、八重羽の鳥が住む野なので、その原を「八重原」と称する。鈴は水の底で鳴っていたので「瀧丸」と称する。

・その後、神平が思うには、自然と都にこの鈴の評判が聞こえて呼ばれるかもしれない。しかし、この鈴は家の重代のものであることから、召し上げられたときに備えて写しを作り、「ヲト丸」と称した。このように、鈴は二つある。

・その他にモズに鶴を狩らせるなど様々な逸話があるが際限ないので記すに及ばない。

・また、犬の由来を尋ねると、「芝生田」というところを出自とするむく犬なので「芝ムク」と名付けた。総じて、鷹のことを知らないで遣うことは尋常ではない。鷹の起こりを知るべきである。

・鷹は阿字であり、鷹師は同体分身の阿字の如来の神徳である。

先述したように、孤本である『山鷹巻　全』の第二条・第三条にも上掲の『三　家意趣巻　三』の叙述とほぼ同文の類話が確認できる。ちなみに、『山鷹巻　全』の第一条には、貞直が登場しない鷹の伝来説話が記載されている。以下に同書の第一条～第三条を挙げる。

一　夫たかの日本へ渡り始る事神の世也。はくさい國ゟ一番に駿河の冨士を巣山となして、七の子をなす。七月七日に巣山を出、日本六十余州へひろむ也。吾朝にたかをつかふと云事、仁徳天皇の御時、八十六年の代を保せ給ふ。四十六年に当りし年、白濟國よりたかを書と相そへて渡し奉る。其たかの名をしゆんわうと云なり。使の躰、僧のことし。仁徳天皇の御代の後、たかをつかふと云事たへたり。清和天皇の御時迄、此書有と云とも、讀開人なし。其時、唐人赴越前國つるかの津に渡りつゝ、此唐人の名をこうちんよねみつ。文書をつくして渡されき。越前の國つるかの津に着、そうもんす。その時の都ハ、粟津之大臣公卿納言宰相天上家、集り給ひて、しゆんわう取に下るへきと有けれは、公卿各々申させ給ひける。其時、はりまの國住人源の政頼、つるかの津に付て大内の御使あさなこうちん、名乗ハよねみつ、しやうそくハ大あらめのほいの色のさしぬきのふし染丸の三重のきぬきたり。錦のはうしをそきたりける。形ハ僧ににたり。政頼にとふて曰、しゆんわうに文書相具して渡されたりと云。その時、政頼、大國の文をよみえすして、よねみつによめと云に、ほう枕をたへと云。其時、こちくと云はした者を出す。よねみつ、よろこひて、とこゟおりて七度はいす。呉竹かしやうそく、山吹の匂ひの色、紅のもはかま、かみハひすいのことく、形ハ如来のことし。よねみつ申様、こちくを以てそうもん申へき由、御返事申上ル。帝、重而、政頼を以て此たかの文書をよむへき由宣旨也。かのよねみつ、手を打て、此國ニかの書有とおとろく。よみ開事なし。政頼、此由をそうもんす。帝、御謀ニ小竹と云女を政頼、御使とておくり給ふ。其後、政頼に此文書をよみ開き、八十壱巻の書を政頼つたふ。三十六の口傳とす。右のことく、不殘信濃國祢津是を傳るもの也と云云。

一　祢津へたか御ゆるされの事。一条院の御宇に御門へ奥州冨士山深山の大たか殊にすくれたるを納奉る。いかんとして、一番鳥を取と云ことなし。其比、信濃国に祢津神平貞直とて、たかの上手有て召上せられ、かのたかを取かふへき由せんし也。貞直奏しけるハ、きよわうの趣を見奉るに、みさこのとつきたるたかにより、鳥をとらぬも理也。魚ならて取かたしと申ける。更ハ魚に取かふへき由、重而せんし也。神平承り、うをに取飼申へきこと安きしさいに候得とも、河川をめくる犬、あらしと申。その時、神平けらいのそうついと申者申けるハ、上流のおりふし塩において川うその犬の子有と申。然ハ此犬をもつて河川をかませんと。やかて引のほせ、たか犬ともに拵へ、よき日の時をえらひ、難波のうらに打出、申ノ刻の夕日静なる時分、犬を河の面へ放しける。貞直も、たか引すへて渚にひかへたり。然るに、波の上へす、きと云魚一丈斗とひ上る。則あハせたる中に取て、手帰、帝なのめにゐいらん有て、貞直に七度の官をさつけ、八十一巻のやうきやうの内、十八帖のたか文とて、十八巻一部にて、秘傳をゑらひ出し、天下におゐて末世末代迄、武家のたかの源たるへき由、せんしに預り、被下ける。是ゟたかの家と号す。御取次ハ、二条殿にて御座候。其後、代々の子孫学所、今に是を傳る也。

一　猶家の意趣の事、貞直代に賀源山ゟたかのつふ子を取て来る。れんちう、ふところの内にてはやしける。みれハ兄鷹也。やかて、手むきの兄鷹と是を号。貞直取飼けるに、殊にすくれたる逸物也。其折節、霜月みまきの内に原有。かの原にてたかを遣ひけれハ、古雉子有て、かへつてたかを取事度々也。然るに神平、彼墅に出、手むきのせうを遣れしにれいのたかそと心得、かの雉子出合、ひしとくむ。いか、有けん、只引にひく。其ほとりに千熊川はたまか渕へひき入ける。犬をまハしけれハ、渕のそこへかみいる。あやしめ聞けれハ、鈴もなりける間、すいれんを入みけれハ、ろくせういろの古雉子の羽八重におひ立、足三つ有。やかて取かひける。是ゟして別足と云事初ける。八重羽の鳥の住ける埜なるにより、その原をハ八重原と号す。鈴、水のそこにてなりける間、瀧丸と号す。其後、神平、思ひけるハ、自然都へ聞召及れ、召れんに遣上候へハ、家の十代たるへきと思ひ、そのうつしをはり遣上のために乙丸と号す。以上、鈴二つ有。其外、もすに鷺をあハせ、さま〳〵の事ぬ（あカ）りといへとも、さいけんなく候間、記すに及ハす。又犬の由来を尋るに、芝生田と云所より、出たるむく犬なれハ、芝むくと名付、惣而は、たかをしらすして遣ふ事、常にあらす。たかのおこりしるへし。たかは是阿字也。阿字ハ是鷹師なり。たか師ハ是同躰分身のあしの如来のしんとくなり。条々口傳有云々。

右に挙げたように、『山鷹巻　全』第二条と第三条の叙述は、前掲の『三　家意趣巻　三』第一条・第二条の本文と（片仮名表記とひらがな表記の違いはあるものの）ほぼ同文となっていることが確認できよう。一方、『山鷹巻　全』の第一条には、先述の通り、貞直が登場しない鷹の伝来説話が叙述されている。すなわち、仁徳天皇の時代に「白濟國」より鷹と書を携えた使者が初めて伝来した。鷹の名前は「しゅんわう」と言い、使者の姿は僧のようであったという。しかしながら、仁徳天皇の御代以降は鷹を遣うことは絶え、清和天皇の時代まで鷹書を読み開く人もいなかった。その清和天皇の御代に改めて唐人（こうちん・よねみつ）が鷹と鷹書を本朝に進呈するべく「越前國つるかの津」に渡来した。この使者に「こちくと云はした者」を使って「はりまの國住人源の政頼」は八一巻の鷹書を伝授され、三六の口伝とした。それはすべて「信濃國祢津」が伝えているものであるという。この伝来説話は、前章で挙げた『鷹序之巻 乾一』第三条に見えるそれとほぼ同じ内容となっている。と言うことは、『鷹序之巻 乾一』の第三条と同じ本文を持つ『鷹序巻』第三条および『鷹序巻 一』第三条とも一致する叙述ということになり、[※6]前章でも指摘した通り、祢津流の鷹書においてよく採録される説話であることが確認できよう。

このような『山鷹巻 全』第一条の叙述のうち、その末尾において、政頼が渡来人から「八十壱巻」の鷹書を伝授され、さらにそれをすべて「信濃國祢津」に伝えた由を記しているのは、続く第二条で帝が貞直に、「八十一巻」の鷹経から秘伝として「十八巻」を一部として「秘傳」を選ぶように命じている叙述と脈絡が通じる。また、同じく第二条の冒頭が「祢津へたか御ゆるされの事」という書き出しで始まっていることも、第一条からの連続性を読み取ることができる。依田氏の鷹書における貞直説話は、このように鷹の伝来説話と関わる祢津家の鷹術由来譚と一連のものであった可能性が予想されよう。

さて、以上のような依田氏の鷹書に見える貞直説話のうち、貞直がミサゴとつがいの鷹を遣うことを述べる説話は、たとえば、第一編第二章で挙げた尊経閣文庫蔵『持明院殿基春卿 西園寺家鷹口傳一冊』（函号一一ノ一 書鷹）第五四条・第五五条の「鷹のこい丸」譚と一部モチーフが重なる。その他、貞直が「手ムキの兄鷹」を使って八重羽の雉を退治したという当該条の叙述は、祢津神平が育てた名鷹の「手ムキの兄鷹」に関するさまざまな異伝のひとつであろう。このような異伝が、中近世期の鷹書において散見することはすでに述べた。たとえば、同じく第一編第一章で取り上げたように、立命館大学図書館西園寺文庫蔵『西園寺家鷹秘傳』（函号一九三）第八九条にも「手ムキの兄鷹」の類話が見える。当該話の梗概を再度確認すると、巣の上に馬の肉をくわえて掛ける雄鷹に対して、雌鷹が腹を立てて雄を食い殺したという。さらに、雌鷹が巣を放棄したのを祢津神平が見て、卵を取り、孵化させて育て、「ねつか手むき丸」と名付けた。名鷹となり、一〇余里の長距離の獲物を逃がすことはなかったとされる。この「ねつか手むき丸」説話と、先に挙げた依田氏の鷹書のそれとは、貞直が卵を孵化させて育てたとするモチーフが一致する。ちなみに、同書の奥書によると、同テキストが「明徳元年（一三九〇）三月三日」に書写したものを「享徳弐年（一四五三）三月晦日」にさらに転写したとされる。[※7]さらに、同じく第一編第一章で紹介したように、『定家問答』[※8]にも、祢津神平の名前は見えないが、「手むき丸」について、卵を人工的に孵化させた逸物の鷹とする叙述が見える他、永青文庫蔵『和傳鷹経』（資料番号3―3―44）上巻「代々名鷹付鷹飼之事」には、祢津神平の「名鷹」として「平むきの兄鷹」が挙げられている。この「平むきの兄鷹」は、「手むきの兄鷹」の誤記である可能性もすでに指摘した通りである。[※9]

一方、八重羽の雉の類話についても、モチーフや筋立てがまったく異なる異伝が中近世期において広く展開したこともすでに述べた。その中で、同じ祢津家（流）の鷹書に見える事例として、第一編第二章で取り上げた宮内庁書陵部蔵『根津志摩守ト有之鷹書』（一六三―九六八）「四拾八　八重羽のきしの事」の類話が挙げられよう。同書は、松鵭軒の甥で真田信之に仕えた祢津志摩守（祢津幸直）所縁の鷹書である。[※10]同書に見える当該話の概要をもう一度確認すると、信濃国の「小縣地熊大かけの渕」に八重羽の雉があり、内裏に祟りをなし、人々に害をもたらしたため、それを退治するべく「祢津甚平」が幾度も鷹を合わせると、雉は鷹を渕に引き付けたと言う。このことを聞いた「政頼将軍」が、百済国の清来から相伝した巻物を「祢津甚平」に渡し、「祢津」は大鷹と鵤を番いにし、犬と鵟を番いにして「大かけの渕」に探しに出る。雀と鷹と犬の活躍により、八重羽の雉を探し出してそれが渕へ入れないようにしたので、雉は西国を指して飛んでいき、雉は「美濃国おくい宿町頭」という場所において鷹と犬に捕られて死に、鷹も犬も「祢津」も疲れて死んだ。その後、「みの、国な(ママ)、(ママ)いの町頭」にて鷹と犬と「祢津」が石塔三体で祀られ、さらには美濃国の大社の神になる。「鷹の宮」「犬の宮」「す、めの宮」「祢津の宮」の四箇所があるという。日吉、月吉、星吉、大明神はそれぞれ鷹、雀、犬、「祢津」の宮であるといい、続いてそれを詠みこんだ和歌が末尾に記載されている。

　このような『根津志摩守ト有之鷹書』に見える八重羽の雉説話と依田氏の鷹書に見えるそれとを比較すると、異同がかなり多い。その一方で、注目される共通点としては、八重羽の雉を退治する場所について、「小縣地態大かけの渕」（『根津志摩守ト有之鷹書』）、「千熊川ハタマカ渕」（『三　家意趣巻　三』）、「千熊川はたまか渕」（『山鷹巻　全』）と、いずれも信濃国の北部を流れる千曲川にまつわる地名を挙げている点が挙げられる。どちらの「渕」も具体的な場所については未詳である。しかしながら、千曲川は、祢津氏の本貫地である小縣郡（東御市）を流れることから、そこを舞台とする当該話については、祢津氏所縁の在地伝承が関わっている可能性のあることはすでに述べた。※11 いずれにしろ、『根津志摩守ト有之鷹書』と依田氏の鷹書に見える八重羽の雉説話は、全体的な話の筋立てがそもそも大きく異なっていることから、同じ祢津家ゆかりの鷹書に見える類話にもかかわらず、両者の間に直接的な影響関係を見出すことは難しい。ちなみに、『根津志摩守ト有之鷹書』のその他の叙述や、祢津幸直の実弟で松鷂軒の養子となった昌綱※12の家系に伝わった鷹書※13においても、依田氏の鷹書のように、祢津神平をモチーフにして祢津家の鷹術の由来を説く記述は見当たらない。

　以上のように、『三　家意趣巻　三』・『家意趣巻　三』・『山鷹巻　全』のテキストに記載されている依田氏の祢津貞直説話は、他の鷹書にも見られる類話のモチーフと一部類似しつつ、その一方で独自の叙述がなされているという特徴を持つ。中でも注目すべき点として、貞直の事績を以て「是ヨリ鷹ノ家トカウス」（『三　家意趣巻　三』第一条）と祢津家の家職（鷹匠）の由来譚と位置付けたり、「家ノイシユノコト」（『三　家意趣巻　三』第一条）として、当家の「意趣」と見なしている姿勢が挙げられる。すなわち、依田氏伝来の鷹書に記載されている貞直説話は、貞直の個人的な逸話ではなく、祢津家を象徴する「家伝」としての様相を持つことが指摘できよう。

二　依田氏の鷹書における祢津貞直説話（二）

次に、18『仕方圖　外物』・22『仕方圖　外物』に記載されている祢津神平の叙述について考察する。当該の叙述は、両書の第二三条及び第四二条に見える。まずは、相対的に虫損が少ない18『仕方圖　外物』の第二三条の本文を以下に挙げる。

一　祢津七代貞直ト云代ニ、八幡ヨリ夢中ノ相傳ト云事アリ。是ハ書ニモアラワシカタキユエ、十八ノ秘事、三十六ノ口傳トテアラワシ、コノ内ニコモレリ。一部相傳者ヨリ外ニ知人アルヘカラス。鷹ノ極意夢中相傳口傳条々。

右によると、祢津氏の七代目である貞直の代に、八幡神から夢の中の相伝ということがあったという。これは書に著すことが難しいので、十八の秘事および三十六の口伝として表わし、秘伝とした。一部相伝者より外に知る人があってはならず、鷹の極意は夢の中で相伝される口伝であると伝えている。続いて、同書の第四二条には、以下のような貞直に関する叙述が見える。

一　サウレイノ記ト云コト、当家ヨリ外ニアルヘカラス。貞直代ヨリ定置。辞世ニモ如此、メイドマテツカハントナリ。

ネカハクハタカ打スエテ春シナン

四手ノ山路ノナイ鳥ノコロ

右によると、「サウレイノ記（葬礼の記）」という当家（祢津家）の門外不出の書があり、貞直の代から定め置かれたものという。それは辞世や冥途にまで使うものであると説明され、末尾に西行の「願わくば花のもとにて春死なん…」の詠歌をもじったような鷹歌が一首詠み置かれている。本書の「付・依田氏所蔵鷹書書誌一覧」によると、②に分類される鷹書の中に21『葬禮之記　坤九』というテキストが確認できる。このテキストの末尾には「右之條々當家秘事也千金莫傳可秘者也」と見え、当該書が当家（祢津家）の秘事であることを記している。『仕方圖　外物』に見える「サウレイノ記」は、この『葬禮之記　坤九』を指すのであろうか。現在のところ、未詳である。

このように、『仕方圖　外物』に見える貞直伝承は、いずれも貞直を祢津家の鷹術におけるエポックメーカーのような存在とする共通点がある。この共通点は、前節で確認した『三　家意趣巻　三』・『家意趣巻　三』・『山鷹巻　全』に見える貞直説話の認識とも重なるものであろう。

さて、このような認識は、これらの鷹書を伝来した依田氏が発行する印可状の文言にもうかがうことができる。すなわち、依田氏伝来の文書の中には、鷹術の印可状が四本と犬牽の印可状が二本伝来し、そのうち、同氏が加

賀藩に仕えてからの年紀が見える鷹術印可状（外題などに付されている名称ではないので仮表記する）は以下の二本である。※14

①依田盛敬氏所蔵『鷹術印可状（仮）』（縦一八・〇センチ×横九二・五センチ）

清和天皇月宮一條院以来、於天下号鷹之家者、信濃國小縣住人祢津是也。貞直云代、鷹名誉依及度々蒙勅命、誉於和朝揚、其名代々子孫傳也。然所、形好以誓血承候間、家之鷹文一部、十八之秘事、三十六之口傳、無残所、同國佐久郡芦田住人依田十郎左衛門尉傳也。志深仁頻就所望者、抜書之通者起請文上可有相傳一部之所者、縦雖為子孫志之感心肝可為唯受一人千金莫傳。

◦祢津美濃守信直
法名常安
依田十郎左衛門　守廣
依田次郎左衛門尉　貞清
依田源五　貞廣
宇野七佑

享保十九年甲寅稔

五月吉日

重慶（花押）

依田十郎左衛門殿

②依田盛敬氏所蔵『鷹術印可状（仮）』（全四葉、一葉目＝縦一八・二チセン×横七三・三チセン、二葉目＝縦一八・二チセン×横五二・〇チセン、三葉目＝縦一八・二チセン×横八九・〇チセン、四葉目＝縦一八・二チセン×横八五・三チセン）

清和天王月宮一條院以来、於天下号多賀家者、信濃国小縣之住人祢津是也。貞直之与云代、依多賀之名誉度々蒙、勅命之誉挙和朝、其名代々之子孫傳也。然所、成好以誓血承候間、家之多賀文一部、拾八之秘事、三拾六之口傳、不残、相傳畢。志深人頻所望付者起請文請取抜書之通可有、相傳一部之所者、緞雖為子孫感志之浅深可為唯爰一人千金莫傳云々。

慶長四庚子

五月十八日

祢津松鷂軒常安判

依田十郎左衛門尉殿

右多賀方従祢津松鷂軒常安就相傳一部十八之秘事、三拾六之口傳不残相傳可秘者也。

依田十郎左衛門尉（丸朱印）守廣判（朱方印）

依田次郎左衛門殿

右多賀方従依田十郎左衛門尉守廣就相傳一部十八之秘事、三拾六之口傳、不残相傳可秘者也。

承應元年　　　　依田次郎左衛門（丸朱印）貞清判（朱方印）

五月二日

依田権六殿

右多賀方従貞清相傳一部秘事口傳不残相傳可秘者也

元禄十二己卯　　　　依田権六（丸朱印）仍守判（朱方印）

九月十六日

依田孫十郎殿

右子々孫々傳之者也

寶暦九己卯　　　　依田十郎左衛門（丸朱印）盛昌（花押）（朱方印）

六月吉日

依田次右衛門殿

右子々孫々傳之者也

安永三甲午　　　　依田次右衛門（丸朱印）守真（花押）（朱方印）

十一月吉日

依田和左衛門殿

右不残相傳可秘者也

寛政二年　　　　依田和左衛門

七月吉日　　　　　　　　　　依田十郎左衛門（花押）
依田和平殿

右子々孫々傳之者也
文政十年
九月
依田式左衛門殿

①は享保一九年（一七三四）五月吉日に「依田十郎左衛門殿」へ伝授された鷹術の印可状で、②は文政一〇年（一八二七）九月に「依田式左衛門殿」に伝授された印可状である。それぞれ祢津信直（松鶴軒常安）から依田守廣に伝授された鷹術が、依田家の子々孫々に相伝された系譜が示されている。ただし①の系譜の後尾に見える「宇野重慶」のみ当家の人物ではない。宇野氏は依田氏と同時代に加賀藩に仕えていた鷹匠である。[※15]

さて、右掲の印可状はいずれもその前半部において、「清和天王月宮一條院以来」に「信濃國小縣住人祢津」が天下に鷹の家を称するようになった経緯が説明されている。すなわち、「貞直云代」に鷹の名誉でたびたび勅命を蒙り、本朝で称揚され、その名が代々子孫に伝わったというのである。ここに見える「清和天王月宮」の意味や、貞直と時代的に合わない「一條院」については不明であるが（『三家意趣巻　三』第一条に「一条院ノキヤウ」、『山鷹巻　全』第二条に「一条院」と記載されていることと関連するか）、「貞直云代」を祢津家の鷹匠のエポックメーカーとする認識は、前掲の『仕方圖　外物』の叙述と一致する。さらに、右掲の印可状で「於天下号鷹之家者、信濃國小縣住人祢津是也。貞直云代、鷹名誉依及度々蒙勅命、誉於和朝揚」（①）・「於天下号多賀家者、信濃国小縣之住人祢津是也。貞直之与云代、依多賀之名誉度々蒙、勅命之誉挙和朝」（②）と述べている文言と、前節で挙げた『三　家意趣巻　三』第一条が、「祢津ヱ鷹御ユルサレノコト」の由来について、ミサゴが嫁いだオオタカを使いこなした貞直の事績に求めている叙述は整合性がある。つまり、帝が「貞直ニ七度ノ官ヲサツケ」て、その業績を称賛し、さらには当家の鷹書を「武家ノ鷹ノミナモトタルヘキ」と定め、そのことで祢津家が「鷹ノ家トカウス」ようになったとする『三　家意趣巻　三』の説明と、右の印可状の文言は、内容の上で矛盾しない。また、同じく右の印可状において、「同國佐久郡芦田住人依田十郎左衛門尉」（①）に伝授（②では誰に相伝したか具体的な名前は見えず、「不残、相傳畢」とのみ記す）した内容として、祢津家の鷹書一部と「十八之秘事、三十六之口傳」（①）・「拾八之秘事、三拾六之口傳」（②）を挙げている文言は、『仕方圖　外物』第二三条で、八幡神から祢津家が相伝したという鷹の極意を「十八ノ秘事、三十六ノ口傳」としている叙述と「秘事」と「口傳」の項目数が一致する。

以上のように、依田氏の鷹書に見える祢津貞直伝承は、同氏が伝授していた鷹術の印可状と内容上において符合するものであった。特に、貞直を祢津家の鷹術の始祖的な存在と見なして、彼を同家の鷹術関連のエポックメーカーとする認識が共通して見られるのは注目に値する。あるいは、依田氏の印可状の文言は、当家の鷹書類に見える貞直説話を前提にして、その内容を簡略化して記載したものかもしれない。さらに想像を広げるならば、依田氏が貞直を祢津家の鷹術の祖として仰ぐ伝承を喧伝することにより、貞直からの伝授の系譜を示す印可状の（祢津流の鷹術としての）価値を高める効果があった可能性も類推されよう。

おわりに

以上において、加賀藩の鷹匠を世襲した依田氏伝来の鷹書に記載される祢津貞直説話について検討してきた。その結果、依田氏の鷹書に記載される貞直伝承は、祢津家の家職（鷹匠）の由来など、同家の家伝を説くものであることが確認できた。さらには、このように貞直を祢津家の鷹術の祖と仰ぐ伝承は、貞直からの伝授の系譜を記す当家の印可状の文言と脈絡が通じることから、依田氏の印可状の価値を高める役割を果たしていた可能性も予想される。それは同時に、依田氏による祢津流の鷹術伝播において、祢津貞直説話が当該流派の由緒の正当性を保証する手立てとして利用されていたことを類推させるものでもあろう。

注

※1　当該系図の全文は『諏訪史第二巻前編』「附録」（信濃教育会諏訪部会、一九三一年六月）に所収されているが、翻刻に誤りが多いため、本章においては稿者が新たに翻刻した本文を引用した。
※2　中澤克昭「神を称する武士たち─諏訪「神氏系図」にみる家系意識─」（シリーズ歴史学の現在『系図が語る世界史』所収、青木書店、二〇〇二年一一月）において指摘されている。
※3　本書第二編第一章参照。
※4　本書第二編第一章・第二章参照。
※5　本書第二編付論参照。

※6　本書第二編第二章参照。

※7　本書第一編第一章参照。

※8　『続群書類従 第一九輯中』所収。

※9　本書第一編第一章参照。

※10　本書第一編第二章参照。

※11　本書第一編第二章参照。ちなみに、『三　家意趣巻　三』第二条に見える八重羽の雉説話において、雉を退治する犬の説明として「芝生田ト云所ヨリ出タルムク犬ナレハ、芝ムクト是ヲ名付」という叙述が見える。この叙述は、信濃国佐久郡の八重原新田（現・長野県東御市八重原）の名主の家に伝来した『八重原古来留帳』で、八重羽の雉を退治する犬が登場する地名を「芝生田村」と記載していることと通じるものであろう（本書第一編第二章参照）。「芝生田」の具体的な場所は不明であるが、千曲川同様、祢津氏所縁の在地伝承と関わることを示唆する地名であろうか。

※12　本書第一編第二章で掲出した長野県立図書館蔵『松代藩士系図 全』の図版①②参照。

※13　信光（昌綱）流祢津氏の現当主である禰津喜隆氏宅には当家伝来の鷹書が五冊伝来している。本書第一編第二章参照。

※14　その他の依田盛敬氏蔵の印可状は以下の通り（（i）・（ii）は鷹術のもの、（iii）・（iv）は犬牽のもの）。

（i）　依田盛敬氏蔵『鷹術印可状（仮）』（全二葉。一葉目＝縦一八・三センチ×横四七・八センチ、二葉目＝縦一八・三センチ×横一九・五センチ）

清和天王月宮一條院以来、於天下号多賀家者、信濃國小縣之住人祢津是也。貞直与云代、依多賀之名誉度々蒙勅命之誉挙和朝、其名代々之子孫傳也。然所、成好以誓血承候間、家之多賀文一部、拾八之之秘事、三拾六之口傳、不残相傳畢、志深人頻所望付而起請文請取、抜書之通可有相傳一部之所者、縦雖為子孫感志之浅深可為唯受一人、千金莫傳云々。

祢津松鶴軒
常安（花押）（長方印）

慶長四年庚子
五月十八日
依田十郎左衛門尉殿

（ii）　依田盛敬氏蔵『鷹術印可状（仮）』（縦一九・七センチ×横六六・八センチ）

清和天王月宮一條院以来、於天下号多賀家者、信濃國小縣之住人祢津是也。貞直之与云、依多賀之名誉度々蒙、勅命之誉挙和朝、其名代々之子孫傳也。然所、成好以誓血承候間、家之多賀文一部、拾八之秘事、三拾六之口傳、不残、相傳并志深人頻所望付者起請文請取抜書之通可有、相傳一部之所者、綴雖為子孫感志之浅深可為唯爰一人千金莫傳云々。

慶長四年庚子　　祢津松鷂軒

五月十八日　　常安判

依田十郎左衛門尉殿

右多賀方従依田十郎左衛門守廣、就相傳一部十八之秘事、三拾六之口傳、不残相傳可秘者也。

（iii）　依田盛敬氏蔵『獜印目録』（縦一五・五センチ×横四〇・〇センチ）

清和天皇月宮一條院以来、於天下号獜家者、信濃國小縣住人祢津是也。貞直云代、獜名誉依及度々蒙勅命、誉於和朝揚、其名代々子孫傳也。然所、形好以誓血承候間、家之秘事、口傳、無残所、同國佐久郡芦田住人依田十郎左衛門尉傳之畢。志深仁頻就所望者、起請文上可有相傳。極秘傳之所者、綴雖爲子孫志之感心肝可爲唯受一人千金莫傳。

◦祢津美濃守
　常安
　依田十郎左衛門尉
　　守廣
　　依田次郎左衛門尉
　　　貞清
　　　依田源五
　　　　貞廣

延宝二甲子年
三月吉日

孫三郎殿

（iv）　依田盛敬氏蔵『獫印目録』（縦一七・八センチ×横一一六・五センチ）

清和天皇月宮一條院以来、於天下号獫家者、信濃國小縣住人祢津是也。貞直云代、獫名誉依及度々蒙勅命、誉於和朝揚、其名代々子孫傳也。然所、形好以誓血承候間、家之秘事、口傳、無残所、同国佐久郡芦田住人依田十郎左衛門尉傳之畢。志深仁頻就所望者、起請文上可有相傳。極秘傳之所者、縦雖為子孫志之感心肝可為唯受一人千金莫傳。

。祢津美濃守　常安
　依田十郎左衛門尉　守廣
　　依田次郎左衛門尉　貞清
　　　依田源五　貞廣（花押）（朱長方印）

元禄二己巳年
二月吉日
　　　与田内殿

※15　三保忠夫『鷹書の研究―宮内庁書陵部蔵本を中心に―（下冊）』第二部第五章第四節「依田十郎左衛門守広、依田源五貞広、宇野七之佑、宇野富素」など。

付論　盛昌本『祢津意趣　乾』（依田盛敬氏所蔵）について

はじめに

以上において繰り返し確認したように、依田盛昌は、祢津流の鷹匠であることを認められて加賀藩に抜擢された人物である。彼が家業を継いだ息子に伝授したとされる『鷹序之巻　乾一』は、依田氏が祢津流の鷹匠であることを主張する媒体として有用なテキストであったことはすでに指摘した通りである。[※1]
ところで、依田盛敬氏が所蔵している当家伝来の鷹書群の中には、『鷹序之巻　乾一』以外にも盛昌から伝授された経緯を奥書で伝えているテキストが多数ある。本書の「付・依田家所蔵鷹書書誌一覧」②に分類される鷹書のうち、奥書のあるもののほとんどはそれに該当する。その中で、本章が注目するのは、②の7『祢津意趣　乾』（以下、当該本を盛昌本『祢津意趣　乾』と称する）である。同書は、奥書によると「寶暦九己卯依田十郎左衛門／六月吉日　盛昌（花押）（縦二一・三センチ×横二一・三センチの朱正方印）／依田次右衛門殿」と記載され、その外題に示される通り、「祢津家の意趣」を掲載した鷹書と見なされるものである。それならば、祢津流の鷹匠であることを見込まれて加賀藩に仕官した盛昌にとって、当該テキストは、祢津流の鷹匠であることのアイデンティティを支える鷹書のひとつであったことが予想されよう。しかし、このように重要なテキストでありながら、当該書は墨付き部分の全五丁のうち二丁分が欠損していることはすでに前章で触れた通りである。ただ、同じく前章で取り上げたように、本書の「付・依田氏所蔵鷹書書誌一覧」の①に分類されるテキスト群の中には、13『ミ家意趣巻　二』、32『家意趣巻　二』という、盛昌本『祢津意趣　乾』と同じ表題を持つ鷹書が含まれている。両書は同じテキストの写本で、その奥書によると、祢津松鶴軒常安から依田十郎左衛門（守廣）に伝授されたものという。※2両本とも、盛昌本『祢津意趣　乾』よりも丁数が多く、その記載内容については、盛昌本『祢津意趣　乾』と完全に一致するわけではない。が、幸いなことに、盛昌本『祢津意趣　乾』が欠損している部分については重複した内容となっている（後述）。そこで、本章では、盛昌本『祢津意趣　乾』について取り上げ、重複した内容を持つ他のテキストとの比較を通して、その欠損部分の内容を検討する。それによって、当該書に本来記載されていた叙述内容を復元し、祢津流を標榜した鷹匠の精神的支柱となった文化伝承を明らかにする一助にしたい。

一　盛昌本『祢津意趣　乾』の祢津神平貞直説話

まずは、盛昌本『祢津意趣　乾』（依田盛敬氏所蔵）について、その叙述内容を検討してみる。以下に、同書の全文翻刻を掲出する。改行は／を以て示し、改丁は」で括って（一オ）のように丁数ならびに表裏を示した。合点および地名の右一重傍線・人名の中一重線・書名の中二重線は朱筆を表す。

祢津家の意趣／一　祢津え御鷹赦許之事／十條院の御宇に奥州富士深山の大鷹殊に／優れたるを納め奉る如

何としてか一圓鳥を捉と／云事更になし其比祢津の神平貞直とて／鷹の上手有て召のほせられて彼鷹を可取／飼由宣旨也貞直奏聞申けるハ、御鷹の趣を／見奉るに鳩の嫁たる鷹なれハ鳥をとらぬも／理りなり魚ならてハ難捉と奏聞すさらは」（三オ）魚を可捉飼由重而宣旨也神平承魚に取飼可申／事何今以安き子細に候得共海河を通犬あらんや与申／其時神平家礼の者に宗随与申者申けるハ上流の折節／堰においてかわうその嫁きたる犬の子あり与申／然は彼犬を海河をかませんとて頓而為引登鷹／犬共に拵吉日の時をゑらひ難波の浦に打出申の／刻に夕日静成時分に犬を海の面へ放しける時／貞直も鷹引すへて河にひかへたり然に波の上へ／鱸与云魚一丈斗飛あかりける則合羽けるに中に」（三ウ）捉て手帰る御門斜に叡覧有て貞直に七度の／官を被下十二巻一部にて秘傳を撰出し天下に／おゐて末世末代迄武家鷹の源たるへきよし」（四オ）【四オの後半および四ウの前半欠損】といふ川のはたまか渕へ引いる也犬を廻しけれハ／渕の底へかみいるあやしめ聞けれハ鈴もなりける／間水練を入て見れハろくせういろの古雉子也羽ハ」（四ウ）八重におひ足三つあり頓而捉飼ける八重羽の雉子／の住ける墅成間其より此墅をは八重原与号ス／此鳥に足三つ有故にそれよりして雉子の足をハ」（五オ）【五オの後半および五ウの前半欠損】〵一　於人前鷹物請前後分別之事／〵一　他人の鷹養生請取心得の事／〵一　我鷹煩時他人え渡ス心得の事」（五ウ）〵一　病鷹養生の時節々心得の事／〵一　病鷹に病の名付ル心得之事／〵一　煩鷹養生ニ請取遠慮之事／〵一　煩鷹見脉と鷹飼物請引合分別之事／〵一　煩鷹餌食見脉第一分前に相極事／〵一　煩鷹養生之時餌擬分別之事／已上」（六オ）【六ウ・七オ白紙】寳暦九己卯依田十郎左衛門／六月吉日　盛昌（花押）（縦二・三センチ×横二・三センチの朱正方印）／依田次右衛門殿」（七オ）

右の全文翻刻からわかるように、同書の四丁および五丁については、後半の三分の二が切り取られているため、当該書の全容を把握するのは難しい。しかしながら、欠損部分の無い三丁表裏から後半三分の二が欠損している四丁表に記載されている第一条の説話については、ある程度まとまった分量の記述が残存しているので、その内容を理解することは可能である。すなわち、「祢津え御鷹赦許之事」を伝える逸話として、一条院の時代に「祢津の神平貞直」が、ミサゴ腹の鷹とカワウソ腹の犬を遣って難波の浦で鱸を釣り上げた由が叙述されている。また、当該話の最末尾は欠落しているため、最終的な結末の内容については不明である。しかし、帝が貞直に叡覧し、彼に七度の官位を授け、「十二巻」の鷹書を一部にして秘伝とし、「天下におゐて末世末代迄武家鷹の源たるへきよし」を仰せつけたというところまでは判読できる。これはすなわち、貞直の活躍を以て当家の鷹術の由来とする例のエピソードである。続く四丁裏および五丁表の残存部分に叙述されている内容については、残された断片的なワードより、「八重羽の雉」に関する説話が叙述されていると予想できる。しかしながら、欠落部分が大半を占めるので、その詳細な内容は把握し難い。さらに続けて、五丁裏の残存部分及び六丁表（欠損部分無し）には、一つ書きで鷹の請け渡しや鷹の養生・病気にまつわる箇条書きの記事が九項目分確認できる。

一方、先に挙げた『三　家意趣巻　三』・『家意趣巻　三』に記載されている項目は全部で三七条ある（以下、両書を代表して虫損の少ない『三　家意趣巻　三』の方を、守廣本『三　家意趣巻　三』と称してその本文を参照する）。そのうち冒頭の第一条には、祢津家の鷹狩りの由来として、祢津神平貞直がミサゴ腹の鷹とカワウソ腹の犬を遣って魚を捕るという件の逸話が記載され、続く第二条には、貞直が「八重羽の雉」を退治する説話を叙述している。第二編第三章で掲出した守廣本『三　家意趣巻　三』の第一条の本文によると、盛昌本『祢津意趣　乾』の三丁表裏お

【表】

盛昌本	守廣本
といふ川のはたまか渕へ引いる也	千熊川ハタマカ渕ヱ引入ル
犬を廻しけれハ渕の底へかみいる	犬ヲマワシケレハ、渕ノソコヱカミイル
あやしめ聞けれハ鈴もなりける間水練を入て見れハろくせういろの古雉子也羽ハ八重におひ足三つあり	アヤシメ聞ケレハ、鈴モナリケル間、スイレンヲイレ、ミケレハ、ロクシヤウイロノフル雉子ノ羽八重ニヲイ、足三ツアリ
頓而捉飼ける	ヤカテ取飼ケル
	※是ヨリシテ別足ト云コトハシマリケル
八重羽の雉子の住ける墅成間其より此墅をは八重原与号ス	八重羽ノ鳥ノ住ケル野ナルニヨリ、ソノ原ヲ八重原ト号ス
※此鳥に足三つ有故にそれよりして雉子の足をハ	

《※の叙述については、両書において叙述される順番が異なっている。》

よび四丁表の前半に記載されている叙述と語句レベルでの細かな異同を除いて概ね一致している。また、盛昌本『祢津意趣　乾』では欠落して不明となっている当該説話の結末は、守廣本『三家意趣巻　三』の記述によると、貞直が帝の院宣を承って以降、祢津家を鷹の家と称するようになり、代々の子孫がこれを学んだということになっている。

同じく第二編第三章で確認したように、守廣本『三家意趣巻　三』の第二条では、「家ノイシユノコト」として、やはり貞直が登場する鷹術説話が記載されている。すなわち、貞直の名鷹である「手ムキノ兄鷹」が、「芝ムク」という犬とともに八重羽の雉を退治した逸話が叙述されているのである。しかも、当該書に見えるこの「八重羽の雉」説話の本文は、前掲の盛昌本『祢津意趣　乾』の四丁表裏および五丁表に残された断片的な文言と概ね一致する（【表】参照）。

以上のことから、盛昌本『祢津意趣　乾』の四丁裏および五丁表に見える断片的な叙述は、右掲の守廣本『〔三〕家意趣巻　三』第二条に見えるような、貞直による八重羽の雉退治説話の一部である可能性が予想されよう。ちなみに、守廣本『〔三〕家意趣巻　三』の第三条～第三七条には、鷹の飼育法や鷹狩りの技術にまつわるさまざまな知識を記載した一つ書きの項目が列挙されている。が、その内容は、前掲の盛昌本『祢津意趣　乾』の五丁裏の残存部分および六丁表に見える一つ書きの項目とまったく異なっている。[※3]

以上のように、守廣本『〔三〕家意趣巻　三』に見える類話を参考にして、盛昌本『祢津意趣　乾』の欠落部分を補足しながら読解すると、同書では、奥書部分を除く墨付き三丁半のうち、およそ約一丁半にわたって祢津神平貞直の逸話が記載されていることが想定される。このように、テキストにおける叙述量の大半を占める祢津神平貞直説話は、当該書の最も主要なテーマであることが指摘できよう。

おわりに

以上において、加賀藩に抜擢された依田盛昌が伝授したとされる鷹書の中から、『祢津意趣　乾』を取り上げ、その叙述内容について検討した。当該書は、大半を占める叙述量で祢津神平貞直に関する説話を掲載している。同書に見える貞直説話は、依田氏の鷹術印可状に見える記述とも連動する内容である。[※4] 盛昌をはじめとする依田氏が、貞直説話をいかに重要視していたかが窺えよう。依田氏の鷹術は、このような祢津神平貞直の物語伝承を流派の極意と仰ぎながら展開していたことが推測されるものである。

注

＊1　本書第二編第二章参照。

＊2　本書第二編第三章参照。

＊3　守廣本『家意趣巻　三』の第三条～第三七条に見える記事の概略は以下の通り。

一「黒薬ノコト」として、鷹の秘薬の調合法を記す。
一「コタカノ一薬」という鷹の秘薬の調合法を記す。
一「圓命丸」という鷹の秘薬の調合法を記す。
一「妙薬」として、鷹のホネツギの秘薬について記す。
一「サヽムシ万病圓第一」とする秘薬の調合法を記す。
一「タイホコノコト」として、大鷹のメスの架に関する説明を記す。
一「ホコノツ高サ」として、架の高さや太さに関する説明を記す。
一「ヲニヒシ」という鷹の手の内にある瘤についての説明を記す。
一「ハナシ鳥ヤノコト」として、鳥屋の高さなどの説明を記す。
一「草ホコ」というのは草に住んでいる鷹のことという説明を記す。
一「ミス尾ノコト」として、雉の脂や蚕の腸などを使用する秘薬の調合法を記す。
一「カリコヱノコト」として、鳥の掛け声の種類の説明を記す。
一「鷹ニアワレカイト云コト」として、いくつかの鷹の特徴的な飼い方の説明を記す。
一「野サレノ鷹」という鷹の種類の説明を記す。

一「羽クラヘノ鷹」という鷹の種類の説明を記す。
一「初トカリ」という年初に鷹を遣うことについての説明を記す。
一「聞スヱカリ」という鷹狩りの手法についての説明を記す。
一「ミスヱ鳥」という鳥の種類についての説明を記す。
一「ヲホヱカリ」という鷹狩りの手法についての説明を記す。
一「トカヱリノ鷹」という春に捕らえる鷹の種類についての説明を記す。
一「野ワタリノ鷹」という秋の鷹の種類についての説明を記す。
一「コ山カヱリ」という若鷹の種類についての説明を記す。
一「トヲマワリノ鷹」という巣から捕らえる鷹の種類についての説明を記す。
一「ナイ鳥カリ」という春の鷹詞についての説明を記す。
一「女鳥ヲハ、白鳥」「ヲン鳥ヲハ黒鳥」と称することの説明を記す。
一「ユモチの羽」についての説明を記す。
一「ホロノ毛」についての説明を記す。
一「ツホ入ノ羽」や「サマカヱリノ羽」などについての説明を記す。
一「ツルヘヲトシノ羽」についての説明を記す。
一「ヲトシ羽」についての説明を記す。
一「鷹タスケ」という鷹の羽の扱い方についての説明を記す。
一「ツキ尾」という鷹の尾の種類についての説明を記す。
一「鷹ノ年ヲミシル」方法についての説明を記す。
一「尾ノ行カヱリ」をはじめとする、さまざまな鷹の尾の種類の説明を記す。
一「ス鷹鳥」などの口伝についての説明を記す。

一「黒生」や「赤生」など鷹の斑（羽の模様）についての説明を記す。
一「ノケハウツ（軒端打つ）」という鷹詞についての説明を記す。

＊4　本書第二編第三章参照。

第三編　鷹術流派の展開

第一章　派生した祢津流の鷹術伝承
―依田氏伝来の犬牽の伝書をめぐって―

はじめに

これまでにおいて述べてきたように、徳川家康に仕えた祢津松鷂軒の伝来とされる鷹書は、中世末期から近世期において、格式のある鷹術流派のテキストとして流布していた。たとえば、享保一七年（一七三二）以来、明治期に至るまで加賀藩に仕えた依田氏は、『宝暦四年（一七五四）四月　先祖由緒一類附　依田次右衛門』[※1]によると、「祢津鷹方家筋之者、御用ニ御座候」によって同藩に抜擢された鷹匠の一族とされることはすでに確認してきた通りである。その所以から、同氏には祢津家の鷹術関連の文書が多数伝来している。本章で注目するのは、その中に含まれる犬牽（鷹犬の術）の文書である。すなわち、現在のご当主である依田盛敬氏が所蔵している一〇〇点以上の鷹術関連文書の中には、祢津松鷂軒からの伝授の系譜を示す犬牽の印可状が二種類と、奥書に盛昌など依田氏の当主の名前が見える犬牽の伝書が四点、含まれているのである。犬牽の印可状の全文については、第二編第三章の注※14に掲出した（iii）『延宝二年獫印目録』及び（iv）『元禄二年獫印目録』を参照されたい。

そのひとつは延宝二年（一六七四）三月吉日に「孫三郎殿」あてに伝授したもの（iii）で、もうひとつは元禄二年（一六八九）二月吉日に「与田内殿」に伝授されたもの（iv）である。両印可状の前半部には、「清和天王月宮一條院以来」に「信濃國小縣住人祢津」が天下に「獈（犬牽）」の家を称するようになった経緯が説明され、後半部は祢津常安（松鷂軒）からの伝授の系統として依田守廣から貞廣に続く系譜が掲出されている。これらの文書は「祢津流」の犬牽を伝授する印可状と判断されよう。※2 なお、当家には、これら犬牽の印可状とほぼ同じ内容の「鷹術」の印可状も伝来している。※3

先にも触れたように、依田氏は近世期において祢津流の鷹匠として活躍した一族である。実際に、同氏の鷹匠としての事績を伝える関連史料も多数確認できる。※4 しかしながら、同氏が犬牽の術に従事していたことを示す実録書類は現段階では確認できない。そもそも祢津流を称する犬牽の術が存したことを伝える史料類についても管見において確認できない。ただ、中近世期における鷹狩りで鷹犬を遣うことはよくあったため、記録に残っていないだけで、実際には依田氏が犬牽の業に関わっていた可能性も否定できない。

そこで本稿では、このような依田氏所縁の「祢津家の犬牽」について、同氏伝来の文書を手掛かりに、その伝承上の実相を検証する。まずは、依田氏に伝来した文書群に含まれる犬牽の伝書について取り上げ、本文の紹介と併せて類話と比較することによって、各テキストの特徴を分析する。次いで、それらのテキストが持つ意義について考察し、祢津流の鷹匠が関わった当該流派の展開を示す一事例として提示したい。

一　依田氏伝来の犬牽の伝書

先にも述べたように、加賀藩の鷹匠を世襲した依田氏には、相伝の文書類が一〇〇点以上あり、その中に犬牽の伝書が四書（冊子本三冊、巻子本一軸）含まれている。そのうち、冊子本のものは、いずれも本書の「付・依田氏所蔵鷹書書誌一覧」の②に分類されているもので、17『獫麋形繪圖』・23『獫請取渡シ之ノ巻』・24『祢津家獫之秘書』の三冊である。各々の書誌については、この「付・依田氏所蔵鷹書書誌一覧」を参照されたい。それ以外にも、巻子本の中に犬牽の伝書と見なされるもの（無題）もある。こちらの書誌については後述する。

さて、本節では、これら三冊の犬牽の伝書について取り上げ、その内容について検討する。まずは以下に全文の翻刻文を掲出する。なお、改行は／を以て示し、改丁は」で括って（一オ）のように丁数ならびに表裏を示した。丁の間に挟まれている紙片に記載されている文言は【　】で示し、朱書きについては文頭に（朱）と記した。便宜的に、項目ごとに改行を行った。

《一》『獫麋形繪圖』

獫麋形繪圖／」（一丁オ）

（一丁ウ白紙）

春／

（図）①」（二丁オ）

夏／
（図）②」二丁ウ
秋／
（図）③」三丁オ
冬／
（図）④」三丁ウ
月見／
（図）⑤」四丁オ
花見／
（図）⑥」四丁ウ
神前佛前口傳／
（図）⑦」五丁オ
通／
（図）⑧」五丁ウ
案／
（図）⑨」六丁オ
留リ／

（図）⑩」六丁ウ
祝言祝儀條々口傳／
（図）⑪」七丁オ
繋渡／
（図）⑫」七丁ウ
軍陣條々口傳／
（図）⑬」八丁オ
外架結様條々口傳／
（図）⑭」八丁ウ
（九丁オ白紙）
　　寶暦九己卯／依田十郎左衛門／六月吉日／盛昌（花押）（朱正方印）／依田次右衛門殿」九丁ウ

※図版は以下の通り。

「春」（図①）二丁オ

「夏」（図②）二丁ウ

「秋」（図③）三丁オ

「冬」（図④）三丁ウ

「花見」（図⑥）四丁ウ

「月見」（図⑤）四丁オ

「通」（図⑧）五丁ウ

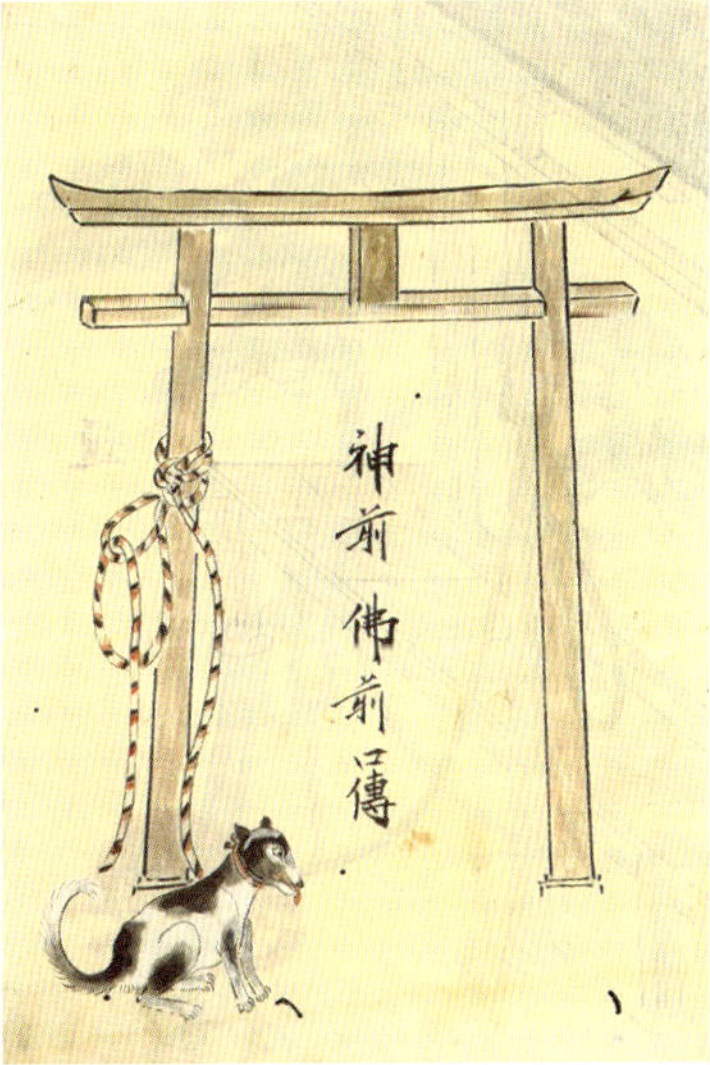

「神前佛前口傳」（図⑦）五丁オ

「案」（図⑨）六丁オ

「留り」（図⑩）六丁ウ

「祝言祝儀條々口傳」（図⑪）七丁オ

「繋渡」（図⑫）七丁ウ

「軍陣條々口傳」（図⑬）八丁オ

「外架結様條々口傳」（図⑭）八丁ウ

《二》『祢津家獫之秘書』

犬牽印可巻物ニ書調可遣写本也／祢津家獫之秘書／」（一オ）

（一丁ウ白紙）

祢津家獫之秘書／

一　夫たか日本江渡時、獫モ渡ル也。一番ニ渡。仁徳／天皇之御代也。たかの名をしゅんわうと云。／獫の名、わうけんと云テ白犬之耳先赤キ／女犬也。縄ハ五尋。五躰ヲ表也。二番ニ渡ル。／清和天皇之御代、たかの名、からくつわと／云。獫之名、せいけんと云テ、赤斑の男いぬ也。／縄ハ二尋八尺也。是ハ天之二十八宿ヲ表ル也」（二オ）三番ニ渡ル。一條院御代、たかの名、からまく／と云。獫の名、てうけんと云黒ふちの男いぬ也。／縄ハ三尋六寸也。是地之三十六禽ヲ表ル也。／

一　縄之尺之事／壱丈八尺ハ、弥陀之十八願ヲ表也。

二尋八尺ハ天／之二十八宿ヲ表也。但、壱丈八尺ト同尺也。三尋／六寸ハ地ノ三十六禽ヲ表也。二丈八尺ハ是モ／天ノ二十八宿ヲ表也。三丈六寸ハ地ノ三十六禽ヲ表也。」（二ウ）

一　いぬのふちの事／二尺五寸ハ二十五ノ菩薩ヲ表也。／二十五節コムル事モ有。是モ同前也。／

一　さはしの事。八寸亦ハ二尋亦ハ七尺五寸ニモスル也。／

一　三尋ノ縄、三世ヲ表也。／

一　五尋ノ縄、五躰五常ヲ表也。／

一　六尋ノ縄、六道六婆羅蜜ヲ表也。綱白布／之時。」（三オ）

一　木つなの寸ノ事　壱尺二寸、亦ハいぬのたけニ／も切也。十二月ヲ表也。／

一　いぬの縄色青シ。是ハ常ニ用也。但色掌（シキシヤウ）ニハ／赤白黒ノ三ツ、打ノ麻糸也。／

一　鎖男犬ハ、二尺八寸。女犬ハ三尺六寸也。／

一　犬飼ノ杖ハ、梅櫻ヲ用、其外モ用也。但不レ用／、木栗葉也。肩切也。／

一　犬飼忘飼ヲスル事　能酒ノ糟ニ足ノアクツノ垢」（三ウ）ヲ合テ酔程飼也。其後ハ、大キ成犬モ置所ニ居ル物也。／

【傳ニ曰是ハ荒犬ヲ繋時、竹木ニテスルナリ】

【傳ニアクツノ垢ハ人ノキビスノ垢也】

一　犬なつけ薬／火ヲ打、飯ヲシテ其火ニテ胡麻ヲ煎粉ニ〆／甘草少入右之飯ニ能々文握（ニキリ）犬ニ飼ハ一日ノ内／ニナツク第一ノ秘也。／

一　同なつけ薬／セイカン　甘草　二色合飯ニ交用秘薬也。」（四オ）
一　子あらし薬／水金　藜蘆　二色合飯ニ交用也。／
一　縄九尋亦ハ七尋ニモスル也。口傳／能犬之相形之事／
一　前足少長ク。／
一　ハシ打切タルゴトク細ク。／
一　毛アラク。／
一　目ハシ先ヲマモリ。」（四ウ）
一　耳小ク。／
一　マブチ（ママ）高ク。／
一　目ノ色朱盤ニ油ヲ落シタルゴトク。／
一　筋ハリ。／
一　胸廣ク。／
一　皮ウスク。／
一　首細ク。／
一　腰少細ク。」（五オ）
一　食フトク成ル吉／此相之犬ハ逸物也。條々秘事也。／ほたい聲之事／
一　つかれニハようつかれの鳥ようかいで立。／

一　はん鳥ハようはん鳥ようかいで立。／

一　ほう鳥ハようほう鳥ようかいで立。／

一　鷹飼ヲ呼聲ハよう鼻ついたと云。／

一　犬ノ膳クミヤウハ繪ニ委記也。春夏秋冬ニ」（五ウ）可レ替ル色、掌ニ膳ヲスヱハ飯ヲ箸ニテ三ケ一殘シ、／脇ノ器ニ入殘ル。三ケ二ヲ犬ニ飼、三ケ一殘シタ／ルヲ打飼成共、亦不レ入ハ、其儘成共、可レ置。／亦分ケタル飯ヲ犬ヒタルクフリ見江ハ、其場／ニテ可レ飼。土器ノ酢ハ吹テモ吹カテモ不レ若／口傳ヲ可レ聞條々秘事也。／右獫飼之秘書、正祢津松鷗軒常安四代」（六オ）之末裔、今是傳者也。於天下前後不審／不可有是唯受可爲一人也。／延寶二甲子年／依田源五／三月吉日／貞廣／孫三郎殿」（六ウ）

《三》『獫請取渡シ之ノ巻』

【獫渡ス人ハ、右ノ足ヲフミ出シ、左ノ手ニカ、ミ、縄ノ中ホトヲ一輪タカ子／縄末ヲ、一二ツニ折マケ右ノ手、内ニ入テ、手ヲアヲノケ渡スナリ。渡シヲハテ右ノ足引、左ノ足ヲフミ出、問答スヘシ。／請取者ハ、右ノ足ヲフミ出シ、右ノ手ニテ縄スヘノタカミヲ手ノ／内エ取リ、左ノ足ヲ亦フミ出シ、縄中ヲ取リ、犬ヲ我カ左ヘ／引返シ、左ノ引テ聞、答スヘシ。／〇下ノ渡シハ縄ヲ壱尺斗下ケ、可渡也。立外ハ前ニ同シ】

獫請取渡シ之巻／

一　犬御請取被成ませう渡しまするて／御座りませう。第一、手のむけよう、か、／み、なわの数、其外品々にて上下の心得／有之様に承候得共、手前左様之次第／も不存、不調法者ニ御座りまする／其儀ハ御免被成御請取被下ませう。／

一　請取者かゝみなりに不審うたばかゝみ／」（二オ）縄五たかねにする事、是則五常ヲ表ス／ル也。七たかねにする事、是則七曜ヲ表スル也。／九たかねにする事、是則九曜ヲ表スル也。／十二たかねにする事、是則十二月ヲ表スル也。／又薬師の十二神ヲ表スと云説も是有／と及承申候。／

一　なわの尺ハ、何と御心得候と請取人とわは、縄／四丈（(朱)九尋三尺）八尺にする事、弥陀ノ四十八願と表し」（二ウ）【○タ、ミ縄七ヒロ、一尺ニスル事、三拾六禽ヲ表ト云ハ、人ノ長五尺ト定ム。手ノ一ヒロ身ノ長サニ同シ、因茲一ヒロハ則五尺也。此五尺ノ数ヲ以テ五七三十五トナル。三十五ニ一尺入テ三拾六也。○同三ヒロ三尺ノ縄ハ弥陀ノ十八願也。如右三五ノ十五ニ三尺入テ十八ト成。】候。弐七ひろ一尺にする事、地の三拾六禽ヲ／表する也。亦、二ひろ八尺（五尋丈三尺）にする事、天の／廿八宿ヲ表すると承候。三ひろ三尺する事、／弥陀之十八願ヲ表ス也。／

一　請取者之方ゟ犬之名ヲ尋ハ、渡ス者、名／何と申。犬にて候と云へし。犬のかつかう／を少云て可渡と思ハゝ、犬の名ハ何犬也／惣形眼之見張□□□かう耳腰四足」（三丁オ）之付様、大形ニ御□□□する倦鶉ニ向テ／いり伏事、故ゟ申傳ル。犬にもおとらん／能犬にて秘蔵いたして御座りまする。／

一　縄を渡ス時、上て渡さは請取者方／より、御慇懃成躰、布迷惑揃まする／縄すへを御渡し被下ませうと云也。／

一　請取者ぶちハ何と御心得被下候と云バ、／渡者方ゟぶち二尺五寸ニする事、二十五」（三丁ウ）之菩薩ヲ表して候。節ヲ二十五節こむ／る時も同前也。二十五之菩薩ヲ表して／二十五節込テ候と云也。／

一　惣而請取人方ゟ、不審もうたんにめつ／たに物云事、大きに惣し不審を／うたば云へし。／

一　請取者方ゟ、ぶちのゆ来をとわは、渡ス／者方ゟ、ぶちと云□□□浄土之尺杖也」（四丁オ）いかなればえ尺杖を□□□と云はんへる／そやと申に、昔、安養之淨利にて天竺之／内ニ上天竺あり。彼所ニ山寺有。其山寺ノ／開山を藥王菩薩ノ開山也。しかる処ニ此／藥王菩薩ノ淨利ヨリ、天竺ヱ天降給フ／処ニ、其時、左ノ御手ニ鷹ヲ据られ、日輪／と号シ、犬をも連給ふ。此山寺の山号ヲハ／兄第山とは申也。然に彼犬を天竺ヱ越はへ」（四丁ウ）るに悪魔とらるへし。然間、淨利にてハ／此杖を持て、地神も賢牢ノ爲也。又、法界／を此杖にて釋する時ハ、五百ノ聲聞、四千／八百九十八疋ノひつめとも此杖にて釋す／れば隨□（とカ）承候。／

一　請取人日本ニテ犬之初ハと尋ル時、渡ス者、／犬之書物杯今之世ニ傳事、抑我朝ニ鷹／牡犬ヲ牽事、仁徳天皇之御時、八十六年」（五丁オ）又、御代ヲたもたせ給四十六年ニ當リし／年、白濟國より鷹を書と相添、耳先／赤キ犬を牽セ渡し奉ル。仁徳天皇之御代／之後ハ、鷹ヲ牡犬ヲ牽と云事、中比絶たり。／清和天皇御時、唐書有とゆへとも、讀開／人なし。其時、唐人、越前敦賀津ニ着ス。／名ヲ好仁米光ト云。文書盡シテ被渡候。しかる／処ニ、播磨國之住人、源政頼爲勅使獪秘傳」（五丁ウ）之文書取ニ被遣、極秘傳不殘相傳候と／承テ候。／

一　請取人唐ニテモ犬之由来モ御座候哉と／云時、犬ヲ牽始られし事、摩竭陀國之／聖界江南國ノ國王、鷹を好セ給フ事／有。太歳ハ壬寅十二月三日申ノ時、西淨國ト／云國ノ王、殿上上達部、鷹狩ニ出爲仕給／事有。賢仙ト云山之麓□□鷹ヲつかひ」（六丁オ）犬を牽初ル也。其野の名をバ大仙道ト／云野ニテ候と承候。／

一　請取人猿ニ鈴杯掛渡ス時、鈴之おこりも／御座候哉と問時、渡ス者犬ニ鈴を掛ルと云／事、安養浄利にて白鷹遠ク行はんへ／るに、ふせう山にハ、鈴十万八千余柄、木ノ名ヲ／ハ沙羅双樹とて四萬五千本生たり。其枝／毎ニ鈴を付給フ処ニ、白鷹余処より飛来。」（六丁ウ）此沙羅双樹之枝ニ登ンとしける処に、鈴、鷹／之羽ニ當り、から〱と鳴けれハ、何やらん／あたるハと大日如来有けれハ、諸ノ菩薩／達、出見給ヱハ、彼鷹、此木之枝ニ登りける／を見付給フ。切々尋ンよりハ、此鈴付へし／とて鷹にもさし、犬にも掛初しと承候。／右猿請取渡シ之巻大秘事也。聊他見」（七丁オ）有之間敷者也。／寶暦九己卯／
依田十郎左衛門／六月吉日／盛昌（花押）（朱正方印）／依田次右衛門殿」（七丁ウ）

《四》無題（巻子本）。依田盛敬氏蔵。縦一七・八センチ×横一〇四センチ。金泥で草花の下絵が施されている。彩色された膳部の横に犬の灸穴図が掲載。奥書に前掲『元禄二年猿印目録』と同じ伝授の系譜が見える。

【図①（膳部）】

◦春柳

◦夏真弓

◦秋柏葉

◦冬竹葉

す七分　かわらけにても　かわらけにても

壱尺弐寸なり　やなきかぬるてなり

【図②（犬の灸穴図）】

きやうきするニ吉三十一
こしをいたむニよし廿一
やせるニよし十一
はらくたすニ吉廿一
しやくりニ吉十一
あしをいたむニ吉五七
あしをいたむニよしはり壱分
はらをわつらふによし十一
しよひやうによし
なみたこほるゝに吉七
はなふさかるに吉七
あしをいたむニよし七
あしをいたむによし七
すくみたるニよし七
すくみたるニ吉七
ものくわぬニ吉二十一

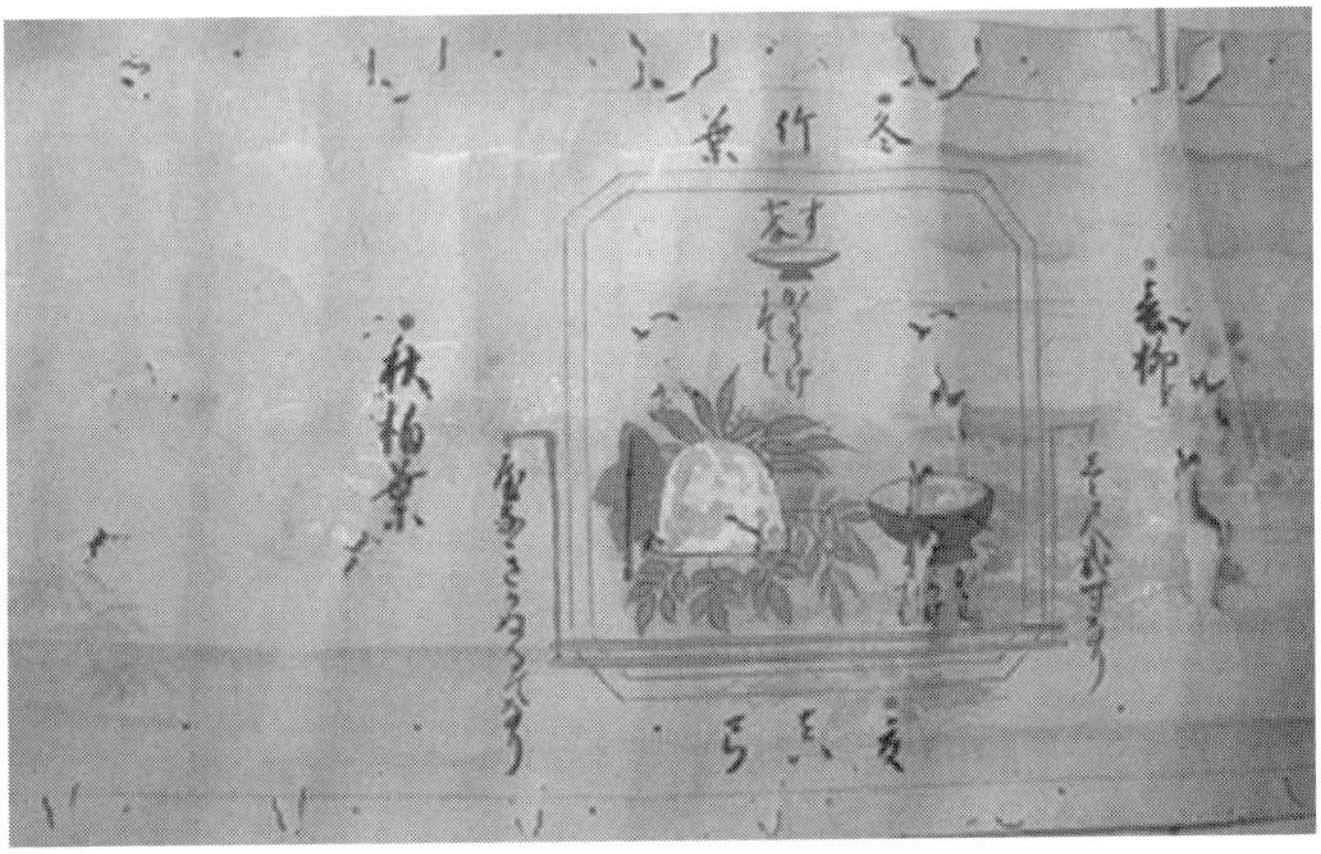

【図①（膳部）】

【図②（犬の灸穴図）】

のとなるニよし五

。祢津美濃守
　常安

依田十郎左衛門尉
　守廣

依田次郎左衛門尉
　貞清

依田源五
　貞廣（花押）（朱長方印）

元禄二己巳年

二月吉日

与田内殿

右掲の《一》『獱麋形繪圖』は、書名の文言に祢津流の記載はない。内題に『獱麋形繪圓』と見え、一四通りの場面ごとの獱のつなぎ方を図示したテキストである。同書の奥書によると、宝暦九年（一七五九）六月吉日に依田盛昌から「依田次右衛門（守眞）殿」に伝授されたものという。すでに前章までで述べたように、この盛昌は、享保一七年（一七三二）に加賀藩年寄の横山大和守（横山貴林）を介して第五代藩主の前田吉徳に仕え、加賀藩の鷹匠となった依田氏初代の人物である。※5 そして、「依田次右衛門（守眞）殿」は盛昌の子に当たる。同書は犬牽の作法を図解したもので、説話など物語伝承的な叙述が無い。そのため、当該テキストについては、本章では考察対象から外すことにする。

次に、《二》『祢津家獫之秘書』は、奥書によると、祢津松鶴軒常安から四代の末裔に伝来した「獫飼之秘書」であるという。同じく当該書の奥書には、延宝二年の年紀と依田源五貞廣から「孫三郎殿」に伝授したという文言が見える。ちなみに、依田氏が祢津家の鷹術に従事したのは、貞廣の四代前の父祖である依田守廣がこの祢津松鶴軒の娘婿になり、同家の鷹術を伝授されて以来とする。[※6]ところで、同書の一丁表右肩には「犬牽印可巻物ニ書調可遣写本也」という文言が見え、犬牽への印可には写本を遣わすことが記されている。「写本」とは当該の伝書を指すものであろうか。前節に挙げた当家の印可状と併せて当該書が伝授されていた可能性が予想されよう。その内容は全部で三四条の項目が掲載されていて、冒頭第一条に鷹と獫（＝鷹犬）の伝来説話が掲げられ、それに続く条項では獫に遣う鞭や縄などの道具に関する説明が記述されている。

次に、《三》『獫請取渡シ之ノ巻』もまた、《一》『獫糜形繪圖』と同様に書名の文言に祢津流の記載がない。内題に『獫請取渡シ之ノ巻』と見え、その外題と思われる剥離した貼題簽（縦一六・七チセン×横三・五チセン）が別にある。この内題が示す通り、当該テキストは、獫の受け取り渡しに関する知識や説話が記載された内容となっている。同書の奥書によると、《一》『獫糜形繪圖』と同じく、宝暦九年六月吉日に依田盛昌から「依田次右衛門（守眞）殿」に伝授したものとされる。

最後に、《四》無題（巻子本）は、鷹術にまつわる作法を記した絵巻状の鷹書である。まずは神饌と思われる膳部の図とその注書きが見え、続いて犬の病気に有効な灸のツボを図示し、それぞれの灸穴を説明している文言が見える。奥書に見える伝授の系譜は「はじめに」で触れた『元禄二年獫印目録』のそれとまったく同じである。

同書も膳部に関する礼法や犬の医療についての知識などの実用的な知識が記載されてのみで、物語伝承的な叙述はない。そのため、当該テキストについては、本章では考察対象から外すことにする。

以上のテキストに見えるような鷹犬の知識は、鷹書においても散見する。先述のように、犬牽は鷹狩りの一環とされる技芸だからである。なかでも、鷹・犬の伝来や道具にまつわる由来などを説く説話は異伝も含めて類話が多い。そこで、次に、右掲の《二》《三》に見える鷹・犬の伝来や道具にまつわる由来の叙述部分について取り上げ、鷹書に見える類話との比較を通してその特徴を検討する。

二　鷹犬伝来説話の比較

まず、前掲《二》『祢津家獫之秘書』には、第一条に鷹と「獫（＝犬）」の伝来に関する叙述が見える。すなわち、日本に鷹が伝来したとき、犬もともに渡ってきた。一番目に渡来したのは仁徳天皇の時代で、鷹の名前は「しゆんわう」と言い、犬は白犬で耳先が赤い「わうけん」という名前の雌犬であるという。その縄は五尋（約九メートル）で五躰を表す。二番目に渡来したのは清和天皇の時代で、鷹の名前は「からくつわ」と言い、犬は「せいけん」という名前の赤斑の雄犬である。縄は二尋八尺（約六メートル）で、これは「天之二十八宿」を表す。三番目に渡来したのは一条院の時代で、鷹の名前は「からまく」と言い、犬は黒斑の「てうけん」という名前の雄犬である。縄は三尋六寸（約五メートル）で、これは「地之三十六禽」を表す。

このように、鷹に伴って伝来した犬について、その名前まで具体的に明記している説話は珍しい。多くの鷹書に見られる鷹の伝来説話では、犬飼の名前が記されることはあっても、犬の名前が伝えられる事例はあまり見られない。また、「鷹」と「犬」が三度本朝に伝来するというモチーフも珍しい。鷹書において多く見られるのは、一度もしくは二度、「鷹」のみが伝来するというモチーフである。[※7]

ところが、依田氏伝来の鷹書群には、このような『祢津家獊之秘書』の叙述と脈絡を通じているような類話を載せるテキストがいくつか含まれている。すなわち、本書「付・依田氏所蔵鷹書書誌一覧」の①に含まれる35『野出児文　外物』の第五四条～第五八条には以下のような叙述が見える。

一　伯西國ヨリ一番ニ日本へ渡鷹名、シユンワウト云。犬ノ名ハ、ワウケント云。二番メニ渡鷹名、カラクツワト云。犬ノ名ヲハ、セイケント云。三番メニ渡鷹名、カラマクト云。犬ノ名ヲ、テウケント云。カラヨリ三度、鷹渡、イツレモ越前ノツルカノ津へ渡ルナリ。

一　一番ニ渡ル、シユンワウヲハ、鷹タネニ出羽ノハグロ山へハナル。二番ニ渡ル、カラクツワヲ富士山へハナル。三ハンニ渡ル、カラマクヲ熊野山ナチへハナル。

一　鷹日本へ渡ルハ、仁徳ノ御代、清和御代、一條院御代、已上三度、伯西國ヨリ渡ルナリ。

一　三度渡ル。鷹飼ノ名コウヂン、シユクワウ、シウマン三人渡ル。

一　シユンワウニソイタル犬、ワウケンハ、シロイヌ。耳ノ赤女犬ナリ。カラクツリニソフ犬、セイケント云、赤フチノ男犬ナリ。カラマクニソウ犬、テウケント云、クロブチノ男犬ナリ。口傳

同書の奥書によると、当該書は寛永元年（一六二四）二月一日に依田守廣から同斎之助（貞清すなわち守廣の孫のこと）[※8]に相伝されたものという。これに対して、先に挙げた『祢津家獊之秘書』は、その奥書によると、宝暦九年

六月吉日に貞清から三代目に当たる当主の盛昌から守眞に宛てて伝授したテキストであることはすでに述べた通りである。右掲の『野出児文　外物』に見える記述には、仁徳天皇時代、清和天皇時代、一条院時代にそれぞれ「伯西國（百済国）」から渡来した鷹・犬・鷹飼の名前および各時代に渡来した鷹を放った場所と渡来した犬たちのそれぞれの種類が見える。

このように鷹が犬を伴って本朝に「三回」渡来した由を叙述する鷹書は、依田氏伝来の他の鷹書においても確認できる。すなわち、本書「付・依田氏所蔵鷹書書誌一覧」の②に含まれる20『鷹序之巻　乾一』第六条～第八条には、すでに第二編第二章で本文を掲出したように、仁徳天皇時代、清和天皇時代、一条院時代に渡来した鷹・鷹匠の名前と、各時代に渡来した鷹を放った場所と各時代に渡来した犬たちの種類と縄の長さについて記されている。ちなみに、右掲書は、その奥書によると、宝暦九年六月吉日に依田盛昌から「依田次右衛門（守眞）」に宛てたものとされる。[※9]

以上の『祢津家獱之秘書』第一条、『野出児文　外物』第五四条～第五八条、『鷹序之巻　乾一』第六条～第八条の内容に関するモチーフごとの異同を表にすると以下の通りである。

①【伝来した鷹の名前】

	仁徳天皇時代	清和天皇時代	一條院時代
祢津家獱之秘書	しゆんわう	からくつわ	からまく
野出児文　外物	シユンワウ	カラクツワ	カラマク

鷹序之巻 乾一	俊鷹	韓巻	唐轡

②【伝来した犬の名前】

	仁徳天皇時代	清和天皇時代	一條院時代
祢津家獱之秘書	わうけん	せいけん	てうけん
野出咒文　外物	ワウケン	セイケン	テウケン
鷹序之巻 乾一	記載無し	記載無し	記載無し

③【伝来した犬の種類】

	仁徳天皇時代	清和天皇時代	一條院時代
祢津家獱之秘書	白犬之耳先赤キ女犬	赤斑の男いぬ	黒ふちの男いぬ
野出咒文　外物	シロイヌ。耳ノ赤女犬	赤フチノ男犬	クロブチノ男犬
鷹序之巻 乾一	耳之先赤女犬	白犬・男犬	赤駮之男犬

④【犬の縄の長さ】

	仁徳天皇時代	清和天皇時代	一條院時代
祢津家獱之秘書	五尋	二尋八尺	三尋六寸

野出咒文　外物	記載無し	記載無し	記載無し
鷹序之巻 乾一	九尋三尺	六尋二尺	三尋一尺

⑤【鷹匠の名前】

	仁徳天皇時代	清和天皇時代	一條院時代
祢津家獊之秘書	記載無し	記載無し	記載無し
野出咒文　外物	コウヂン	シユクワウ	シウマン
鷹序之巻 乾一	記載無し	好仁米光	小滿

⑥【鷹を放った場所】

	仁徳天皇時代	清和天皇時代	一條院時代
祢津家獊之秘書	記載無し	記載無し	記載無し
野出咒文　外物	出羽ノハグロ山	冨士山	熊野山ナチ
鷹序之巻 乾一	記載無し	出羽國羽黒山	紀伊之國熊野山

このように、三書に見えるモチーフは、すべてが完全に一致しているわけではないものの、多くの内容が重なっている。特に犬に関するモチーフのうち、②③については、『祢津家獊之秘書』の叙述と『野出咒文　外物』のそれはほぼ一致している。両書の具体的な影響関係は不明であるが、同じ依田氏伝来のテキストであるこ

とから、何らかの関連性のあったことが予想されよう。なお、『野出児文　外物』は、同書の書誌によると、扉に「祢津家外物拾巻之内」と記載されている。扉に同様の記載のあるテキストは依田氏伝来の他の鷹書にも複数みられる。

いずれにしろ、『祢津家獩之秘書』に見える鷹犬伝来説話が、依田氏伝来の鷹書の類話と符合する内容であることは確認できた。しかもその叙述は、管見において他流派の鷹書はもとより、依田氏以外に伝来した祢津流の鷹書では確認できない[※10]独自の内容といえるものである。このことから、当家伝来の犬牽の伝書と鷹書との密接な関わりが予想されよう。

三　犬牽由来譚の比較

次に、前掲《三》『獩請取渡シ之ノ巻』に記載されている由来譚の叙述部分について検討する。同書においては、第八条〜第一一条が犬牽にまつわる由来譚的な叙述に該当する。当該部分は文意に乱れがある上、虫損等で判読しがたい文字もあり、内容の把握が困難ではあるが、各条の要旨はおおむね以下の通りである。いずれも請取人（犬牽の術を伝授される人）と渡す者（犬牽の術を伝授する人）との問答形式のような体裁となっている。

①第八条＝請取人が鞭（ぶち）の由来について問うと、渡す者が以下のように回答した。昔、安養浄土にて天竺の内に上天竺があり、そこに山寺があった。その山寺の開山は薬王菩薩で、その薬王菩薩の浄土から天竺に降臨する際に左の御手に鷹を据え、それを「日輪」と称したという。さらに、犬も連れていた。この山寺の山号

は「兄第山」という。然るに、天竺を越える際にかの犬を悪魔にとられた。そのため、浄土や法界ではこの杖を以て講釈するようになったという。

②第九条＝請取人が日本における犬牽の由来について問うと、渡す者が以下のように回答した。犬の書物（犬牽の伝書）が今の世に伝来したのと、我が朝で鷹と牡犬を牽くようになったのは、仁徳天皇の時代の八十六年の時のことである。百済国より鷹と書を添え、耳先の赤い犬を牽いて渡し奉ったという。仁徳天皇時代以後、中ころは、鷹と牡犬を牽くことが中絶した。清和天皇の時代に唐書があると雖も、読み開く人がいなかった。そのとき、唐人が越前国敦賀津に到着した。名前を好仁米光という。当該人物が文書を渡すのに、播磨の国の住人である源政頼が勅使として獊の秘伝の文書を取りに遣わされ、極秘に残らず相伝されたという。

③第一〇条＝請取人が唐にも犬牽の由来があるかと問うと、犬牽のはじまりは、「摩竭陀國之聖界江南國ノ國王」が鷹を好んでいたことによるという。また、「太歳ハ壬寅十二月三日申ノ時」に「西淨國ト云國ノ主」が殿上人や上達部たちと鷹狩をした。賢仙という山の麓で鷹を遣い、犬を牽きはじめたという。大仙道という野での狩りとされている。

④第一一条＝請取人が犬に鈴を掛けることの由来について問うと、渡す者が以下のように回答した。犬に鈴を掛けるということは、安養浄土で白鷹が遠くへ行ったときの逸話に由来する。安養浄土にある「ふせう山」には鈴が「十万八千余柄」あり、また、沙羅双樹という名前の木が「四萬五千本」生えている。その枝ごとに鈴を付け、そこに、白鷹が余所より飛来してこの沙羅双樹の枝に登ろうとした。その時、鈴が鷹の羽にあたってからからと鳴った。大日如来が何の音かと疑問に思ったところ、諸菩薩達が、かの鷹がこの木の枝に登っている

のを見つけた。これを由来として鷹に鈴を指し、犬にも掛けはじめることになったという。

以上の①〜④の由来譚をすべて記載しているテキストが、やはり依田氏伝来の鷹書において以下の三冊確認できる。

（ア）前節で言及した『鷹序之巻 乾一』第二条〜第五条（つまり、前節で取り上げた第六条〜第八条の直前）。

（イ）本書の「付・依田氏所蔵鷹書書誌一覧」の①に含まれる（17）『鷹序巻』第二条〜第五条。

（ウ）本書の「付・依田氏所蔵鷹書書誌一覧」の①に含まれる（33）『鷹序巻　一』第二条〜第五条。

上記のうち、（イ）と（ウ）は同じテキストの写本である。これらの奥書によると、天正一六年（一五八八）二月一日に「祢津松鷂軒常安」から「依田十郎左衛門（守廣）」に宛てて伝授されたものという。[※11] この文言に従えば、奥書に宝暦九年の年紀が見える前掲の『鷹序之巻 乾一』よりも、（イ）と（ウ）は約一七〇年前のテキストということになる。本節では、『獫請取渡シ之ノ巻』と同じ奥書の文言を持つ『鷹序之巻 乾一』の本文で当該部分の概要を確認しながら、『獫請取渡シ之ノ巻』の叙述内容との比較を試みる。まず、『鷹序之巻 乾一』第二条では、鷹を遣い始めた由来として「摩阿陀國之聖界、江南國之國主」が鷹を好んだことや「西浄國ト云國之主」が「賢仙ト云山之麓」すなわち「其野之名ヲハ、大千道ト云」場所で鷹狩をした由を叙述している。なお、『鷹序之巻 乾一』における「西浄國ト云國之主」の鷹狩の逸話は、「萬病時氣」という鷹の病を治す薬師・夫人の活躍が主題となっている。このような同条の叙述は、前掲の『獫請取渡シ之ノ巻』第一〇条の類話に対応する。このような両書の類話の主な異同としては、『獫請取渡シ之ノ巻』第一〇条が記載していない「萬病時氣」のくだりを『鷹序之巻 乾一』第二条は詳しく叙述していること、さらに『獫請取渡シ之ノ巻』第一〇条では当該話を「犬ヲ牽始られし事」すなわち犬牽の由来譚として説き起こしているのに対して、『鷹序之巻 乾一』第二条は鷹の由来譚を主題として描いている点などが挙げられる。

同じく『鷹序之巻 乾一』第三条は、鷹の伝来説話を叙述している。ただし、前々節で取り上げた『祢津家獩之秘書』第一条に見える鷹の伝来説話とは異なり、こちらの叙述では、伝来したのは仁徳天皇の時代と清和天皇の時代の二回のみとなっている。そのうちの清和天皇の時代に渡来した唐人から「播磨國之住人、源政頼」に鷹の文書が伝授され、さらにはそれが信濃国祢津家に伝えられたと叙述されている。このような当該項目の内容は、前掲の『獩請取渡シ之ノ巻』第九条の類話に対応する。両書のモチーフを比較すると、たとえば、両話ともに唐人の名前を「好仁米光」と称し、源政頼を播磨国の住人と伝えている点など、部分的に一致する叙述が見られる。しかし、『獩請取渡シ之ノ巻』第九条は、当該話を日本における犬牽の由来として説き起こしているのに対して、『鷹序之巻 乾一』第三条は、やはり一貫して鷹の由来譚となっているという相違点がある。そもそも、『鷹序之巻 乾一』第三条に見える類話の方が叙述量が多く、詳しい内容となっていて、筋立てにも整合性がある。ちなみに、『獩請取渡シ之ノ巻』第九条で「白濟國」より鷹とともに渡来したのが「耳先赤キ犬」とされているのは、むしろ『祢津家獩之秘書』第一条の叙述と一致する。

次に、『鷹序之巻 乾一』第四条は鞭の由来について叙述している。すなわち、それはもともと安養浄土の錫杖であるという。その昔、安養浄土における天竺の内に薬王菩薩が開山した山寺があった。この薬王菩薩が天竺に天降るとき「白鷹之第（弟カ）兄ヲ左右之御手ニ据、乙ヲハ右之御手ニ月輪ト号シ、兄ヲハ左之御手ニ日輪ト号シ」たために、この山寺の山号を「兄弟山」と称したという。それにも関わらず、かの白鷹（未詳）が天竺を通る際に悪魔にとられてしまう。そこで、この浄土では、この杖を以て諸仏神を従えたという。このような本項目の叙述は、右掲の『獫請取渡シ之ノ巻』第八条の類話に対応する。両書の類話を比較すると、ほぼ一致する内容が叙述されている。しかし、『獫請取渡シ之ノ巻』第八条では、薬王菩薩が天竺に天降るとき「左ノ御手ニ鷹ヲ据られ、日輪と号シ、犬をも連給ふ」と叙述し、『鷹序之巻 乾一』第四条の該当叙述とは異なって犬に言及する文言が見られる。

最後に、『鷹序之巻 乾一』第五条は、鈴を指すことの由来について述べている。すなわち、安養浄土の「フセウ山」には鈴が「十萬八千余柄」あるという。また、沙羅双樹の木は「四萬五千本」生えている。その枝ごとに鈴をつけておいたところ、白鷹が余所から飛来して沙羅双樹の枝に登ろうとして、鈴が羽に当たり、カラカラと音を立てた。何が鈴に当たったのか大日如来が不思議に思い、諸菩薩が見に行くと、白鷹かこの木の枝に登っていたため音が鳴っているのが見つかった。この鈴を一柄つけるべき由を言って、この白鷹に付けたという。さらに続けて、鷹や鷹匠にまつわる仏教の教義に関連した文言が記載されている。このような同条の叙述は、右掲の『獫請取渡シ之ノ巻』第一一条の類話に対応する。両書の叙述を比較すると、安養浄土における逸話部分はほぼ一致するが、『獫請取渡シ之ノ巻』第一一条には、『鷹序之巻 乾一』第五条の末尾に付されている仏教教義の文言が見えない。さらに、『獫請取渡シ之ノ巻』第一一条が、該当話を犬の鈴の由来譚としているのに対して、『鷹序之巻 乾一』第五条は、鷹に鈴を指す由緒を説くという相違点がある。

以上に挙げた『鷹序之巻 乾一』第二条～第五条に見える叙述は、依田氏伝来の他の鷹書にも部分的に散見する。たとえば、『鷹序之巻 乾一』第二条・第三条については、本書「付・依田氏所蔵鷹書書誌一覧」の①に分類される19『架圖巻 三』・36『架圖巻 三』（両書は同じテキストの写本）第六五条・六六条において、ほぼ同文が確認できる。その他、『鷹序之巻 乾一』第四条・第五条については、本書「付・依田氏所蔵鷹書書誌一覧」の①に分類される14『鞭鈴序巻』・45『鞭鈴序巻 一』（両書は同じテキストの写本）第一条・第二条にほぼ一致する叙述が確認できる。なお、19『架圖巻 三』・36『架圖巻 三』と14『鞭鈴序巻』・45『鞭鈴序巻 一』には、同じ天正一六年二月一日に「祢津松鷂軒常安」から「依田十郎左衛門（守廣）」に宛てたものであることを伝える奥書が見え、※12さらには19『架圖巻 三』及び14『鞭鈴序巻』・45『鞭鈴序巻 一』の扉には「祢津家たか文巻類之内」という文言が記載されている。※13

以上のように、依田氏に伝来した『獫請取渡シ之ノ巻』に見える説話は、いずれも当家伝来の鷹書に記載されている類話を簡略化し、犬牽と関わらせる叙述を付加して作り替えた内容となっている。依田氏伝来の犬牽の伝書は、当家伝来の〝祢津家の鷹書〟の影響下において成立した可能性が高いと想定されるものである。

四　依田氏の祢津家伝承

ところで、依田盛敬氏が所蔵している当家伝来の文書類の中には、氏祖である源満快から盛昌の子・守眞までの系譜を伝える『依田家景圖』が含まれている。同系図は、『依田記』に登場する依田信蕃の名前も見える他、守廣が祢津松鷂軒の娘婿になった由や盛昌が加賀藩に仕えた経緯などの注記も確認できる。文字通り、いわゆる「依田一族」の系譜が掲載されているのである。※14そのような『依田家景圖』を所蔵している一方で、同家は、本書「付・依田氏所蔵鷹書書誌一覧」の①に分類される20『祢津家景圖　十』と称する冊子状の「祢津家」の家譜も相伝している。同書の奥書によると、この系図は、当家伝来のほかのいくつかの伝書類と同じく天正一六年二月一日に祢津松鶴軒から守廣に伝授されたものという。以下にその全文を掲出する。

○清和天皇　神武天王以来、人皇五十六代水尾帝、諱惟仁。文得天皇第二御子、御母閑院太政大臣藤原良房。忠仁公御娘大皇大后宮。藤原染殿云々。仁壽二年御誕生。治世十八年。元慶四年二月四日崩御云々。

- 陽成天皇　御母贈太政大臣。藤原。諱貞明。長良卿御娘皇大后宮。藤原号父。二条后貞観十年。御誕生。
  - 元良親王　三品兵部卿。
  - 元平親王　一品弾正尹。式部卿母大納言源仲□□□。
  - 元長親王
  - 清蔭　大納言。母和子。始賜源姓云々。
- 貞保親王　南院宮一品式部卿。御母二条后也。延喜二年四月十三日崩御。
- 貞固親王
- 貞平親王

貞元親王　雲林院。治部卿御母。治部卿。仲統母。兼母。基經継宮公娘。

貞純親王　六孫王正四位。經基始賜源姓云々。

貞展親王

貞数親王　都(ママ)母中納言在原行平女。四条后云々。

選子内親王　仁明天皇第五御子。元康親王妻也。住所摂津国難波也。

月(ママ)宮　菊宮ト申也。母嵯峨天皇。第四御子。恒康親王娘也。正三位下。信濃守国司。

善淵王　始賜滋野姓平(ママ)。母大納言源昇卿。母母(ママ)関白。太政大臣。藤原

滋氏　院判宮大夫

爲廣　従三位三康(ママ)大夫賜左大臣

敦重　蔵人大夫 — 爲重　又三郎 — 僧元　美濃守 — 盛弘　信濃守 — 久盛　民部丞

盛君　葦田七郎 — 朝盛　越前守 — 長隆　五郎左衛門

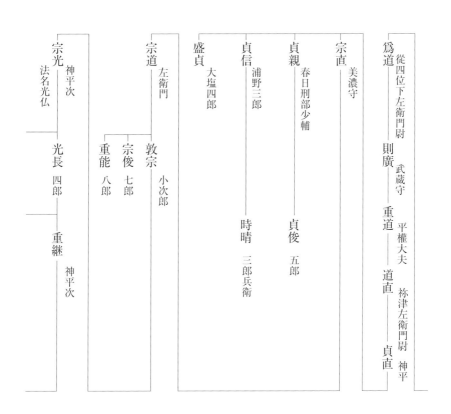

為道　従四位下左衛門尉
則廣　武蔵守
重道　平権大夫
道直　祢津左衛門尉　神平
貞直

宗直　美濃守

貞親　春日刑部少輔
貞俊　五郎

貞信　浦野三郎
時晴　三郎兵衛

盛貞　大塩四郎

宗道　左衛門
敦宗　小次郎
宗俊　七郎
重能　八郎

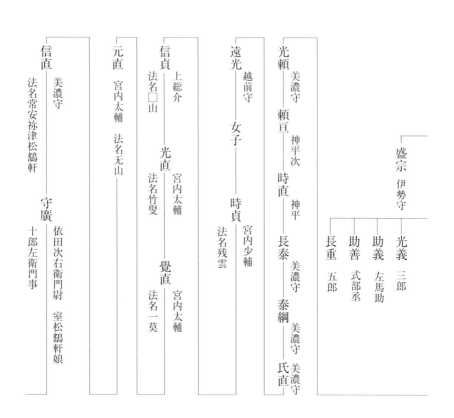

宗光　神平次　法名光仏
光長　四郎
重継　神平次

盛宗　伊勢守

- 光義　三郎
- 助義　左馬助
- 助善　式部丞
- 長重　五郎

光頼　美濃守 — 頼亘　神平次 — 時直　神平 — 長泰　美濃守 — 泰綱　美濃守 — 氏直　美濃守

遠光　越前守 — 女子 — 時貞　宮内少輔　法名残雲

信貞　上総介　法名□山 — 光直　宮内太輔　法名竹叟 — 覺直　宮内太輔　法名一莫

元直　宮内太輔　法名无山

信直　美濃守　法名常安祢津松鷂軒 — 守廣　依田次右衛門尉　室松鷂軒娘　十郎左衛門事

- 貞守　依田次郎左衛門　法名了返
  - 仍守　依田権六　法名智昌
  - 貞廣　依田源五
    - 貞（清カ）　依田六郎右衛門
- 重之　鹿野五郎兵衛　室依田権六娘
  - 盛昌　依田十郎左衛門　法名淨果
- 守眞　依田次右衛門

右掲の記事は、『祢津家景圖　十』の書名が示す通り、清和天皇を氏祖とする祢津氏の系図となっている。ただし、続群書類従第七輯上所収の『信州滋野氏三家系図』[※15]や『系図纂要』第一三冊「滋野朝臣姓　真田」[※16]などに見られる一般によく知られた祢津氏の系図とは随所に異同がある。その中で、最も大きな異同として注目したいのは、『祢津家景圖　十』のみ、松鶴軒信直（常安）の次代から依田氏の系譜が記されている点である。

繰り返しになるが、『祢津家景圖　十』は、奥書によると天正一六年二月一日に松鶴軒常安が守廣に伝授したとされるものである。しかし、右の系図には守廣の七代末裔である守眞までが記載されているので、実際に当該書が書写されたのは、少なくともその時期以降に下るものであろう。それは、依田氏が加賀藩に仕えた後に相当する。ところで、先に述べたように、依田氏が加賀藩の鷹匠に抜擢されたのは「祢津鷹方家筋之者、御用ニ御座候」（『宝暦四年四月　先祖由緒一類附　依田次右衛門』）によるものであった。依田氏が加賀藩に仕官できた所以は、同氏が祢津家の鷹術に従事していた一族とされていたからである。当家に大量に伝来している「祢津家の鷹書」の存在は、祢津流の鷹匠であることを担保するものとして、当家が加賀藩に仕官するとき有利に働いたことが想像されよう。[※17]それを踏まえると、加賀藩士となった依田氏が『祢津家景圖　十』を所蔵していたのは、仕官のきっかけとなった祢津家との所縁を積極的に主張するテキストとして有用であった可能性が予想される。それと同様に、前節までにおいて検討してきた依田氏伝来の犬牽の伝書もまた、祢津流の鷹書と連動するテキストであると同時に、依田氏独自の「祢津家伝承」を標榜する媒体であったことが類推されよう。

おわりに

以上において、加賀藩の鷹匠を世襲した依田氏の関わる「祢津家の犬牽」の実相について検討してきた。実際に依田氏が犬牽の術に従事していたかどうかについては、現段階においては不明である。しかしながら、同氏は祢津流の犬牽の印可状を伝授し、その伝書を相伝していた。そのテキスト類は、同じく依田氏伝来の「祢津家の鷹書」の叙述を簡略化して犬牽に関する文言を付したような内容となっている。このことから、それらのテキストは、祢津流の鷹書の影響下において成立したことが予想されるものである。

ところで、すでにくり返し述べたように、依田氏が加賀藩に仕官できたのは、同氏が「祢津家の鷹匠」とされていたことによる。そのため、依田氏は、当家が祢津家を継承した一族であることを示す『祢津家景圖　十』を所蔵するなど、独自の祢津家伝承を主張していたことが想定される。依田氏伝来の犬牽の伝書もまた、このような同氏による祢津家伝承の一媒体であった可能性が予想されよう。鷹術であれ犬牽であれ、依田氏にとっては、「祢津家」の技芸に従事していることが重要な意味を持っていたものであろう。

注

※1　当該文書の全文は、本書第二編第二章参照。

※2　その他、依田氏が伝授した類似の犬牽の印可状として、個人蔵『唯授一人犬飼伝書』（「武術の古文書」http://bujutsu.jp/a15.html 掲載）がある。

※3　本書第二編第三章の注※14に全文掲載。参照されたい。

※4　本書第二編第一章及び第二章参照。

※5　注※4に同じ。

※6　注※4に同じ。

※7　拙著『中世鷹書の文化伝承』第一編「公家の鷹書」第二章「政頼流の鷹術伝承―『政頼流鷹方事』をめぐって―」、第二編「東国の鷹書」第一章「諏訪流のテキストと四仏信仰」・第三章「諏訪流の鷹術伝承（二）―「せいらい」の展開と享受―」・第四章「宇都宮流の鷹書―『宇都宮社頭納鷹文抜書秘伝』をめぐって―」（三弥井書店、二〇一一年二月）参照。

※8　本書「付・依田氏所蔵鷹書書誌一覧」参照。

※9　本書第二編第二章参照。

※10　宮内庁書陵部蔵『根津志摩守ト有之鷹書』（函号一六三―九六八）及び宮内庁書陵部蔵『屋代越中守鷹書』（函号一六三―一〇三五）、禰津喜隆氏所蔵の鷹書にも見えない。

※11　本書第二編第二章参照。
※12　注※8に同じ。
※13　注※8に同じ。
※14　本書第二編第一章参照。
※15　『続群書類従　第七輯上』（続群書類従完成会、一九二八年三月）所収。
※16　『系図纂要　第一三冊』（宝月圭吾・岩沢愿彦監修、平文社、一九七四年六月）所収。
※17　本書第二編第二章参照。

第二章　祢津流の鷹書と依田氏の鷹術伝承

―交錯する鷹術の故実伝承―

はじめに

以上において、祢津流の鷹術について、関連文書に見える物語伝承を手掛かりにして、その成立と伝播の実相を検討してきた。当該流派は、かつて諏訪信仰との関係を誤認されてきたものである。しかし、実情においてそのような痕跡が確認できないことは、祢津流宗家の「祢津氏の鷹書」と、祢津流の鷹匠を称する「依田氏の鷹書」を考察すると、明白である。「祢津氏の鷹書」も「依田氏の鷹書」も同様に諏訪信仰とは無関係であった。一方、諏訪信仰の問題とは別に、両書に見える鷹術伝承には異同が見られることもすでに指摘した。[※1]同じ祢津流の鷹匠でも、宗家の祢津氏と分家の依田氏とでは、それぞれ異なる実態を有していたことが予想される。それは、たとえば、宮内庁書陵部蔵『鷹薬方』（函号一六三―一三五二）の巻末に見える以下のような記述からも窺われる。[※2]

　　鷹術達人

　政頼流

祢津氏
野間氏
依田氏
江崎氏
山本氏
渡部氏
萑部氏
吉田氏
志村筑後守
小笠原入道
小開氏

右之先生之極秘相傳之薬也。薬方ニ有之御間、必々他見有之間敷者也。

天明七丁未年
永井勝助

右によると、政頼流の鷹術の達人として、「祢津氏」と並んで「依田氏」の名前が挙げられている。この「政頼流」とは、源政頼（斉頼）から伝わるとされる鷹術の流派と思われ、その流派の鷹匠として祢津氏を挙げる右の記述は、第一編第二章で挙げた『柳庵雑筆』の記事内容と一致する。また、同書の奥書部分には、天明七年

（一七八七）の年紀が見えることから、依田氏が加賀藩に仕えてから約五〇年しか経過していない時期に著されたテキストであることがわかる。これまでも何度も述べてきたが、依田氏が加賀藩に抜擢されたのは「祢津流の鷹匠」と言う理由による。[※3]そのような経緯で依田氏が加賀藩に仕官したのとほぼ同時期に、彼らが「政頼流の鷹匠」として祢津氏と別個の氏族と見なされていた情報が存在するのは興味深い。当時、「祢津流の鷹匠」としての依田氏とは乖離した認識が一方で存在していた可能性が予想されよう。そして、このような依田氏にまつわる鷹術について、その伝承上の揺れを明らかにすることは、中近世期に流布した祢津流の鷹術の展開をたどる有用な手掛かりと言えるものである。

そこで、本章では、依田氏伝来の祢津流の鷹書群の中から代表的なテキストとされるものを取り上げ、その記載内容を分析する。次に、その成果を手掛かりとして、当時の祢津流の鷹術に関する伝播の様相と、そのような流派の伝播に伴って展開した放鷹文化の実相を明らかにする考察を試みたい。

一　祢津流の『白鷹記』

近世期に流布した祢津流の鷹書のうち、本章が注目するのは、外題に『白鷹記』を称するテキストである。当該書物は二条良基の著作と伝えられる鷹書ではあるものの、その真偽は不明で、成立に関する実態についてはほぼ未詳である。[※4]しかしながら、同書は、異本も含めた伝本が中世後期〜近世期において大量に伝播し、広く享受されたテキストであった。たとえば、文亀三年（一五〇三）に持明院基春が著したとされる『鷹経弁疑論』[※5]に「又云。先雪白ト申ハ。永和ノ頃二条関白良基公ノ白鷹ノ記ニ委ク見タリ。其語云。…（以下略）」とあり、「雪白」という鷹詞を説明する事例として同書の本文が引用され、当時よく知られた鷹書であったことが確認できる。『白鷹記』は、中世後期以降に流布した鷹書類の代表的なもののひとつといえよう。このような鷹書が祢津流のテキストとして扱われていたことに注目したい。

ところで、三保忠夫は、膨大な量が現存する『白鷹記』の伝本について、宮内庁書陵部に所蔵されているものを中心にその一部を紹介している。[※6]それによると、祢津家と関係なく伝来したとされる『白鷹記』のテキストは、『鷹百首』『鷹詞連歌』『嵯峨野物語』などの二条良基の作と伝えられる鷹書と合写されているものが多く、本文は有注のものと無注のものとがある。一方、「祢津家（流）」のテキストとされる『白鷹記』については、管見において調査したところ、いずれも奥書に見える伝授の系統（＝伝系）に「祢津松鷂軒」もしくは「依田守廣」の名前が見える（あるいは両名の名前が見える）伝本のみが確認された。その伝系の種類を分別すると、次の（一）〜（三）のようになる。

（一）伝系に祢津松鷂軒と依田守廣の名前が見えるテキスト。

（二）伝系に依田守廣の名前は見えるが祢津松鷂軒の名前は見えないテキスト。

（三）伝系に祢津松鷂軒の名前は見えるが依田守廣（および依田氏の名前）が見えないテキスト。

（一）は、依田守廣の直系の子孫にあたる依田盛敬氏が所蔵している『白鷹記』がこれに該当する。奥書にこの伝系を伝える『白鷹記』の伝本は、管見において当家所蔵のテキストのみである。一方、（二）のような伝系を奥書に記す『白鷹記』の伝本は多数現存している。[※7]たとえば、島根県立図書館蔵『祢津家鷹書　十四之内』第七冊『白鷹記』（787／21／7）の奥書に「右信濃国祢津之家鷹経一部書物之／内也／元和二年　依田十郎左衛門／五月七日　守廣判／越前／宰相様」と見えるものなどがこれに該当する（「越前宰相」とは二代目福井藩主の松平忠直のこと）。さらに、（三）のような伝系を奥書に記す『白鷹記』の伝本は、管見において宮内庁書陵部蔵『屋代越中守鷹書』（函号一六三―一〇三五）の第二章に相当する『白鷹記』のみである。同書は、本書第二編第二章ですでに述べたように、その奥書に「従祢津松鷗軒傳也／慶長九年　屋代越中守／九月吉日／秀政（花押）／諏方因幡守殿」と見える。なお、「屋代越中守」とは、第一編第二章で取り上げた『柳庵雑筆』第一巻において「松鷗軒の弟子」の一人に挙げられている人物である。[※8] また、（一）（二）のテキストは、いずれも前半に二条良基作とされる『白鷹記』の有注本文を掲載し、後半に鷹の尾羽や薬などに関する鷹術関連の知識を一つ書き形式で列挙する内容となっていて、テキストの構成が類似している。ちなみに、（三）は全七章から構成されている『屋代越中守鷹書』の第二章の部分において『白鷹記』の有注本文のみが掲載されているという体裁であるため、（一）（二）のテキストに見える後半部分に相当する叙述はない。

　さて、（一）（二）の奥書に見える「依田守廣」については、前節で触れたように、これまで何度も言及してきた。信濃国小県郡依田荘（長野県上田市丸子町）を発祥の地とする依田氏の人物で、『依田記』において、その事績が詳述されている依田信蕃と同族（＝信蕃の祖父の弟の子）である。[※9] また、依田盛敬氏蔵『依田家景圖』[※10]によると、守廣は最初の妻として芦田下野信守の女（信蕃の妹）を娶ったが、のちに祢津松鎢軒の娘を後妻とした。そして、松鎢軒には男子がいなかったので、守廣に「鷹家之儀」が伝授されたという。[※11] また、依田盛敬氏蔵『宝暦四年四月　先祖由緒一類附帳　依田次右衛門』[※12]によると、守廣は、加賀藩士であった同附帳の当主から「五世祖父」と記され、当家の氏祖的存在として認識されている。さらに同帳では、当主の「父」とされる「依田十郎左衛門（盛昌）」の注記において、盛昌が享保一二年（一七二七）に、ご倹約の人員削減によって富山藩から暇を賜わったことや、その後加賀藩第六代藩主・前田吉徳の御代の享保一七年（一七三二）に「祢津鷹方家筋之者、御用ニ御座候」という理由から当藩に召し出された経緯などが具体的に説明されている。※13 盛昌以降、幕末に至るまで、当家は代々加賀藩の鷹匠（鷹役）を勤めるようになった。このような由緒にふさわしく、当家には祢津流の鷹術文書が多数伝来し、現・ご当主の依田盛敬氏はそれらを一〇〇点以上所蔵していることもすでに述べた。※14

本章では、そのような依田盛敬氏が所蔵する鷹術文書のうち、祢津流の鷹書群に含まれる『白鷹記』、すなわち前掲（一）に該当するテキストを取り上げる。先にも述べたように、この伝系を持つテキストは、依田盛敬氏が所蔵している当該本のみである。そこで本章では、このように従来、知られてこなかった当該の『白鷹記』伝本について全文を紹介し、その叙述内容を分析する。そのことによって、同書を媒体とする祢津流の鷹術伝承の伝播の経緯について、新たな側面を明らかにしてゆく端緒としたい。

さて、依田盛敬氏が所蔵している鷹書群には、外題において『白鷹記』を称する同じ内容の写本が二冊含まれている。すなわち、本書「付・依田氏所蔵鷹書書誌一覧」の①に含まれる10『白鷹記』と26『白鷹記　四』である。本章では、比較的虫損が少ない26『白鷹記　四』について、以下に全文翻刻を掲出する。なお、改行は／を以て示し、改丁は」で括って（一オ）のように丁数ならびに表裏を示し、割注は〔　〕に括り一行に示した。また、『白鷹記』の内容に該当するのは二丁表から九丁表までで、九丁裏～一一丁裏は、一つ書き形式の別の鷹書の内容になっている。その部分については、便宜的に、項目ごとに改行を行った。

祢津家たか文巻類之内」（一オ）

（一丁ウ白紙）

白鷹記〔号後普光薗院殿ト又大二位殿／摂政関白良基公御作〕／凡鷹者瑶光の精氣ヲタクワヱ／テ鐘岱ノ増巣ニ生タリ〔瑶光／トハ星／ノ異名ナリ。其／星ノセイト云心也〕。春鳩ト成仁ナリ〔鳥ノ中／ニ仁義／五常ヲソナヱタルハ鷹ナリ。其心ヲ云ナリ。／春ハ鳥イル日ナリ。是ヲ鳩ト成トハ云ナリ／〕。秋／戮ヲ行ハ義ナリ。食スルニ先ヲワス／」（二オ）レサルハ敬ナリ〔戮トハ、ツミナリ。秋鳥ヲトル心ナ／リ。イカ様成モノヲトリテモ、我カ／身ノソンスルヲモシラスハ鷹／ナリ。是ハユウナリ〕。遠キヲコト〳〵ク／ミルハ知ナリ〔遠キモノヲモヨクミル。是ヲ人ノ／ヲモン斗ニタトヱタリ。是人ニハ遠／兼ト云カコトシ。人モ知恵ヲ以代ヲ／ヲサムル故ニ鷹ヲモカ様ニタトヱルナリ〕。此五常ヲ／備ヱテ、彼衆呼ヲ兼タリ〔五常トハ／人ニ仁義／礼知信ト／テアリ〕。吾朝仁徳天皇モス野／」（二ウ）ノ御幸アリシヨリ、代々ノ御門、片埜／禁野ノ御狩、宇田芹川ノ逍遙絶／ルコトナシ〔芹河山城ノカツラキノ里ニアルナリ。セウ／ヨウトハ、アソヒノテイナリ。御狩ヲナシ、アソ／ヒシヲ申ナリ。仁徳天皇ト申ハ、八幡大菩〕ノ御コナリ。此國ヱ／唐土ヨリ、ハシメテ鷹ヲ渡給ひシ時ノ王ニテワタラセタ／モウナリ。鷹ヲツカウコトナトモ、其時、ハシメテ定タモウ／ナリ。カタ野ハ山城ト河内ノサカイナリ。王ノ御狩アリ／シ埜ノ名ナリ。キン野トハ王ノ御鷹ツカワシ野ナレハ、只ノ／モノ、狩スルコトヲキンセいせラレタル故、キン埜トハ申ナリ。／」（三オ）キンヤ片埜／ノコトナリ〕。就中、寛平宮瀧ノ御／幸、勝負ノ御狩〔寛平ハ年コウナ／リ。此トキノ王ヲ寛平／ホウ王ト申奉るナリ。熊野ノ瀧御ランシニ御／幸ナルトテ、道スカラ御カリアリシコトヲ申。宮瀧／ユウランノキトテ、ヘツニアリ。鷹ヲワケテ鳥ヲ／トルコトヲセウフナトニせサセ給ひケルトカヤ。其セウ／フノ様ヲ北野ノ天神ミツカラキ、タモフナリ〕。／ノ儀式、北野ノ天神是ヲシルシタ／モウ。末代鷹ノ道ノ亀鏡タル／」（三ウ）ヲヤ〔亀鏡トハ／末代ノ鏡トナリ〕。毎月左右ノ近衛／廿四ノ御ツキノ鳥ヲ奉る〔六サイ日大内ニハ右近／衛左近衛トテ左右ニ／カ様ノコトヲヲシエスル。臣下ミツキノニトハ大内ヱ鷹ノ鳥飼／クコニソナヱラル、コトナリ。六サイ日ヲノソクトハセツシ／ヤウキン／タンナリ〕。大内ノ鳥曹司ニ数聊ノ良／鷹ヲツナカレ〔数レントハ、アマタツラナレル／コト、鈴モ犬ノ数ノコトナリ〕。数牙／逸犬ヲ飼ヲカル。母屋ノ大饗ニハ／」（四オ）〔モヤノタイキヤウトハ、大内ニテハ御イハイノキシキ／ノアルコトナリ。群臣トモニ、御イハイアルコトナリ〕。／上客料理ヲタスケテ前庭／ヲ渡サレ〔上客トハ、上臈タチノコトナリ。クゲナ／トノコト、レウリハ、ホウチヤウナリ。前庭／ハニワノ／コトナリ〕。諸國ノ狩ノ使ハ、驛路ノ鈴／ヲ鳴シテ〔諸国ヱカリヲサセラレ、御使ナトクタ／サル、。心カ驛路ノ鈴トハ、ムカシハ、ムマヤ／ツタイトテ、カイタフコトニ、夜ルモ晝ルモ大内ヨリ／御使ヲシユク〳〵ヨリモ、ヲクリケルトカヤ。唐ニハジメシ／」（四ウ）コトナリ。此国モ／ムカシハカクコトシ〕。羇粮ノ設ケヲ催ス〔キラウ／トハタヒ／イノコトラウト／ハクイモノ、コト〕。加之、野守の鏡影ヲ尋／〔ノモリノ鏡トハ、王ノ御カリアリシトキ、御鷹ソレテウセ／タリケルカ野澤ノ水ニ影ノウツリタリケルヲ、人ニミツ／ケテ取ケルナリ。墅ニアル／水ヲハ野守ノ鏡ト云ケルトカヤ〕。忍ノ奥恋ノ道／ニマヨイ、鷹〔シノフノ鷹カコイノコトナリ。コイト云／コトニヨソヱテ、鷹ノ木丼ト人ノ恋ヲヨ／ソヱタル／コトナリ〕トカヱル山ノ秋ノ色ヲソヱ、鳥屋野／」（五オ）ノ原ノ雪〔トカヱル山モアリ。ノ山ノ名ナリ。故コトセウ／アルカ鳥ヤ野ノ原モ名前ナリ〕。の／跡ヲ尋テモ田獵ノ極奥ヲ〔テンラウトハ／何モカリノコ／トナリ。ユウケウハ、アソフケフ／ナリ。是ラハ鷹ノ上ノコトナリ〕。催サスト云コトナシ。／抑、上古ノ名鷹ハ、天智天皇ノ磐／手、野守、延喜聖主ノ白兄鷹、／一條院ノ鳩屋、赤目、ミサコ原、小一條／」（五ウ）院ノ韓巻、藤澤、山娥等也〔足ラハ代々ノ／鷹ノ名ナリ〕。／近比世ノ并セル奇鷹也〔キドクナル鷹／ト云心ナリ〕。／爰、信濃國祢津之神平奉る／所ノ白鷹、其相、鷹経ニ叶るノミナ／ラス。其毛、雪白ト〔ヲウキヤウトハ、鷹ノ書ノ／名ナリ。カナヱルトハ、コノ鷹フミ／ニアイタル／トナリ〕イフヘシ。誠ニ楚王ノ鵰ヲ、／」（六オ）トセル良鷹ニコトナラス。首頸、白綿／ヲ〔リヤウヲウトハ、ヨキ鷹ナリ。シユキヤウトハ、カシラク／ヒノコト、ハクメンハ、シロキワタヲカフレルカコトクナリ〕／カフレルガコトク。羽毛ハ、斑綾ヲ着せ／タルニ、タリ〔ウモウトハ、鳩ノケノコトナリ。／ハンリヤウトハ、マタラナルアヤノコト〕。首／尾三尺ニヲヨヘリ。遠クテハ羽毛／ヲ、ク、近クテハ羽毛スクナシ。前ニ／」（六ウ）向ハ、腹ノミヽヱテ羽翼ミヱス〔ウヨクトハ／羽トツハサノコト〕。／そレルコト軒ノゴトシ。イタ、キ平ニシ／テ巾高ク、目ノ光明星ニ似タリ。／眼ウコカズシテ人ニ對セリ。亂飛、愁／毛白糸ノゴトシ〔ランヒハ鼻ケナリ。／愁毛ハ青ハシノ様ナリ〕。目ノ前／ミ（ノカ）ソうね高ク箭ヒロシ〔ノキトハ、マヒサ／シノコトナリ〕。／」（七オ）鼻ノ穴廣ク大ニ、クチハシ、うルヲ／ヱル。頂アツクシテ、抜出テ、鳥ノカ／イコノゴトシ。肩平ニシテ、身ニ添／タイ（リカ）。ヒスイノ毛長ク、クレ羽鳥ノ／毛〔ヒスイノ毛トハ、ワキニアル毛ナリ。／クレハトリノ毛トハ、カタニアル毛ナリ〕、綾ヲタ、／メリ。テうせンノ毛〔テウセントハ、アシノ／両ハウノ間ナリ〕、／」（七ウ）ウチ羽ヲウシ。鈴ヲヒシクガコトシ。一ノ／羽フシハ高ク、二ノ羽フシハウスク、カク／タイハ廣クシテ、馬ヲトヲス斗巾／〔カクタイトハ、足ノ両方ノ間ナリ〕。／ホうキヤウノ毛長ク、サ衣ノ毛白綿／ヲハサメリ。羽翼直シテ鳩ノゴト／シ。シツリノ骨、大ニ、モ、アツク長ク／〔ヒチノホネノ／コトナリ〕、毛ナシ。ハキ隠テ短シ。尾ハ／屋カタ生ニキレテ、タン〳〵白シ〔ヲノフノ間／シロシナリ〕。／ヒクワイタス毛、せマチ尾、ナラ／ヲ、ナラシハ、石打、芝ヒキ、〳〵」（八オ）只一枚ニ畳ミナせリ。腰スクヤ／カニシテ、足大ニカレテ、爪黒ク、うルヲ／ヱリ〔コシハ、イカニモツヨキコトと云ナリ。／ミモナク、カレタルヲヨキト云ナリ〕。懸爪、打／爪、トツスヱ、カヱルコ〔ツメ色ハ、クロクシテ、ヌレ〳〵トウル／ヲヱルヲヨシト云ナリ。カケツメト云／ウシロノユヒノツメナリ。ウチ爪トハ、前ノ大ナルユヒノツメナリ。ト／ツスヱトハ、ナカナルナカキユヒナリ。カヱルコトハ、コユヒノコトナリ〕、／惣而、一部ノ善相。ヘヲ、キヤウ、古今／」（八ウ）其類スクナシ。又、神術諸能ノス／クレタルコト、記スルニイトマアラス。此故／ニ、萬人一覧ヲ望、緇素双眼ヲ／驚カサスト云コトナシ。マコトニ我國／ノ奇物、他州ノ異タルヲヤ。仍粗／是ヲ記スルト云々。／」（九オ）

一　白鷹ミル様ノコト九所アリ。一目ノ内シロクホウ〳〵ト／シテ、ノキメナシ。二番ニ鼻ノ毛、シロカルヘシ。三番ニ、ナ／ミノ毛ニ、フクリンヲ、カケヘシ。四番ニ、尾スシ、羽スシ白カル／ヘシ。五番ニ、尾羽ニ、フクリン、フカク、カケヘシ。六番ニ、尾ス／ケニ、タルイアルヘシ。七番ニ、モ、ノ毛ニ、フナシ。八番ニ、ウハカ／ウニ、霜ノ、フリカ、リタルヤウナルヘシ。九番ニ、足ノ色カハ／ルヘシ。カンギ、コマカナルヘシ。是皆、如此、揃ハズ。真白ト云ヘ／カラズ。口傳条々アリ。／

一　青白ト云ハ、白鷹、ウハコウ、青々ヲイタルヲ、ミナ／リ。是ハ、鳥ヤヲ飼ヌレハ、雪ニナルナリ。ヒスヘシ〳〵。／

一　トコロシロト云ハ、鼻毛ハカリ、シロシ。／
一　モ、シロト云ハ、モ、ノ毛ニ、フナシ。／」（九ウ）
一　シノ白ト云ハ、尾羽ノシノ斗、白キヲ云ナリ。／
一　大赤白ト云ハ、白鷹ノ生ヲ赤キリタルヲ云ナリ。是ハ、／尾羽ノ、シノ赤ナリ。／
一　小赤白ト云ハ、尾羽ノシノハ只鷹ニテ白鷹ウ／ハコウ、赤ヲ、云ナリ。／
一　大ムナシロト云ハ、ヒホネノトマリヨリ、上ノ毛、白ヲ云也。／
一　小ムナシロト云ハ、ヒホネノ下ノ毛、生モナリ。シロキヲ云也。／
一　深山白ト云ハ、只鷹ノ撫ナトノ上コウニ、フクリンナ／ト、チカ、リ。毛白ナルヲ、云ナリ。／
一　白生ノ鷹トハ、シロキ所ナクシテ尾白ナルヲ、云ナリ。／
一　目ノマワリノ毛ノ、シロキヲハ、ツマシロト云ナリ。／
一　シホシロト云鷹アリ。白鷹ニテ生ノキレ様ハ、シホナリ。／」（一〇オ）赤鷹ハ、春カワレハ、毛ヲトリスルナリ。白ト、シボハ、毛マ／スナリ。大鷹ニモ、白アルヘシ。シボ、赤鷹ニハ、アルヘカラズ。／赤ヲハ、コウハイ兄鷹ト、ツカウナリ。／
一　白鷹、シホハ、十ニ、八、九ツハ、鷹ニカサアルヘシ。赤鷹ハタ／フンカサチイサカルヘシ。／
一　深山白ト云ハ、前ニフナシ、ウシロシロク、フクリンハナシ。只、／ネリキヌノコトシ。／
一　赤白ト云ハ、前ノ生、赤シ。マタ、フクリンハ、サマ〳〵ナリ。／大赤白、小赤白、アルヘシ。替所、ヲ、カルヘシ。口傳アリ。／

一　雪白ト云ハ、前ノ生白ク、地モ白クシテ、フクリンモ／シロシ。此外、カワリ所ヲ、カルヘシ。口傳アリ。／

一　黒白ト云ハ、前ノフ大黒生ニテ、ウシロモ黒クシテ、フ／」（一〇ウ）クリンヲカケヘシ。是モ替所、ヲ、カルヘシ。口傳、条々。／

一　シロク尾ノ鷹ト云コトアリ。尾斗白鷹ノゴトシ。／

一　白鷹ノグソクニ、若鷹ニテ、フクリンカケタルハ、毛ヲトルナ／リ。フクリンカケサルハ、毛マスナリ。青白ト赤白ハ、青白マスナ／リ。其故ハ、雪白ハ青白ニアルナリ。マタ、雪白ミル様、ヨノ／白ヨリハ、ムネノ生ウスク、チカ〳〵トフコマカニ、毛ノ色、ソコヨリ／スキテ、ネリキヌノ様ナルヘシ。サヤウニアレハ、鳥ヤヲ飼ハ、／白鷺ノコトクニナルヘシ。口傳条々アリ。／

一　白鷹、一真白、一雪白、一青白、一大赤白、一小赤白、／一大ムナシロ、一小ムナシロ、一黒白、一ツマシロ、一所白、一モ、白、／一シノ白、一深山白、一シホ白、惣而白モ色々ニアルヘシ。白鷹／ハカリニカキルヘカラス。条々口傳アリ。／」（一一オ）

鷹ノ名ノコト／

一　マカダ国ニテハ、シユンワウト云。一ハクサイ国ニテハ、／クチント云。一シンタン国ニテハ、コテウト云。一ケ／イタン国ニテハ、マンセイト云。一唐土ニテハ、タカ／ト云。我カ朝ニテモ、鷹ト云ナリ。条々口傳有。／」（一一ウ）

（一二丁オ白紙）

祢津松鴾軒（朱長方印）／天正十六年戊子／二月朔日　常安（花押）／依田十郎左衛門殿／（一二ウ）

右掲の記事によると、当該書は扉題に「祢津家たか文巻類之内」とあることから、いわゆる「祢津家（流）」の鷹書と認識されていたことが判明する。このように「祢津家たか文巻類之内」の扉題を持つ依田盛敬氏蔵の鷹書は、他にも相当数存在している。[※15] 先に触れたように、右掲書の叙述のうち、いわゆる二条良基作とされる『白鷹記』の部分に該当するのは、前半部の二丁表〜九丁表の部分である。それ以降の後半部には、一つ書き形式で鷹の毛羽の種類についての叙述が見える。この部分の叙述内容は、前掲（二）に分類されるテキストの該当部（後半部に掲載されている一つ書き部分）とは異なる内容となっている。[※16]

二　祢津流の鷹書と依田守廣の伝書

このように、依田盛敬氏蔵の『白鷹記　四』の後半部に記載されている一つ書きの叙述内容は、前掲（二）の系統の『白鷹記』のいずれのテキストにおいても、類似する本文は見当らない。それに対して、（二）の系統のテキストは、後半部も含めて同じ本文を持つ伝本が多数確認できる。それでは、依田盛敬氏蔵の『白鷹記　四』の後半部の叙述内容はまったく流布しなかったのかというと、そうではない。たとえば、宮内庁書陵部蔵『祢津流　鷹名所記』（函号一六三―一三一五）は、その奥書によると「天正十六年戊子／二月朔日　祢津松鴎軒／常安／依田次右衛門殿／同十郎左衛門殿／同与市殿／同陽利記殿／同権助殿」という伝系が見える。これによると、同書は、松鴾軒から五人の依田氏の人物に宛てたテキストということになる。ここに列記されている五人の依田氏のうち、二番目に見える「十郎左衛門」は、「天正十六年（一五八八）」という年紀から判断して守廣のことであろう。つまり、本書は、前掲の依田盛敬氏蔵『白鷹記　四』と同じく、祢津松鷂軒から依田守廣に伝授された祢津流の鷹書と判断されるものである。同書には、鷹術関連の知識が全部で一二五条掲載されている。そのうちのいくつかにおいて、依田盛敬氏蔵『白鷹記　四』の後半部分とほぼ同じ叙述が確認できる。以下に、その該当部分を掲出する。なお、【】内の条数は、宮内庁書陵部蔵『祢津流　鷹名所記』における当該項目の通しの番号を示し、（）内の条数は、それに類似する依田盛敬氏蔵『白鷹記　四』の後半部分の叙述の項目番号を示す。

一　しろの鷹見るやうの事。九所にあり。一目の内しろくほう〳〵として、のきめなし。二番に、はなき（けカ）しろかるへし。三番に、ななみの毛にふくりん、かきへし。四番に、尾すし、はすし白かるへし。五番に、尾はに、ふくりんふかくかけへし。六番に、尾すきにたるい有へし。七番に、も、の毛にふなし。八番に、うハかふに、雪のふりかかりたるやうなるへし。九番に、足の色かハるへし。かんき、こまかなるへし。是皆、如此、揃ハすは、真白と云へからす。【第三条】（第一条）

一　はなけはかりしろきハ、（とカ）ころ白と云也。【第四条】（第三条）

一　も、の毛に、ふのなきをハ、も、しろといふ也。【第五条】（第四条）

一　尾はのしのはかり白をハ、しのしろと云也。【第六条】（第五条）

一　大赤白と云ハ、しろの鷹のふの赤切たるを云也。是ハ尾はの、しの赤成り。【第七条】（第六条）

一　小赤白と云ハ、尾はのしのは、た、、たかにて白のたかうわこう、赤を云なり。【第八条】（第七条）

一　大むな白と云は、ひほねのとまりより、上の毛、白云なり。【第九条】（第八条）

一　小むなしろと云ハ、ひほねのしたの毛、白を云也。【第一〇条】（第九条）

一　青白と云ハ、白のたか、うハこう、青にほいたるを云なり。【第一一条】（第二条）

一　深山白ふと云ハ、た、鷹の山かへりのうわこふに、ふくりんなとのちとか、り、毛しろなるをいふなり。【第一二条】（第一〇条）

一　しろふの鷹とハ、白き所なくして、をしろ成を云なり。【第一三条】（第一一条）

一　つま白と云ハ、目のまハりのけの白きを云也。【第一四条】（第一二条）

一　しほ白と云鷹有り。はくおふにて、ふのきれ様ハ、しほなり。赤鷹ハ、春かわれハ、けをとりするなり。しろとしほハ、けますなり。大鷹にも白有へし。しほ、あか鷹にハ有へからす。あかきをハ、かうはひしやうと、つかふ也。【第四八条】（第一三条）

一　しろしほハ、十に八、九ハ、鷹にかさ有へし。赤鷹ハ、たふんかさちいさかるへし。【第五〇条】（第一四条）

一　深山しろと申ハ、前にふなし、うしろ白く、ふくりんハなし。只ねりきぬのことし。【第五三条】（第一五条）

一　前のふ、あかふなれハ、赤白也。ち又、ふくりんハ、さま〳〵なり。大白小白有へし。替所有へし。口傳。【第五四条】（第一六条）

一　雪白と申ハ、前のふ白、ちも白くして、ふくりんも白し。此外、かハり所おほかるへし。【第五五条】（第一七条）

一　黒白と申ハ、前ふ大黒ふにて、うしろも黒して、ふくりんをかけたり。是も又、かわり所有へし。

【第五六条】（第一八条）

一　まかたこくにて、しゆんわうといふ。はくさいこくにて、くしんといふ。しんたんこくにて、こてうと云。けいたんこくにて、まんせいと云。唐土ニ而ハ、鷹と云。我朝にても鷹といふなり。

【第六七条】（第二二条）

一　はくおふのくそくに、わか鷹にて、ふくりんかけたるハ、毛をとる成り。ふくりんかけさるハ、毛ますなり。青白と赤白ハ、青白かますへし。其ゆへハ、雪白ハ、あを白にある成り。又、雪白見る様、余のしろよりハ、むねのふうすく、ちか〳〵とふこまかに、毛の色、そこよりすきて、ねりぬきのやう成るへし。さやうに候へハ、鳥やをかへハ、しらさきのことくなるなり。【第八八条】（第二〇条）

一　も、しろと云鷹あり。も、はかりふのかたなく、しろく尾といふ鷹、尾はかり白おふのことくなり。

【第八九条】（第一九条）

このように、依田盛敬氏蔵『白鷹記　四』の後半部分の叙述のうち、（第二一条）を除くすべての項目は、宮内庁書陵部蔵『祢津流　鷹名所記』に記載されている叙述内容と重なる。それぞれ対応する項目において、語句レベルの表現にやや異同が見られるものの、大筋の内容についてはほぼ一致しているものである。

さらに、宮内庁書陵部蔵『鷹術部類書　語類巻』上巻（函号一六三―九三二）は、その巻末に「于時元文五庚申十月」と見える近世期の鷹書である。同書の下巻（函号一六三―九三二）の奥書には、「鷹術達人／文明十八年ノ比／江崎山城入道ノ傳書／永正三年ノ比／雀部藤右衛門入道宗淵ノ傳書／慶長十五年ノ比／依田十郎右（左）衛門守廣ノ傳書／加藤小平次入道一樂ノ傳書／野間善兵衛入道安心ノ傳書」と記載されているように、当該書は、「鷹術達人」たちの伝書を引用したテキストである。本章が注目するのは、ここに挙げられた「鷹術達人」たちの伝書のひとつに「慶長十五年（一六一〇）ノ比」の「依田十郎右衛門守廣ノ傳書」が見えることである。事実、当該書には守廣の伝書を引用した文言が多数散見している。そのうち、下巻「生変見ヤウ并尾変見様ノ部」第七条〜第三六条には、以下のような叙述が見える（人名中央の二重線及び書名中央の一重線は朱書き）。

一　依田氏曰、大胸白トハ、脾骨ノトカリヨリ上ノ毛白キヲイフナリ。
一　亦田、小胸白トハ、脾骨ノ下ノ毛白キヲ云。或説ニカク帯白トモ云。
一　亦田、青白トハ、白鷹ニ上甲ニ青色ソイタルヲ云。
一　亦田、深山白トハ、タ、鷹ノ山鵃ノコトク、ウハカウニ、フクリンヲ少シ掛タルヲ云。
一　亦田、紫白鷹ハ、、ヲフミテ生ノ切ヤウハ紫ナリ。赤カ鷹ハ春カハレバ、毛ヲトリスル也。白ト紫ハ毛マス也。大タカニハ白有ルヘシ。紫赤鷹ハ有ルヘカラズ。赤ハ紅梅兄トツカウ也。
一　亦田、打爪ノ白ヲ打生ノ鷹ト云。亦、掛爪ノ白ヲ掛生ノタカト云。亦、鳥搦ノ爪、白ヲスヱ生ト云。亦、反古爪ノ白キヲソイ生ト云。
一　亦田、尾白ノ鷹トハ、尾バカリ白キヲ云。
一　亦田、黒白トハ、前ニ生大黒生ニテ後モ黒シ白キ、フクリンヲ掛タリ。是モ皆所有ヘシ。
一　亦田、鼻毛斗白キヲ、トコロ白ト云。
一　亦田、股斗白キヲ、モ、白ト云。

一　亦由、尾羽ノシノ斗白キヲ、シノ白ト云。

一　亦由、大赤白トハ、白鷹ノ生ヲ赤切タルヲ云。是ハ尾羽トモニ赤キ也。

一　亦由、小赤白トハ、尾羽ノシノ斗タ、鷹ニテ白ノ上甲赤ヲ云。

一　亦由、藤生(フチフ)トハ、胸ノ生藤ノ花サキタルニ似タリ。

一　亦由、藤生ニモ白鷹ニ両ノカタヨリ黒毛胸ヱ生通(フトヲ)ルヲ云。

一　亦由、貝生(カイフ)トハ、胸ノ生(フ)吹(フ)ク貝(カイ)ニ似タリ。アル説(セツ)ニ、ホラノ貝ヲ、フセタルカコトシ。
（ホラカイノ事也）

一　亦由、鴫生(シキ)トハ、マヅシギノ生(フ)ニ似タリ。一説(イッセツ)ニ生(フ)ノ先キ丸ク、モトノ方ホソシト云。赤キフクリン掛タル也。皃(カヲ)鼻毛ハタ、鷹也。或説ニ貝生トハ青白ヲマネルナリ。

一　亦由、ツマ白トハ、目ノ廻リ毛白キヲ云。

一　亦由、大紫小紫亦紫青紫真紫、此品々イツレモ生(フ)ニ口傳有リ。青觜トツテ、タカナノ汁(シル)ニテ染(ソメ)タルガゴトシ。眼ノ色ハ、ツブ紫(ムラ)ヲタトヱタリ。

一　亦由、亦鷹ノ事ハ、眼トツテ山吹(ヤマフキ)ノ花ノコトシ。条々口傳。

一　亦由、紫赤見ル様、先ツ雀鷂(ツミ)ニ似タリ。尾スゲニ八文字ノ生有リ。赤ハ、骨細クチイサシ。

一　亦由、コト〳〵ク紫所有トモ、尾スゲニ一圓(イチエン)ニ生無(フナ)クハ、シボニテハ、アルヘカラズ。タヾ鴘ヲ飼テハ、尾スゲニ生出ルヲバ、尾スゲニ少シニテモ無クハ只鷹也。或説(アルセツ)ニ、毛ソロイテモ鷹チイサクハ大紫ト云ヘカラズ。毛ヲトリスルハ、小紫也。

一　亦申、大赤鷹白ニ地カハラズシテ、尾羽ノ色スハウ色也。尾羽ノ筋々赤カルヘシ。イカニモ、タカ細カルヘシ。

一　亦申、小赤鷹イツレノ所モ赤タカニテ、尾羽筋赤ハ無シ。惣シテ赤タカ見様大事ノコト也。大形コノコトシ。

一　亦申、紫鷹ニ黄足有ヘカラズ。赤鷹青足有ヘカラスモノ也。

一　亦申、切生トハ、一文字ニ切ル也。少モマガルヘカラス。

一　亦申、杦生トハ、生ノ形チキリノコトク切ヲ云。

一　亦申、松生トハ、生ノアタリヱ雲ヲフキタルコトク也。

一　亦申、雲雀生トハ、前生青黒生也。地ハ白キヤウナリ。フクリンヲ掛タル也。白鼻毛トツテハタヾ鷹也。常ノ鷹ニモ必此ノ生有リ。

一　亦申、マネ生トハ、赤白ヲマネタルヲ云。

これは、鷹の符（羽の斑点）と尾の模様の種類について、「依田氏曰」として依田氏の伝書からの引用文を一つ書き形式で説明している記事である。実は、右掲の叙述のほとんどは、依田盛敬氏蔵『白鷹記　四』の後半部分および宮内庁書陵部蔵『祢津流　鷹名所記』に記載されている叙述と内容が重なる。以下に、それぞれのテキストにおいて叙述内容が対応する条項の一覧を挙げる。

宮内庁書陵部蔵『鷹術部類書　語類巻』下巻「生変（フカハリ）見ヤウ并尾変（ヲカワリ）見様ノ部」	依田盛敬氏蔵『白鷹記　四』	宮内庁書陵部蔵『祢津流　鷹名所記』
第七条	第八条	第九条
第八条	第九条	第一〇条
第九条	第二条	第一一条
第一〇条	第一〇条	第一二条
第一一条	第一三条	第四八条
第一二条	なし	第一五条、第一六条、第一七条、第一八条
第一三条	第一九条	第八九条
第一四条	第一八条	第五六条
第一五条	第三条	第四条
第一六条	第四条	第五条
第一七条	第五条	第六条
第一八条	第六条	第七条
第一九条	第七条	第八条
第二〇条	なし	なし
第二一条	なし	第三六条
第二二条	なし	第五七条、第一二一条

以上によると、宮内庁書陵部蔵『鷹術部類書　語類巻』下巻「生変（フカハリ）見ヤウ并尾変（ヲカワリ）見様ノ部」第七条～第三六条の叙述は、依田盛敬氏蔵『白鷹記　四』よりも宮内庁書陵部蔵『祢津流　鷹名所記』の方が重なる部分が多い。また、それぞれの文言については、やはり語句レベルでの細かな異同はあるものの、内容の大筋においてほぼ一致している。なお、依田盛敬氏蔵『白鷹記　四』と宮内庁書陵部蔵『祢津流　鷹名所記』は、両書ともその伝系に依田守廣の名前が見えることから、宮内庁書陵部蔵『鷹術部類書　語類巻』が引用する「依田十郎右（左）衛門守廣ノ傳書」の条件にいずれも該当する。直接の典拠

第二三条	なし	第三九条、第一二二条
第二四条	第一二条	第一四条
第二五条	なし	なし
第二六条	なし	なし
第二七条	なし	なし
第二八条	なし	第四九条
第二九条	なし	第六二条
第三〇条	なし	第六三条
第三一条	なし	第五一条
第三二条	なし	第三〇条
第三三条	なし	第一九条
第三四条	なし	第二一条
第三五条	なし	第五八条
第三六条	なし	なし

としては、より多くの叙述が重なる宮内庁書陵部蔵『祢津流　鷹名所記』の方がその蓋然性は高いかもしれない。いずれにしても、両書のうちのどちらか（もしくは両方か、それらと近い依田氏所縁のテキスト）を参照していることは予想できよう。ここで注意されるのは、祢津松鷂軒から依田守廣に伝来したとされる「祢津流の鷹書」の言説が、依田守廣の伝書からの引用文と認識されている点である。というのも、本章の「はじめに」において取り上げたように、宮内庁書陵部蔵『鷹薬方』は、その巻末に天明七年の年紀が見え、宮内庁書陵部蔵『鷹術部類書　語類巻』の成立から約五〇年しか経過していないテキストである。同じく、すでに指摘したように、同書の奥書の冒頭には「鷹術達人」として「政頼流」が挙げられ、「祢津氏」の名前と並んで「依田氏」の名前が見えることから、当時、両氏は別個の鷹匠の氏族として区別されていたことが窺える。これは、宮内庁書陵部蔵『鷹薬方』と近い時期に

成立した宮内庁書陵部蔵『鷹術部類書　語類巻』が、守廣所伝のテキストを祢津流の鷹書ではなく「依田十郎右（左）衛門守廣ノ傳書」として認識していたことと符合するものであろう。

ところで、先に挙げた宮内庁書陵部蔵『屋代越中守鷹書』は、奥書に松鴿軒からの伝系を示していることから、同書も「祢津流の鷹書」の一種であることが判断される。また、同書の第三章に相当する『多賀五臓論之事』には、薬飼を中心とする鷹の飼育の知識が、一つ書き形式で全部で四〇条記載されている。そのうち三七の項目に見える叙述が、（二）の系統の『白鷹記』の後半部分の叙述とほぼ一致する。[※17] このように、（二）の系統の『白鷹記』は、依田氏と無関係の祢津流の鷹書とも重なる叙述が見えることから、普遍性のある「祢津流の『白鷹記』」の伝本であると言えよう。それに対して、依田盛敬氏蔵の『白鷹記　四』は、「依田氏の伝書の文言」と当時認識されていた一つ書きの叙述を掲載していることから、同書は、依田家（流）の鷹術伝承が反映された「祢津流の『白鷹記』」とみなすことができよう。これはすなわち、近世期における「祢津流の鷹術」が、さまざまな氏族の鷹術伝承と交錯して変容し、新たに作り替えられた可能性を窺わせる事例と言えるものであろう。

おわりに

以上において、依田盛敬氏蔵『白鷹記　四』を手掛かりに、近世期における祢津流の鷹術について検討してきた。すなわち、『白鷹記』は中世後期以降に広く享受され、近世になると「祢津流の鷹書」とされる伝本も流布した。それらは、奥書に見える伝系や併記される叙述内容によって三種類の系統に分類される。依田盛敬氏蔵

『白鷹記　四』もそのうちの一本で、戦国時代の武将である祢津松鴎軒の流派を称する依田氏に伝来したテキストとして位置づけられる。しかし、その後半部分に記述されている叙述の内容は、同時代において依田氏の伝書の文言として認識されているものであった。同書は、いわば依田派の「祢津流の鷹書」というべきテキストで、当時の鷹術の流派が、本来の家元とは乖離した状況下で鷹書を媒介に変容したことを窺わせるものである。

先に触れたように、『柳庵雑筆』巻第二によると、祢津松鴎軒は多数の弟子がいて、それぞれが一家をなして鷹飼の流派が成立したという。しかしながら、依田盛敬氏蔵『白鷹記　四』の伝播の事例を鑑みると、流派の派生は必ずしも弟子の存在に限るものではなく、鷹書の創造と享受によって成立していたケースもあることが予想されよう。

注

※1　本書第二編第二章ほか参照。

※2　この鷹書の奥書については、三保忠夫『鷹書の研究―宮内庁書陵部蔵本を中心に―（下冊）』の第二部「宮内庁書陵部所蔵の鷹書」第四章「松江藩鷹方関係者（絵師・医師等を含む）に関わる鷹書」第四節「堀江佐次右衛門」（和泉書院、二〇一六年二月）でも言及されている。それによると、同書はA本B本に分類される。本章での引用はA本による。

※3　本書第二編第二章ほか参照。

※4　三保忠夫『鷹書の研究―宮内庁書陵部蔵本を中心に―（上冊）』第二部「宮内庁書陵部所蔵の鷹書」第一章「公家に関わる鷹書」第七節「二条道平、良基、一条兼良」（和泉書院、二〇一六年二月）など参照。

※5　『続群書類従　第一九輯中』所収。

※6　三保忠夫『鷹書の研究—宮内庁書陵部蔵本を中心に—（上冊）』および三保忠夫『鷹書の研究—宮内庁書陵部蔵本を中心に—（下冊）』（和泉書院、二〇一六年二月）。

※7　注※6参照。

※8　本書第二編第二章及び三保忠夫『鷹書の研究—宮内庁書陵部蔵本を中心に—（上冊）』第二部「宮内庁書陵部所蔵の鷹書」第二章「中世武家に関わる鷹書」第二節「屋代越中守秀政、諏訪因幡守頼水」参照。

※9　本書第二編第一章参照。

※10　本書第二編第一章に掲出した当該系図の全文参照。

※11　注※10に同じ。

※12　本書第二編第二章に掲出した当該文書の全文参照。

※13　注※12に同じ。

※14　注※9に同じ。

※15　本書「付・依田氏所蔵鷹書書誌一覧」参照。

※16　以下に、依田盛敬氏蔵『白鷹記　四』の後半と（二）に分類される伝本のひとつである島根県立図書館蔵『祢津家鷹書　十四之内』第七冊『白鷹記』の後半の一つ書きの叙述部分について、それぞれの項目の冒頭部分に見える一章句を対比させ、さらに宮内庁書陵部蔵『屋代越中守鷹書』第三章『多賀五臓論之事』における島根県立図書館蔵『祢津家鷹書　十四之内』第七冊『白鷹記』と類似する記事の有無を○（有）および×（無）で示した一覧表を掲出する。

	依田盛敬氏蔵『白鷹記　四』	島根県立図書館蔵『祢津家鷹書　十四之内』第七冊『白鷹記』	宮内庁書陵部蔵『屋代越中守鷹書』第三章『多賀五臓論之事』
			（一　たかハ五臓三符也。）
1	一　白鷹ミル様ノコト九所アリ。	一　はるのみつのいろハあをし。	○

2	一　青白ト云ハ、白鷹、ウハコウ、青々ヲイタルヲ、ミナリ。	一　なつのみつのいろは、あかきなり。	○
3	一　トコロシロト云ハ、鼻毛ハカリ、シロシ。	一　あきのみつのろは、しろし。	○
4	一　モ、シロト云ハ、モ、ノ毛ニ、フナシ。	一　ふゆのみつは、くろし。	○
5	一　シノ白ト云ハ、尾羽ノシノ斗、白キヲ云ナリ。	一　とようのうちのみつの色ハ、きいろ也。	○
6	一　大赤白ト云ハ、白鷹ノ生ヲ赤キリタルヲ云ナリ。	一　れんほのみつとハ、いねのはにたまりたるつゆ也。	○
7	一　小赤白ト云ハ、尾羽ノシノハ只鷹ニテ白鷹ウハコウ、赤ヲ、云ナリ。	一　くれなゐのみつとハ、女のはしめての月水の事也。	○
8	一　大ムナシロト云ハ、ヒホネノトマリヨリ、上ノ毛、白ヲ云也。	一　のなかのくすりとハ、ふくりやうの事也。	○
			（一　せきしたのつちにしめりたる露なり。）
9	一　小ムナシロト云ハ、ヒホネノ下ノ毛、生モナリ。シロキヲ云也。	一　みつなかのくすりとハ、さけのうほの、ひづの事也。	○
10	一　深山白ト云ハ、只鷹ノ撫ナトノ上コウニ、フクリンナト、チカヽリ。	一　とうこさむとは、あけひさねの事也。	○
11	一　白生ノ鷹トハ、シロキ所ナクシテ尾白ナルヲ、云ナリ。	一　水まのみつとハ、たにあるくれ水、その上にあるあかしふの事也。	○

12	一　目ノマワリノ毛ノ、シロキヲハ、ツマシロト云ナリ。	一　きりつほのみつとハ、くハ、榎木（エノキ）、つきなとにも、たまりたるをもいふ也。	○
13	一　シホシロト云鷹アリ。	一　ふし〳〵のみつとハ、たけにたまりたるみつをいふ也。	○
14	一　白鷹、シホハ、十二、八、九ツハ、鷹ニカサアルヘシ。	一　しるくすりとは、からすみの事也。	○
15	一　深山白ト云ハ、前ニフナシ、ウシロシロク、フクリンハナシ。	一　こわつとは、くちはみのきもなり。	○
16	一　赤白ト云ハ、前ノ生、赤シ。	一　いきくすりとは、よもきの事也。	○
17	一　雪白ト云ハ、前ノ生白ク、地モ白クシテ、フクリンモシロシ。	一　むろのくすりとは、ひつちのこめの事也。	○
			（一　しろ薬とハ、おもと草の事也。）
18	一　黒白ト云ハ、前ノフ大黒生ニテ、ウシロモ黒クシテ、フクリンヲカケヘシ。	一　よるとるさハのみつとハ、男女和合のかみをいふ也。	○
19	一　シロク尾ノ鷹ト云コトアリ。	一　こつほのみつとハ、よしのかりくちにたまりたる水をいふ也。	○
20	一　白鷹ノグソクニ、若鷹ニテ、フクリンカケタルハ、毛ヲトルナリ。	一　しのふのさとのみつとハ、耳草をみつにい（ひカ）たしたる事也。	○
21	一　白鷹、一真白、一雪白、一青白、一大赤白、一小赤白、一大ムナシロ、一小ムナシロ、一黒白、一ツマシロ、一所白、一モ、白、一シノ白、一深山	一　なしつほのみつとハ、なしのきりくちにたまりたる水也。	○

	白、一シホ白、惣而白モ色々ニアルヘシ。		
22	鷹ノ名ノコト 一　マカダ国ニテハ、シユンワウト云。	一　きりつほのみつとハ、きりのはにたまりたるつゆ也。	○
23		一　しのふのさとのみつとは、す山のみつ也。	○
24		一　千秋のみつとハ、から竹のきりくちにたまりたるみつをいふ也。	○
25		一　つゆのみつとハ、いものはにたまりたる水也。	○
26		一　しやうかむのあふらとハ、まつやに也。	○
27		一　ふるきのみつとハ、ふるのきのくぼにたまるみつ也。	○
28		一　大かいのうろくづとハ、はまくりのあかわた也。	○
29		一　くけつのかいとハ、あハひのあかわた也。	○
30		一　こしあふらとは、やかてこしあふらといふき也。	○
31		一　きんせん草とは、かたはみ也。	○
32		一　けんこしとは、あさかほのみをいふ也。	○

33		一　ろくかくとハ、なつつのをいふ也。	○
34		一　れいてんかいとは、しやれたるかふへをいふ也。	○
35		一　くすりにたかのくろやきいる、こしらへの事。	○
36		一　せきしやうこくのみつとハ、いしのくほみにたまりたるみつ也。	○
37		一　きりつほのみつとは、竹のきりくちにたまりたるみつ也。	○
38		一　たかハた、、地こふしをひき〳〵、とむるやうに出せは、たかおいつかぬなり。	×
39		一　とり飼を、三二とりかひて、一のこして、つきの日の、のときまて、くちゑにひかせぬれは、たかもやすくなり。	×
40		一　鴈をとりてハはなし、とりかたむる事なくは、くらほこにつなきて、きりかう、し、をたかくしてすへて、し、をつめて、あはせへし。	×
41		一　はやふさ入るやう、五つのころ、す、めを三日くれて、	×
42		一　はやふさ入るやう、おりくすりの事。	×

43		一　山よりうちおろしのはやふさをは、五日、十日もよきゑにて、きりかひて、くらほこにつなきて、し、をあけへし。	×
44		一　くすりには、うのくろやき、いよと、これをかふへし。	×
45		一　すへはしめの日より、とりかふまての、なつけくすり、一つなつつの、一つあらめ。	×
46		一　はやふさなかれてゆくを、とむるくすり。	×
47		一　貴人たかのゑを、所よりあらは、とりのみきを、とりかひて、わかたかにかひ、ひたりのを、のこして、貴人のたかのゑに、たてまつるへし。	×
48		一　たかのし、ひけたち、とまりかぬるくすり、いろよく、あちもよくあらん。	×
49		一　きゆ（ママ）かぬくすり。	×
50		一　まハぬくすり。	×
51		一　しらけたかにかふへきくすり。	×
52		一　しらけたるたかには、といゑをかひて、のちにおもひかへしをかふへし。	×
53		一　わすれかいの事。	×

54		一　もとかなハぬたかは、なにとしても かなふへからす。	×
55		一　又八ちやうくすりの事。	×
56		一　すかしのくすりの事。	
57		当流くすりのしたひ 一　たかにくすりかふへきしたひ。	×
58		一　ものとるくすり。	×
59		一　田ものとるくすり。	×
60		一　よくものとるくすり。	×

※17　注※16の一覧表参照。

付・依田氏所蔵鷹書書誌一覧

①打雲紙を上下裁断して改装したと思われる表紙のもの（上部の藍雲の部分を表表紙、下部の紫雲の部分を裏表紙にそれぞれ装丁）。寸法は縦がおおよそ一四～五㌢×横がおおよそ一六㌢のもの。…四五冊現存。

1　『十二顔　外物』（外題）。一冊。縦一五・〇㌢×横一六・〇㌢。表紙左肩に「十二類　外物」の貼題簽（縦九・八㌢×横一・八㌢）。袋綴。本文料紙楮紙。三つ目綴。全九丁（うち遊紙後一丁）。一丁表左肩に「鷹十二顔」（表紙見返しが剥離した部分に記載。後の補入か）。二丁表中央に「祢津家外物拾巻之内」。二丁裏白紙。三丁表に「鷹十二顔次第」（巻首題）。半葉一二行。漢字片仮名交じり文。朱筆で斜線・読点・濁点・丸印記号などの書き入れあり。八丁表に「祢津松鷂軒（縦三・一㌢×横二・三㌢の朱長方印）／天正十六年戊子／二月朔日　常安（花押）／依田十郎左衛門殿」。虫損甚大。

2　『十二相傳　外物』（外題）。一冊。縦一五・二㌢×横一六・一㌢。表紙左肩に「十二相傳　外物」の貼題簽（縦九・九㌢×横一・九㌢）。袋綴。本文料紙楮紙。三つ目綴。全一四丁（うち遊紙後一丁）。一丁表左肩に「十二相傳　外物」（表紙見返しが剥離した部分に記載。後の補入か）。二丁表中央に「祢津家外物拾巻之内」。二丁裏白紙。半葉一二行。漢字片仮名交じり文。朱筆で斜線・読点・濁点・丸印記号などの書き入れあり。一三丁裏に「祢津松鷂軒（縦三・一㌢×横二・三㌢の朱長方印）／天正十六年戊子／二月朔日　常安（花押）／依田十郎左衛門殿」。虫損甚大。

3　『病見圖上　外物』（外題）。一冊。縦一五・〇㌢×横一六・〇㌢。表紙左肩に「病見圖上　外物」の貼題簽（縦九・九㌢×横一・九㌢）。袋綴。本文料紙楮紙。三つ目綴。全一二丁（うち遊紙後一丁）。一丁表中央に「祢津家外物拾巻之内」。一丁裏白紙。半葉一二行。漢字片仮名交じり文。朱筆で斜線・読点・濁点・丸印記号な

どの書き入れあり。一一丁裏に「祢津松鶴軒（縦三・一センチ×横二・三センチの朱長方印）／天正十六年戊子／二月朔日　常安（花押）／依田十郎左衛門殿」。虫損やや目立つ。

4　『さしは　外物』（外題）。一冊。縦一五・〇センチ×横一六・一センチ。表紙左肩に「さしは　外物」の貼題簽（縦九・九センチ×横二・〇センチ）。袋綴。本文料紙楮紙。四つ目綴。全一〇丁（うち遊紙後一丁）。一丁表中央に「祢津家外物拾巻之内」。一丁裏白紙。半葉一〇～一二行。漢字片仮名交じり文。朱筆で斜線・読点・濁点・丸印記号などの書き入れあり。九丁裏に「祢津松鶴軒（縦三・一センチ×横二・三センチの朱長方印）／天正十六年戊子／二月朔日　常安（花押）／依田十郎左衛門殿」。虫損甚大。

5　『替物　外物』（外題）。一冊。縦一五・一センチ×横一六・〇センチ。表紙左肩に「替物　外物」の貼題簽（縦九・八センチ×横一・八センチ）。袋綴。本文料紙楮紙。四つ目綴。全二二丁。一丁表中央に「祢津家外物拾巻之内」。一丁裏白紙。二丁表～一一丁表まで半葉九行。一一丁裏は白紙。一二丁表～二〇丁裏は半葉一二行。二一丁表裏白紙。漢字片仮名交じり文。朱筆で斜線・読点・濁点・丸印記号などの書き入れあり。二二丁裏に「祢津松鶴軒（縦三・一センチ×横二・三センチの朱長方印）／天正十六年戊子／二月朔日　常安（花押）／依田十郎左衛門殿」。二丁表～一一丁表までと一二丁表～二〇丁裏は本来別のテキストであったか。虫損甚大。

6　『十　當流巻』（外題）。一冊。縦一五・五センチ×横一六・一センチ。表紙左肩に「十　當流巻」の貼題簽（縦一〇・〇センチ×横二・〇センチ）。袋綴。本文料紙楮紙。四つ目綴。全一七丁（うち遊紙前一丁）。二丁表中央に「祢津家たか文巻類之内」。二丁裏白紙。半葉一二行。漢字片仮名交じり文。朱筆で合点・読点・濁点・丸印記号などの書き入れあり。一七丁裏に「祢津松鶴軒（縦三・一センチ×横二・三センチの朱長方印）／天正十六年戊子／二月朔日　常安（花押）／依田十郎左衛門殿」。虫損甚大。

7　『荒鷹入巻　下』（外題）。一冊。縦一五・五センチ×横一六・一センチ。表紙左肩に「□　荒鷹入巻　下」の貼題簽（縦九・九センチ×横二・〇センチ）。袋綴。本文料紙楮紙。四つ目綴。全一九丁（うち遊紙前後各一丁）。二丁表中央に「祢津家たか文巻類之内」。二丁裏白紙。半葉一二行。漢字片仮名交じり文。朱筆で合点・読点・濁点・丸印記号などの書き入れあり。一八丁裏に「祢津松鶴軒（縦三・一センチ×横二・三センチの朱長方印）／天正十六年戊子／二月朔日　常安（花押）／依田十郎左衛門殿」。虫損甚大。

8『五　荒鷹□（入カ）巻』（外題）。一冊。縦一五・七センチ×横一六・二センチ。表紙左肩に「五　荒鷹□（入カ）巻」の貼題簽（縦九・九センチ×横一・九センチ）。袋綴。本文料紙楮紙。四つ目綴。全二六丁（うち遊紙前後各一丁）。二丁表中央に「祢津家たか文巻類之内」。二丁裏白紙。半葉一二行。漢字片仮名交じり文。朱筆で読点などの書き入れあり。二五丁裏に「祢津松鶴軒（縦三・一センチ×横二・三センチの朱長方印）／天正十六年戊子／二月朔日　常安（花押）／依田十郎左衛門殿」。虫損甚大。

9『鷹病巻　八』（外題）。一冊。縦一五・四センチ×横一六・〇センチ。表紙左肩に「鷹病巻　八」の貼題簽（縦九・九センチ×横一・九センチ）。袋綴。本文料紙楮紙。四つ目綴。全四一丁（うち遊紙後一丁）。一丁表左上に「病巻下」。一丁裏白紙。二丁表中央に「祢津家たか文巻類之内」。二丁裏白紙。半葉一二行。漢字片仮名交じり文。朱筆で斜線・読点・濁点・丸印記号などの書き入れあり。四〇丁裏に「祢津松鶴軒（縦三・一センチ×横二・三センチの朱長方印）／天正十六年戊子／二月朔日　常安（花押）／依田十郎左衛門殿」。虫損甚大。

10『白鷹記』（外題）。一冊。縦一五・二センチ×横一六・一センチ。表紙左肩に「白鷹記」の貼題簽（縦九・九センチ×横一・九センチ）。袋綴。本文料紙楮紙。全一三丁（うち遊紙後一丁）。一丁表中央に「祢津家たか文巻類之内」。一丁裏白紙。二丁表～九丁表までは半葉六行で漢字片仮名交じり文。九丁裏～一一丁表までは半葉一二行で漢字片仮名交じり文。朱筆で斜線・読点・濁点・丸印記号などの書き入れあり。一二丁表に「祢津松鶴軒（縦三・一センチ×横二・三センチの朱長方印）／天正十六年戊子／二月朔日　常安（花押）／依田十郎左衛門殿」。虫損甚大。いわゆる『白鷹記』の内容に該当するのは二丁表～九丁表まで。

11『薬飼巻　□』（外題）。一冊。縦一五・〇センチ×横一六・一センチ。表紙左肩に「薬飼巻　□」の貼題簽（縦九・七センチ×横二・〇センチ）。袋綴。本文料紙楮紙。四つ目綴。全四七丁（うち遊紙前後各一丁）。二丁表中央に「祢津家たか文巻類之内」。二丁裏白紙。半葉七行~八行。漢字片仮名交じり文。朱筆で斜線・読点・濁点・丸印記号などの書き入れあり。四六丁表に「祢津松鷂軒（縦三・一センチ×横二・三センチの朱長方印）／天正十六年戊子／二月朔日　常安（花押）／依田十郎左衛門殿」。虫損甚大。

12　『二　鷹法度巻　□(二カ)』（外題）。一冊。縦一五・四センチ×横一六・〇センチ。表紙左肩に「二　鷹法度巻　□(二カ)」の貼題簽（縦一〇・〇センチ×横一・九センチ）。袋綴。本文料紙楮紙。四つ目綴。全一一丁。一丁表中央に「祢津家たか文巻類之内」。一丁裏白紙。半葉一二行。漢字片仮名交じり文。朱筆で斜線・読点・濁点・丸印記号などの書き入れあり。一一丁裏に「祢津松鷂軒（縦三・一センチ×横二・三センチの朱長方印）／天正十六年戊子／二月朔日　常安（花押）／依田十郎左衛門殿」。虫損甚大。

13　『三　家意趣巻　三』（外題）。一冊。縦一五・四センチ×横一六・〇センチ。表紙左肩に「三　家意趣巻　三」の貼題簽（縦九・九センチ×横二・〇センチ）。袋綴。本文料紙楮紙。四つ目綴。全九丁。一丁表中央に「祢津家たか文巻類之内」。一丁裏白紙。半葉一二行。漢字片仮名交じり文。朱筆で斜線・読点・濁点などの書き入れあり。九丁裏に「祢津松鷂軒（縦三・一センチ×横二・三センチの朱長方印）／天正十六年戊子／二月朔日　常安（花押）／依田十郎左衛門殿」。虫損甚大。

14　『鞭鈴序巻』（外題）。一冊。縦一五・五センチ×横一六・一センチ。表紙左肩に「鞭鈴序巻」の貼題簽（縦九・九センチ×横一・九センチ）。袋綴。本文料紙楮紙。四つ目綴。全一三丁（うち遊紙後一丁）。一丁表中央に「祢津家たか文巻類之内」。一丁裏白紙。半葉一二行。漢字片仮名交じり文。朱筆で斜線・読点・濁点などの書き入れあり。一二丁裏に「祢津松鷂軒（縦三・一センチ×横二・三センチの朱長方印）／天正十六年戊子／二月朔日　常安（花押）／依田十郎左衛門殿」。虫損甚大。

15　『餌指法度　外物』（外題）。一冊。縦一五・一センチ×横一六・一センチ。表紙左肩に「餌指法度　外物」の貼題簽（縦九・九センチ×横一・九センチ）。袋綴。本文料紙楮紙。三つ目綴。全一四丁（うち遊紙後一丁）。一丁表左肩に「エサシノ法度　外物」（表紙見返しが剥離した部分に記載。後の補入か）。二丁表中央に「祢津家外物拾巻之内」。二丁裏白紙。半葉一二行。漢字片仮名交じり文。朱筆で斜線・読点・濁点などの書き入れあり。九丁裏に「祢津松鷂軒（縦三・一センチ×二・三センチの朱長方印）／天正十六年戊子／二月朔日　常安（花押）／依田十郎左衛門殿」。虫損甚大。七丁裏・八丁裏・九丁裏は白紙。

16
『生替巻　五』（外題）。一冊。縦一五・五センチ×横一六・一センチ。表紙左肩に「生替巻　五」の貼題簽（縦九・九センチ×横二・一センチ）。袋綴。本文料紙楮紙。四つ目綴。全一三丁。一丁表中央に「祢津家たか文巻類之内」。一丁裏白紙。半葉一二行。漢字片仮名交じり文。朱筆で斜線・読点・濁点などの書き入れあり。九丁裏に「祢津松鷂軒（縦三・一センチ×横二・三センチの朱長方印）／天正十六年戊子／二月朔日　常安（花押）／依田十郎左衛門殿」。虫損甚大。

17
『鷹序巻』（外題）。一冊。縦一五・二センチ×横一六・五センチ。表紙左肩に「鷹序巻」の貼題簽（縦九・九センチ×横二・〇センチ）。袋綴。本文料紙楮紙。四つ目綴。全三五丁。一丁表中央に「祢津家たか文巻類之内」。一丁裏白紙。半葉一二行。漢字片仮名交じり文。朱筆で斜線・読点・濁点などの書き入れあり。三五丁表に「祢津松鷂軒（縦三・一センチ×横二・三センチの朱長方印）／天正十六年戊子／二月朔日　常安（花押）／依田十郎左衛門殿」。虫損甚大。

18
『仕方圖　外物』（外題）。一冊。縦一五・〇センチ×横一五・九センチ。表紙左肩に「仕方圖　外物」の貼題簽（縦一〇・〇センチ×横一・九センチ）。袋綴。本文料紙楮紙。三つ目綴。全一一丁（うち遊紙後一丁）。一丁表中央に「祢津家外物拾巻之内」。一丁裏白紙。半葉一二行。漢字片仮名交じり文。朱筆で斜線・読点・濁点などの書き入れあり。一〇丁裏に「祢津松鷂軒（縦三・一センチ×横二・三センチの朱長方印）／天正十六年戊子／二月朔日　常安（花押）／依田十郎左衛門殿」。虫損甚大。

19
『架圖巻　三』（外題）。一冊。縦一五・五センチ×横一六・〇センチ。表紙左肩に「架圖巻　三」の貼題簽（縦一〇・〇センチ×横二・〇センチ）。袋綴。本文料紙楮紙。四つ目綴。全二〇丁（うち遊紙後一丁）。一丁表中央に「祢津家たか文巻類之内」。一丁裏白紙。半葉一二行。漢字片仮名交じり文。朱筆で斜線・読点・濁点などの書き入れあり。九丁表裏は白紙、一〇丁表は左肩に「チヨ之巻」

とのみ記載、一〇丁裏は右肩に「二十九圖」とのみ記載。一九丁裏に「祢津松鷂軒（縦三・一センチ×横二・三センチの朱長方印）／天正十六年戊子／二月朔日　常安（花押）／依田十郎左衛門殿」。虫損甚大。

20『祢津家景圖　十』（外題）。一冊。縦一五・四センチ×横一六・二センチ。表紙左肩に「祢津家景圖　十」の貼題簽（縦九・九センチ×横一・九センチ）。袋綴。本文料紙楮紙。四つ目綴。全一二丁（うち遊紙前後各一丁）。二丁表中央に「祢津家圖之巻　巻類之内」。祢津家の系図と依田守廣から守眞までの系図が掲載されている。一丁裏と六丁裏～一一丁表まで白紙。一一丁裏に「祢津松鷂軒（縦三・一センチ×横二・三センチの朱長方印）／天正十六年戊子／二月朔日　常安（花押）／依田十郎左衛門殿」。

21『鷹装束巻　九』（外題）。一冊。縦一五・四センチ×横一六・三センチ。表紙左肩に「鷹装束巻　九」の貼題簽（縦九・九センチ×横一・九センチ）。袋綴。本文料紙楮紙。四つ目綴。全一三丁（うち遊紙前後各一丁）。二丁表中央に「祢津家たか文巻類之内」。二丁裏白紙。半葉一一行～一二行。漢字片仮名交じり文。朱筆等なし。一二丁裏に「祢津松鷂軒（縦三・一センチ×横二・三センチの朱長方印）／天正十六年戊子／二月朔日　常安（花押）／依田十郎左衛門殿」。

22『仕方圖　外物』（外題）。一冊。縦一四・二センチ×横一六・六センチ。表紙左肩に「仕方圖　外物」の貼題簽（縦九・九センチ×横二・〇センチ）。袋綴。本文料紙楮紙。三つ目綴。全一三丁（うち遊紙前後各一丁）。二丁表中央に「祢津家外物拾巻之内」。二丁裏白紙。半葉一三行。漢字片仮名交じり文。朱筆等なし。一二丁表に「寛永元年甲子　依田次郎左衛門／二月朔日　守廣（花押）（つり鐘形の朱印）／同斎之助殿」。

23『病見圖下　外物』（外題）。一冊。縦一四・〇センチ×横一六・五センチ。表紙左肩に「病見圖下　外物」の貼題簽（縦九・四センチ×横一・九センチ）。袋綴。本文料紙楮紙。三つ目綴。全一六丁（うち遊紙前後一丁）。二丁表中央に「祢津家外物拾巻之内」。二丁裏白紙。半葉一三行。漢字片仮名交じり文。朱筆等なし。一五丁表に「寛永元年甲子　依田次郎左衛門／二月朔日　守廣（花押）（つり鐘形の朱印）／同斎之助殿」。

24
『さしは　外物』（外題）。一冊。縦一四・二センチ×横一六・五センチ。表紙左肩に「さしは　外物」の貼題簽（縦九・五センチ×横一・九センチ）。袋綴。本文料紙楮紙。三つ目綴。全一二丁（うち遊紙前後各一丁）。二丁表中央に「祢津家外物拾巻之内」。二丁裏白紙。半葉一三行。漢字片仮名交じり文。朱筆等なし。一一丁表に「寛永元年甲子　依田次郎左衛門／二月朔日　守廣（花押）（つり鐘形の朱印）／同斎之助殿」。

25
『隼部　外物』（外題）。一冊。縦一四・三センチ×横一六・五センチ。表紙左肩に「隼部　外物」の貼題簽（縦九・四センチ×横一・九センチ）。袋綴。本文料紙楮紙。四つ目綴。全一二丁（うち遊紙前後各一丁）。二丁表中央に「祢津家外物拾巻之内」。二丁裏白紙。半葉一三行。漢字片仮名交じり文。朱筆等なし。一一丁表に「寛永元年甲子　依田次郎左衛門／二月朔日　守廣（花押）（つり鐘形の朱印）／同斎之助殿」。

26
『白鷹記　四』（外題）。一冊。縦一五・五センチ×横一六・三センチ。表紙左肩に「白鷹記　四」の貼題簽（縦九・九センチ×横一・九センチ）。袋綴。本文料紙楮紙。四つ目綴。全一四丁（うち遊紙前後各一丁）。二丁表中央に「祢津家たか文巻類之内」。二丁裏白紙。三丁表～一〇丁表は半葉六行、一〇丁裏～一二丁表は半葉一二行、一二丁裏は五行。漢字片仮名交じり文。朱筆等なし。一三丁裏に「祢津松鶴軒（縦三・一センチ×横二・三センチの朱長方印）／天正十六年戊子／二月朔日　常安（花押）／依田十郎左衛門殿」。『白鷹記』の内容に該当するのは三丁表から一〇丁表までで、一〇丁裏～一二丁裏は別の鷹書の内容となっている。

27
『餌指法度　外物』（外題）。一冊。縦一四・一センチ×横一六・五センチ。表紙左肩に「餌指法度　外物」の貼題簽（縦九・四センチ×横一・八センチ）。袋綴。本文料紙楮紙。三つ目綴。全九丁（うち遊紙前後各一丁）。二丁表中央に「祢津家外物拾巻之内」。半葉一三行。漢字片仮名交じり文。朱筆等なし。八丁表に「寛永元年甲子　依田次郎左衛門／二月朔日　守廣（花押）（つり鐘形の朱印）／同斎之助殿」。

28
『鷹病巻　八』（外題）。一冊。縦一五・五センチ×横一六・二センチ。表紙左肩に「鷹病巻　八」の貼題簽（縦九・八センチ

×横一・九センチ）。袋綴。本文料紙楮紙。四つ目綴。全四一丁（うち遊紙前後各一丁）。半葉一二行。漢字片仮名交じり文。朱筆等なし。四〇丁裏に「祢津松鶴軒（縦三・一センチ×二・三センチの朱長方印）／天正十六年戊子／二月朔日　常安（花押）／依田十郎左衛門殿」。六丁裏は白紙。七丁表の冒頭に「養性下」とあり。

29
『替物　外物』（外題）。一冊。縦一四・〇センチ×横一六・五センチ。表紙左肩に「替物　外物」の貼題簽（縦九・五センチ×横一・九センチ）。袋綴。本文料紙楮紙。三つ目綴。全二一丁（うち遊紙前後各一丁）。二丁表中央に「祢津家外物拾巻之内」。二丁裏白紙。半葉一三行。漢字片仮名交じり文。朱筆等なし。二〇丁表に「右之外拾八之秘事三十／六之口傳残極／寛永元年甲子　依田次郎左衛門／二月朔日　守廣（花押）（つり鐘形の朱印）／同斎之助殿」。

30
『病見圖上　外物』（外題）。一冊。縦一四・〇センチ×横一六・五センチ。表紙左肩に「病見圖上　外物」の貼題簽（縦九・五センチ×横一・八センチ）。袋綴。本文料紙楮紙。三つ目綴。全一五丁（うち遊紙前後各一丁）。二丁表中央に「祢津家外物拾巻之内」。二丁裏白紙。半葉一三行。漢字片仮名交じり文。朱筆等なし。一四丁表に「寛永元年甲子　依田次郎左衛門／二月朔日　守廣（花押）（つり鐘形の朱印）／同斎之助殿」。一四丁および一五丁のみ袋綴となっていない。

31
『十二類　外物』（外題）。一冊。縦一四・二センチ×横一六・五センチ。表紙左肩に「十二類　外物」の貼題簽（縦九・五センチ×横一・九センチ）。袋綴。本文料紙楮紙。三つ目綴。全九丁（うち遊紙前後各一丁）。二丁表中央に「祢津家外物拾巻之内」。二丁裏白紙。半葉一三行。漢字片仮名交じり文。朱筆等なし。八丁表に「寛永元年甲子　依田次郎左衛門／二月朔日　守廣（花押）（つり鐘形の朱印）／同斎之助殿」。

32
『家意趣巻　三』（外題）。一冊。縦一五・四センチ×横一六・三センチ。表紙左肩に「家意趣巻　三」の貼題簽（縦九・九センチ×横一・九センチ）。袋綴。本文料紙楮紙。四つ目綴。全一一丁（うち遊紙前後各一丁）。二丁表中央に「祢津家たか文巻類之内」。二丁裏白紙。半葉一二行。漢字片仮名交じり文。朱筆等なし。一〇丁裏に「祢津松鶴軒（縦三・一センチ×横二・三センチの朱長方印）／天正十六年戊子／二月朔日　常安（花押）／依田十郎左衛門殿」。

33　『鷹序巻　二』（外題）。一冊。縦一五・四センチ×横一六・二センチ。表紙左肩に「鷹序巻　二」の貼題簽（縦九・九センチ×横一・九センチ）。袋綴。本文料紙楮紙。四つ目綴。全三七丁（うち遊紙前後各一丁）。二丁表中央に「祢津家たか文巻類之内」。二丁裏白紙。半葉一二行。漢字片仮名交じり文。朱筆等なし。三六丁裏に「祢津松鷂軒（縦三・一センチ×二・三センチの朱長方印）／天正十六年戊子／二月朔日　常安（花押）／依田十郎左衛門殿」。

34　『山鷹巻　全』（外題）。一冊。縦一四・一センチ×横一六・五センチ。表紙左肩に「山鷹巻　全」の貼題簽（縦九・五センチ×横二・〇センチ）。袋綴。本文料紙楮紙。三つ目綴。全七五丁（うち遊紙前二丁後一丁）。七二丁表～七三丁裏は白紙。半葉一三行。漢字片仮名交じり文。朱筆等なし。七四丁表に「寛永元年甲子　依田次郎左衛門／二月朔日　守廣（花押）（つり鐘形の朱印）／同斎之助殿」。

35　『野出咒文　外物』（外題）。一冊。縦一四・一センチ×横一六・三センチ。表紙左肩に「野出咒文　外物」の貼題簽（縦九・四センチ×横一・九センチ）。袋綴。本文料紙楮紙。三つ目綴。全一六丁（うち遊紙前後各一丁）。二丁表中央に「祢津家外物拾巻之内」。二丁裏白紙。半葉一三行。漢字片仮名交じり文。朱筆等なし。一五丁表に「右之外拾八之秘事三十／六之口傳残極／寛永元年甲子　依田次郎左衛門／二月朔日　守廣（花押）（つり鐘形の朱印）／同斎之助殿」。

36　『架圖巻　三』（外題）。一冊。縦一五・四センチ×横一六・二センチ。表紙左肩に「架圖巻　三」の貼題簽（縦九・九センチ×横一・九センチ）。袋綴。本文料紙楮紙。四つ目綴。全二〇丁（うち遊紙前後各一丁）。一〇丁表裏は白紙。二丁表中央に「架圖巻」の内題。一丁裏白紙。半葉一二行。漢字片仮名交じり文。朱筆等なし。一九丁裏に「祢津松鷂軒（縦三・一センチ×横二・三センチの朱長方印）／天正十六年戊子／二月朔日　常安（花押）／依田十郎左衛門殿」。白紙の一〇丁を挟んだ前後で異なる鷹書の内容が掲載されている。

37　『荒鷹入巻　五』（外題）。一冊。縦一五・四センチ×横一六・二センチ。表紙左肩に「荒鷹入巻　五」の貼題簽（縦九・八チセン×横一・九チセン）。袋綴。本文料紙楮紙。四つ目綴。全二七丁（うち遊紙前後各一丁）。二五丁裏及び二六丁表は白紙。二丁表中央に「祢津家たか文巻類之内」。二丁裏白紙。半葉一二行。漢字片仮名交じり文。朱筆等なし。二六丁裏に「祢津松鷂軒（縦三・一チセン×横二・三チセンの朱長方印）／天正十六年戊子／二月朔日　常安（花押）／依田十郎左衛門殿」。

38『荒鷹入巻　六』（外題）。一冊。縦一五・四チセン×横一六・二チセン。表紙左肩に「荒鷹入巻　六」の貼題簽（縦九・九チセン×横一・九チセン）。袋綴。本文料紙楮紙。四つ目綴。全二〇丁（うち遊紙前後各一丁）。一八丁裏及び一九丁表は白紙。二丁表中央に「祢津家たか文巻類之内」。二丁裏白紙。半葉一二行。漢字片仮名交じり文。朱筆等なし。一九丁裏に「祢津松鷂軒（縦三・一チセン×横二・三チセンの朱長方印）／天正十六年戊子／二月朔日　常安（花押）／依田十郎左衛門殿」。37の続き。

39『十二相傳　外物』（外題）。一冊。縦一四・三チセン×横一六・五チセン。表紙左肩に「十二相傳　外物」の貼題簽（縦九・四チセン×横一・九チセン）。袋綴。本文料紙楮紙。三つ目綴。全一五丁（うち遊紙前後各一丁）。二丁表中央に「祢津家外物拾巻之内」。二丁裏白紙。半葉一三行。漢字片仮名交じり文。朱筆等なし。一四丁表に「右之外拾八之秘事三十／六之口傳残極／寛永元年甲子　依田次郎左衛門／二月朔日　守廣（花押）（つり鐘形の朱印）／同斎之助殿」。

40『當流巻　十』（外題）。一冊。縦一五・四チセン×横一六・二チセン。表紙左肩に「當流巻　十」の貼題簽（縦九・九チセン×横一・九チセン）。袋綴。本文料紙楮紙。四つ目綴。全一九丁（うち遊紙前後各一丁）。二丁表中央に「祢津家たか文巻類之内」。二丁裏白紙。半葉一二行。漢字片仮名交じり文。朱筆等なし。一八丁裏に「祢津松鷂軒（縦三・一チセン×横二・三チセンの朱長方印）／天正十六年戊子／二月朔日　常安（花押）／依田十郎左衛門殿」。

41『病顕秘傳巻　七』（外題）。一冊。縦一五・四チセン×横一六・三チセン。表紙左肩に「病顕秘傳巻　七」の貼題簽（縦九・九チセン×横一・九チセン）。袋綴。本文料紙楮紙。四つ目綴。全二四丁（うち遊紙前後各一丁）。二丁表中央に「祢津家たか文巻類之内」。二丁裏白紙。三丁表から一九丁裏までは半葉八行。二〇丁表～二一丁表は半葉五～六行（鷹詞一覧）。二一丁裏から二三丁表には鷹詞が一行のみで鷹道具の図が掲載されている。漢字片仮名交じり文。朱筆等なし。二三丁裏に「祢津松鶴軒（縦三・一センチ×横二・三センチの朱長方印）／天正十六年戊子／二月朔日　常安（花押）／依田十郎左衛門殿」。

42『鷹法度巻　二』（外題）。一冊。縦一五・四センチ×横一六・二センチ。表紙左肩に「鷹法度巻　二」の貼題簽（縦九・八センチ×横一・九センチ）。袋綴。本文料紙楮紙。四つ目綴。全一三丁（うち遊紙前後各一丁）。二丁表中央に「祢津家たか文巻類之内」。二丁裏白紙。半葉一二行。漢字片仮名交じり文。朱筆等なし。一二丁裏に「祢津松鶴軒（縦三・一センチ×横二・三センチの朱長方印）／天正十六年戊子／二月朔日　常安（花押）／依田十郎左衛門殿」。

43『生替巻　五』（外題）。一冊。縦一五・四センチ×横一六・二センチ。表紙左肩に「生替巻　五」の貼題簽（縦九・八センチ×横一・九センチ）。袋綴。本文料紙楮紙。四つ目綴。全一五丁（うち遊紙前後各一丁）。二丁表中央に「祢津家たか文巻類之内」。二丁裏白紙。半葉一二行。漢字片仮名交じり文。朱筆等なし。一四丁裏に「祢津松鶴軒（縦三・一センチ×横二・三センチの朱長方印）／天正十六年戊子／二月朔日　常安（花押）／依田十郎左衛門殿」。

44『薬飼巻　三』（外題）。一冊。縦一五・四センチ×横一六・三センチ。表紙左肩に「薬飼巻　三」の貼題簽（縦九・八センチ×横一・九センチ）。袋綴。本文料紙楮紙。四つ目綴。全四六丁（うち遊紙前後各一丁）。二丁表中央に「祢津家たか文巻類之内」。二丁裏白紙。半葉八行。漢字片仮名交じり文。朱筆等なし。四五丁裏に「祢津松鶴軒（縦三・一センチ×横二・二センチの朱長方印）／天正十六年戊子／二月朔日　常安（花押）／依田十郎左衛門殿」。

45『鞭鈴序巻　一』（外題）。一冊。縦一五・五センチ×横一六・一センチ。表紙左肩に「鞭鈴序巻　一」の貼題簽（縦九・九センチ×横一・九センチ）。袋綴。本文料紙楮紙。四つ目綴。全一四丁（うら遊紙前後各一丁）。二丁表中央に「祢津家たか文巻類之内」。二丁裏白紙。半葉一二行。漢字片仮名交じり文。朱筆等なし。一三丁裏に「祢津松鶴軒（縦三・一センチ×横二・三センチの朱長方印）／天正十六年戊子／二月朔日　常安（花押）／依田十郎左衛門殿」。

② 標色の表紙で縦がおよそ二四㌢×横がおよそ一八・五㌢のもの…一七冊現存。

1 『巣鷹之書』（外題）。一冊。縦二三・八㌢×横一八・一㌢。表紙左肩に「巣鷹之書」の貼題簽（縦一六・二㌢×横三・七㌢）。袋綴。本文料紙楮紙。四つ目綴。全一四丁（うち遊紙前一丁、後二丁）。五丁表白紙。二丁表冒頭に「巣鶬産立様幷拙立様手引之事」（巻首題）。半葉一〇行。漢字平仮名交じり文。奥書等無し。虫損甚大。

2 『生替之巻　坤』（外題）。一冊。縦二四・六㌢×横一八・六㌢。表紙左肩に「生替之巻　坤」の貼題簽（縦一八・七㌢×横三・六㌢）。袋綴。本文料紙楮紙。四つ目綴。全一二丁（うち遊紙後一丁）。一丁表左肩に「鷹生替之巻 坤八」（内題）。一丁裏および二丁表裏白紙。三丁表冒頭に「鷹生替之巻」（巻首題）。半葉九行。漢字片仮名交じり文。一一丁裏に「寶暦九己卯 依田十郎左衛門／六月吉日　盛昌（花押）（縦二・三㌢×横二・三㌢の朱正方印）／依田次右衛門殿」。

3 『鷹法定之巻 乾四』（内題）。一冊。縦二四・四㌢×横一八・五㌢。袋綴。本文料紙楮紙。四つ目綴。全一五丁（うち遊紙後一丁）。前一丁表左肩に「鷹法定之巻 乾四」（内題）。一丁裏および二丁表裏白紙。三丁表冒頭に「鷹法定之巻」（巻首題）。外題なし（貼題簽が剥離したか）。半葉九行。漢字片仮名交じり文。朱筆で合点および書名に中二重線を施す。一四丁裏に「寶暦九己卯 依田十郎左衛門／六月吉日　盛昌（花押）（縦二・三㌢×横二・三㌢の朱正方印）／依田次右衛門殿」。

4 『鷹諸道具之圖巻　乾八／九』（内題）。一冊。縦二四・四㌢×横一八・五㌢。袋綴。本文料紙楮紙。四つ目綴。全一四丁（うち遊紙後一丁）。一丁表左肩に「鷹諸道具之圖巻　乾八／九」（内題）。一丁裏および二丁表裏白紙。三丁表冒頭に「鷹諸道具圖之巻」（巻首題）。外題なし（貼題簽が剥離したか）。半葉九行。漢字片仮名交じり文。朱筆で書名に中二重線を施す。一三丁裏に「寶暦九己卯 依田十郎左衛門／六月吉日　盛昌（花押）（縦二・三㌢×横二・三㌢の朱正方印）／依田次右衛門殿」。

5　『請取渡之巻　乾三』（内題）。一冊。縦二四・四センチ×横一八・七センチ。袋綴。本文料紙楮紙。四つ目綴。全九丁（うち遊紙後一丁。九丁は遊紙と思われるが、丁の半分が切り取られた状態となっている）。一丁表左肩に「請取渡之巻　乾三」（内題）。一丁裏および二丁表裏白紙。三丁表冒頭に「請取渡之巻」（巻首題）。外題なし（貼題簽が剥離したか）。半葉九行。漢字片仮名交じり文。朱筆で書名に中二重線を施す。八丁裏に「寶暦九己卯　依田十郎左衛門／六月吉日　盛昌（花押）（縦二・三センチ×横二・三センチの朱正方印）／依田次右衛門殿」。

6　外題・内題無し。一冊。縦二四・四センチ×横一八・七センチ。袋綴。本文料紙楮紙。四つ目綴。全二七丁（うち遊紙後一丁）。一丁表白紙。二六丁裏に「寶暦九己卯　依田十郎左衛門／六月吉日　盛昌（花押）（縦二・三センチ×横二・三センチの朱正方印）／依田次右衛門殿」。二丁表〜二六丁表に、鷹道具・鷹の羽・鷹の獲物（鶉・雲雀・うさぎなど）・鷹の灸穴などに関する図解が掲載されている。

7　『祢津意趣　乾』（外題）。一冊。縦二四・三センチ×横一八・七センチ。表紙左肩に「祢津意趣　乾」の貼題簽（縦一六・五センチ×横三・五センチ）。袋綴。本文料紙楮紙。四つ目綴。全八丁（うち遊紙前二丁、後一丁）。六丁裏および七丁表白紙。三丁表冒頭に「祢津家の意趣」（巻首題）。半葉九行。漢字平仮名交じり文。朱筆で人名に中一重線、地名に右一重傍線を施す。七丁裏に「寶暦九己卯　依田十郎左衛門／六月吉日　盛昌（花押）（縦二・三センチ×横二・三センチの朱正方印）／依田次右衛門殿」。四丁および五丁の表裏は、それぞれ三行分の文章のみを残して切り取られている。

8　『養生之巻　坤』（外題）。一冊。縦二四・四センチ×横一八・六センチ。表紙左肩に「養生之巻　坤」の貼題簽（縦一六・八センチ×横二・六センチ）。袋綴。本文料紙楮紙。四つ目綴。全五三丁。一丁表左肩に「鷹養生之巻　坤三」（内題）。一丁裏および二丁表裏白紙。三丁表冒頭に「鷹養生之巻」（巻首題）。外題なし（貼題簽が剥離したか）。半葉一一行。漢字片仮名交じり文。五三丁裏に「寶暦九己卯　依田十郎左衛門／六月吉日　盛昌（花押）（縦二・三センチ×横二・三センチの朱正方印）／依田次右衛門殿」。一四丁と一五丁の間に「葬禮之巻　坤」（縦一六・四センチ×横三・六センチ）および「山鷹作法　乾」（縦一六・八センチ×横三・四センチ）の剥離した貼題簽が二葉挟まっている。

9　『鷹歌之巻　乾』（外題）。一冊。縦二四・六センチ×横一八・五センチ。表紙左肩に「鷹歌之巻　乾」の貼題簽（縦一六・七センチ×横三・五センチ）。袋綴。本文料紙楮紙。四つ目綴。全三一丁。一丁表左肩に「詠歌　乾十」（内題）。一丁裏および二丁表裏白紙。半葉一〇行。漢字平仮名交じり文。朱筆で合点を施す。三一丁表に「寶暦九己卯　依田十郎左衛門／六月吉日　盛昌（花押）（縦二・三センチ×横二・三センチの朱正方印）／依田次右衛門殿」。

10　『咒文之秘傳巻　坤十』（内題）。一冊。縦二四・四センチ×横一八・五センチ。袋綴。本文料紙楮紙。四つ目綴。全二六丁（うち遊紙後一丁）。一丁表左肩に「咒文之秘傳巻　坤十」（内題）。一丁裏および二丁表裏白紙。三丁表冒頭に「咒文秘傳之巻」（巻首題）。外題なし（貼題簽が剥離したか）。半葉九行。漢字片仮名交じり文。二五丁裏に「寶暦九己卯　依田十郎左衛門／六月吉日　盛昌（花押）（縦二・三センチ×横二・三センチの朱正方印）／依田次右衛門殿」。

11　『相形之巻　乾』（外題）。一冊。縦二四・三センチ×横一八・五センチ。表紙左肩に「相形之巻　乾」の貼題簽（縦一六・六センチ×横三・五センチ）。袋綴。本文料紙楮紙。四つ目綴。全一二丁（うち遊紙後一丁）。一丁表左肩に「鷹相形之巻　乾七」（内題）。一丁裏および二丁表裏白紙。三丁表冒頭に「鷹相形之事」（巻首題）。半葉九行。漢字片仮名交じり文。朱筆で書名に中二重線を施す。一一丁裏に「寶暦九己卯　依田十郎左衛門／六月吉日　盛昌（花押）（縦二・三センチ×横二・三センチの朱正方印）／依田次右衛門殿」。

12　『餌指之巻　坤』（外題）。一冊。縦二四・六センチ×横一八・五センチ。表紙左肩に「餌指之巻　坤」の貼題簽（縦一六・七センチ×横三・六センチ）。袋綴。本文料紙楮紙。四つ目綴。全一〇丁。一丁表左肩に「餌指之巻　坤五」（内題）。一丁裏および二丁表裏白紙。三丁表冒頭に「餌指之巻」（巻首題）。半葉九行。漢字平仮名交じり文。一〇丁表に「寶暦九己卯　依田十郎左衛門／六月吉日　盛昌（花押）（縦二・三センチ×横二・三センチの朱正方印）／依田次右衛門殿」。

13　『餌作之巻　坤』（外題）。一冊。縦二四・四センチ×横一八・六センチ。表紙左肩に「餌作之巻　坤」の貼題簽（縦一八・六センチ×横三・五センチ）。袋綴。本文料紙楮紙。四つ目綴。全一四丁（うち遊紙後一丁）。一丁表左肩に「餌作之巻　坤七」（内題）。一丁裏および二丁表裏白紙。三丁表冒頭に「鷹餌之作様」（巻首題）。半葉六～九行。漢字片仮名交じり文。一三丁裏に「寶暦九己卯　依田十郎左衛門／六月吉日　盛昌（花押）（縦二・三センチ×横二・三センチの朱正方印）／依田次右衛門殿」。

14　『五臓論　坤』（外題）。一冊。縦二四・四センチ×横一八・六センチ。表紙左肩に「五臓論　坤」の貼題簽（縦一六・六センチ×横三・六センチ）。袋綴。本文料紙楮紙。四つ目綴。全一〇丁（うち遊紙前二丁、後一丁）。八丁裏および九丁表白紙。三丁表冒頭に「鷹五臓論」（巻首題）。半葉九行。三丁表～六丁表は漢字片仮名交じり文、六丁裏から八丁表までは漢字平仮名交じり文。九丁裏に「寶暦九己卯　依田十郎左衛門／六月吉日　盛昌（花押）（縦二・三センチ×横二・三センチの朱正方印）／依田次右衛門殿」。

15　『鷹入巻　坤』（外題）。一冊。縦二四・六センチ×横一八・六センチ。表紙左肩に「鷹入巻　坤」の貼題簽（縦一六・六センチ×横三・五センチ）。袋綴。本文料紙楮紙。四つ目綴。全二〇丁（うち遊紙後一丁）。一丁表左肩に「鷹入巻　坤六」（内題）。一丁裏および二丁表裏白紙。三丁表冒頭に「鷹入巻」（巻首題）。半葉一〇行。漢字片仮名交じり文。一九丁裏に「寶暦九己卯　依田十郎左衛門／六月吉日　盛昌（花押）（縦二・三センチ×横二・三センチの朱正方印）／依田次右衛門殿」。

16　『鷹病之巻　坤』（外題）。一冊。縦二四・三センチ×横一八・六センチ。袋綴。本文料紙楮紙。四つ目綴。全一六丁（うち遊紙後一丁）。一丁表左肩に「鷹病之巻　坤二」（内題）。一丁裏および二丁表裏白紙。三丁表冒頭に「鷹病之巻」（巻首題）。半葉九行。漢字片仮名交じり文。一五丁裏に「寶暦九己卯　依田十郎左衛門／六月吉日　盛昌（花押）（縦二・三センチ×横二・三センチの朱正方印）／依田次右衛門殿」。表紙と一丁の間に「鷹病之巻　坤」の貼題簽（縦一六・七センチ×横三・六センチ）が挟まっている。

17　『獫糜形繪圖』（扉題）。一冊。縦二五・六センチ×横一九・

〇センチ。袋綴。本文料紙楮紙。四つ目綴。全一〇丁（うち遊紙後一丁）。一丁表中央に「獫麋形繪圖」（扉題）。一丁裏および二丁表裏白紙。外題なし（貼題簽が剥離したか）。九丁裏に「寶暦九己卯　依田十郎左衛門／六月吉日　盛昌（花押）（縦二・三センチ×横二・三センチの朱正方印）／依田次右衛門殿」。全丁につながれた鷹犬の図が掲載されている。

18　『白鷹記　乾』（外題）。一冊。縦二四・四センチ×横一八・六センチ。表紙左肩に「白鷹記　乾」の貼題簽（縦一六・五センチ×横三・五センチ）。袋綴。本文料紙楮紙。四つ目綴。全八丁（うち遊紙前二丁、後一丁）。七丁表白紙。三丁表冒頭に「白鷹之記号後普光園院與又大二位殿攝政關白良基公御作」（巻首題）。半葉九行。漢字片仮名交じり文。七丁裏に「寶暦九己卯　依田十郎左衛門／六月吉日　盛昌（花押）（縦二・三センチ×横二・三センチの朱正方印）／依田次右衛門殿」。

19　『白鷹之記』（内題）。一冊。縦二四・四センチ×横一八・〇センチ。表紙左肩に貼題簽が剥離した残部の欠片有（部分的に「鷹之記」の文字が見える）。袋綴。本文料紙楮紙。四つ目綴。全七丁（うち遊紙前一丁、後二丁）。五丁裏白紙。二丁表冒頭に「白鷹之記」（巻首題）。半葉八行。漢字片仮名交じり文。奥書等無し。

20　『鷹序之巻　乾二』（内題）。一冊。縦二四・四センチ×横一八・四センチ。袋綴。本文料紙楮紙。四つ目綴。全一一丁（うち遊紙後一丁）。一丁表左肩に「鷹序之巻　乾一」（内題）。一丁裏・二丁表裏及び九丁裏・一〇丁表白紙。三丁表冒頭に「鷹序之巻」（巻首題）。半葉八行。漢字片仮名交じり文。一〇丁裏に「寶暦九己卯　依田十郎左衛門／六月吉日　盛昌（花押）（縦二・三センチ×横二・三センチの朱正方印）／依田次右衛門殿」。朱引き（地名は右に一本、人名は中に一本、官名は左に一本、書名は中に二本、元号は左に二本）有。

21　『葬禮之記　坤九』（内題）。一冊。縦二四・四センチ×横一八・五センチ。袋綴。本文料紙楮紙。四つ目綴。全一一丁（うち遊紙後一丁）。一丁表左肩に「葬禮之記　坤九」（内題）。一丁裏および二丁表裏白紙。三丁表冒頭に「葬禮之記」（巻首題）。半葉八行〜九行。ほぼ漢文、一部に平仮名・片仮名が交じる。一〇丁裏に「寶暦九己卯　依田十郎左衛門／六月吉日　盛昌（花押）（縦二・

三センチ×横二一・三センチの朱正方印）／依田次右衛門殿」。

22 『灸処之巻　坤四』（内題）。一冊。縦二四・四センチ×横一八・四センチ。袋綴。本文料紙楮紙。四つ目綴。全一五丁。一丁表左肩に「灸処之巻　坤四」（内題）。一丁裏・二丁表裏・一五丁裏白紙。三丁表冒頭に「灸処之巻」（巻首題）。半葉六行〜九行。漢字片仮名交じり文。一五丁表に「寶暦九己卯　依田十郎左衛門／六月吉日　盛昌（花押）（縦二一・三センチ×横二一・三センチの朱正方印）／依田次右衛門殿」。

23 『獫請取渡シ之ノ巻』（巻首題）。一冊。縦二四・五センチ×横一八・六センチ。袋綴。本文料紙楮紙。四つ目綴。全八丁（うち遊紙前後各一丁）。二丁表冒頭に「獫請取渡シ之ノ巻」（巻首題）。半葉八行。漢字平仮名交じり文。七丁裏に「寶暦九己卯　依田十郎左衛門／六月吉日　盛昌（花押）（縦二一・三センチ×横二一・三センチの朱正方印）／依田次右衛門殿」。漢字片仮名交じり文が七行書き付けられた紙片（縦二三・五センチ×横一〇・二センチ）一枚と漢字片仮名交じり文が四行書き付けられた紙片（縦二三・五センチ×四・五センチ）一枚が、それぞれ遊紙と二丁の間及び二丁と三丁の間に挟まっている。

24 『祢津家獫之秘書』（外題）。一冊。縦二四・四センチ×横一八・六センチ。表紙左肩に「祢津家獫之秘書」の貼題簽（縦一六・六センチ×横三・六センチ）。袋綴。本文料紙楮紙。四つ目綴。全七丁（うち遊紙後一丁）。一丁表右肩に「犬牽印可巻物ニ書調可遣写本也」、同中央に「祢津家獫之秘書」。一丁裏白紙。二丁表冒頭に「祢津家獫之秘書」（巻首題）。半葉八行。漢字片仮名交じり文。六丁表七行〜六丁裏六行に「右獫飼之秘書正祢津松鷗軒常安四代／之末裔今是傳者也於天下前後不審／不可有是唯受可為一人也／延寶二甲子年／依田源五／三月吉日貞廣／孫三郎殿」。漢字片仮名交じり文が一行書き付けられた紙片二枚（縦二〇・一センチ×横二・五センチと一六・八センチ×三・二センチ）が三丁と四丁の間に挟まっている。

25 『鷹装束之巻　乾　六』（内題）。一冊。縦二四・四センチ×横一八・五センチ。袋綴。本文料紙楮紙。四つ目綴。全一七丁（うち遊紙後一丁）。一丁表左肩に「鷹装束之巻　乾　六」（内題）。一丁裏・二丁表裏・一五丁裏・一六丁表白紙。三丁表冒頭に「鷹装束之巻」（巻首題）。

半葉八～九行。漢字片仮名交じり文。一六丁裏に「寶暦九己卯　依田十郎左衛門／六月吉日　盛昌（花押）（縦二・二チセン×横二・三チセンの朱正方印）／依田次右衛門殿」。

26 『山鷹作法　乾　五』（内題）。一冊。縦二四・五チセン×横一八・五チセン。袋綴。本文料紙楮紙。四つ目綴。全一四丁（うち遊紙後一丁）。一丁裏・二丁表裏・一二丁裏・一三丁表白紙。一丁表左肩に「山鷹作法　乾　五」（内題）、三丁表冒頭に「山鷹ノ作法」（巻首題）。半葉九行。漢字平仮名交じり文。一三丁裏に「寶暦九己卯　依田十郎左衛門／六月吉日　盛昌（花押）（縦二・三チセン×横二・三チセンの朱正方印）／依田次右衛門殿」。剥離した「法定之巻　乾」の貼題簽（縦一六・五チセン×横三・五チセン）および「獫請取渡巻」貼題簽（縦一六・五チセン×横三・五チセン）がそれぞれ表紙と一丁の間及び後の遊紙と裏表紙の間に挟まっている。

27 『鷹歌』（巻首題）。一冊。縦二四・三チセン×横一八・〇チセン。袋綴。本文料紙楮紙。四つ目綴。全五〇丁（うち遊紙前一丁後二丁）。一丁表冒頭に「鷹歌」（巻首題）。四八丁裏白紙。半葉八行。漢字平仮名交じり文。奥書なし。

③ 表紙も大きさもふぞろいのもの・・・一一冊現存。

1 外題・内題無し。表紙左肩に縦七・〇チセン×横一・九チセンの貼題簽が剥離した痕跡有り。一冊。原装無地表紙。縦一七・〇チセン×横一八・一チセン。列帖装。本文料紙楮紙。全八一丁（うち遊紙前一丁）。八〇丁表裏白紙。二丁表～三七丁裏まで半葉一〇行、漢字平仮名交じり文で鷹和歌（「あらたまの」類）の無注本文が掲出されている。三八丁表～五四丁表三行目まで半葉九行～一三行、漢字平仮名交じり文で鷹和歌（「やまひめに」類）の有注本文が掲載されている。五四丁表四行目～六六丁表まで半葉一〇行、漢字平仮名交じり文で鷹和歌の無注本文が掲出されている。六六丁裏に鷹・馬・猿の図、六七丁表は半葉四行漢文、六七丁裏は白紙、六八丁表は漢字平仮名交じり文で鷹和歌一首掲出（二行のみ）。六八丁裏および六九丁表裏は白紙。七〇丁表～七三丁表まで半葉一一行～一三行、漢字平仮名交じり文の鷹和歌に漢字片仮名交じり文の注が付されたものが掲載されている。七四丁表～七九丁裏まで半葉九行で漢字平仮名交じり文の鷹連歌に漢字片仮名交じり文の注が付されたものが掲出されている。全体を通して朱筆で合点や丸印記号等を施す。八一丁表に「天正十六年戊子祢津松鷂軒（縦三・一センチ×横二・三センチの朱長方印）／二月朔日　常安（花押）／依田十郎左衛門殿」。三七丁と三八丁の間、六九丁と七〇丁の間、七二丁と七三丁の間にそれぞれ紙片が一葉ずつ挟まれている。表紙の色落ちなど全般に損傷が激しい。

2　外題・内題無し。一冊。原装朽葉色無地表紙。縦二三・四センチ×横一九・三センチ。袋綴。本文料紙楮紙。四つ目綴。全九四丁（うち遊紙前後各一丁）。外題なし。半葉一一行。漢字平仮名交じり文。朱筆で合点および丸印記号や読点等を施す。九三丁表に「祢津家たか秘傳書彼巻ニ数種参／他左返而然其事相ゆつり参也／宝永五年戊寅　同次右衛門／六月一六日　守廣（花押）／依田斎助殿」、九三丁裏に「天正十六年戊子　祢津松鷂軒／二月朔日　常安（花押）（縦三・一センチ×横二・三センチの朱長方印）／依田次右衛門尉殿」。

3　『観定巻　全』（外題）。一冊。原装朽葉色無地表紙。縦一五・三センチ×横一五・八センチ。桝形本。袋綴。本文料紙楮紙。四つ目綴。全一〇一丁（うち遊紙前後各一丁）。一〇〇丁裏白紙。表紙左肩にウチツケ書きで「観定巻　全」（外題）。半葉一一～一二行。漢字片仮名交じり文。朱筆で合点及び濁点・読点等を施す。後半部に鷹の羽・鷹の獲物・鷹の灸穴に関する図解が掲載されている。一〇〇丁表に「祢津松鷂軒（縦三・一センチ×横二・三センチの朱長方印）／天正十六年戊子／二月朔日　常安（花押）／依田十郎左衛門殿」。後半部に鷹の羽・鷹の獲物・鷹の灸穴に関する図解が掲載されている。

4　『鷹之書』（巻首題）。一冊。改装香色無地表紙。縦二四・二センチ×横一七・七センチ。袋綴。本文料紙楮紙。四つ目綴。全四八丁（うち遊紙前後各一丁）。二丁表冒頭に「鷹之巻」（巻首題）。外題なし（貼題簽が剥離したか）。半葉九行～一二行。漢字平仮名交じり文。二三丁と二四丁の間に紙片が一葉挟まっている。奥書等無し。各丁に裏打ちを施す。朱筆で合点、丸印記号等の書き入れ有り。

5　外題・内題無し。一冊。改装香色無地表紙。縦二四・二センチ×横一八・二センチ。袋綴。本文料紙楮紙。四つ目綴。全五一丁（うち遊紙前後各一丁）。外題なし（貼題簽が剥離したか）。半葉一〇行～一二行。五〇丁表末尾に「依田次右衛門／永禄六年五月廿日／守廣（花押）」。各丁に裏打ちを施す。朱筆で丸印記号等の書き入れ有り。右掲4の『鷹之書』と表紙の装丁等が似ている。

6　『近衛龍山　鷹百首』（巻首題）。一冊。原装黄蘗色無地表紙。縦二五・六センチ×横一八・七センチ。袋綴。本文料紙楮紙。四つ目綴。全五〇丁（うち遊紙前後各二丁）。三丁表冒頭に「近衛龍山　鷹百首」（巻首題）。外題なし（貼題簽が剥離したか）。半葉一一行。漢字平仮名交じり文。四八丁裏末尾に「天正七年卯月仲旬／右間心詠鷹詞百首者秀吉公幷家康公依懇望／之染秀筆外雖令停止之山岡主斗以深執心之／上書写者也同鷹道巻令相傳之而已／慶長十年霜月日　龍山　御在判」。五〇丁裏に上下逆で「礼節仕付鷹の道諸道」の一文有り。

7　『明神流鷹歌　二百首』（巻首題）。一冊。原装黄蘗色無地表紙。縦二五・九センチ×横一八・七センチ。袋綴。本文料紙楮紙。四つ目綴。全三四丁（うち遊紙前後各二丁）。三丁表冒頭に「明神流鷹歌　二百首」（巻首題）。外題なし（貼題簽が剥離したか）。半葉一一行。漢字平仮名交じり文。三二丁裏末尾に「明神流（下野国宇都宮）　氏家祢宜丹後守宗貞／大宮新蔵人佐宗勝／在判」。右掲6の『近衛龍山　鷹百首』と表紙の装丁等が似ている。

8　『生替』（外題）。一冊。縦一五・七センチ×横一六・四センチ。縹色無地表紙。表紙左肩に「生替」の貼題簽（縦一九・五センチ×横二・〇センチ）。袋綴。本文料紙楮紙。四つ目綴。全二五丁（うち遊紙前後各一丁）。二丁裏・二四丁裏白紙。半葉一二行。漢字平仮名交じり文。朱筆で合点・読点・丸印記号などの書き入れあり。二四丁裏に「祢津松鶴軒（縦三・一センチ×横二・三センチの朱長方印）／天正十六年（戊子）／二月朔日　常安（花押）／依田十郎左衛門殿」。

9　題名不明。一冊。縦一六・二センチ×横一六・六センチ。縹色無地表紙。表紙左肩に貼題簽の剥離痕。袋綴。本文料紙楮紙。四つ目綴。全五四丁（うち遊紙前後各一丁）。

五二丁表・五三丁裏白紙。半葉九行～一三行。漢字片仮名交じり文。五二丁裏に「祢津松鶏軒（縦三・一チセン×横二・三チセンの朱長方印）／天正十六年戊子／二月朔日　常安（花押）／依田十郎左衛門殿」、五三丁表に「依田権六（つり鐘形の朱印）／元禄十五年巳／五月十六日　仍守（花押）／依田弥十郎殿」。

10　題名不明。一冊。縦一六・二チセン×横一六・六チセン。縹色無地表紙。表紙左肩に貼題簽の剥離痕。袋綴。本文料紙楮紙。四つ目綴。全四三丁（うち遊紙前後各一丁）。三九丁裏・四〇丁表・四二丁裏白紙。四〇丁裏に「祢津松鶏軒（縦三・一チセン×横二・三チセンの朱長方印）／天正十六年戊子／二月朔日　常安（花押）／依田十郎左衛門殿」、四一丁表に「依田権六（つり鐘形の朱印）／元禄十五年巳／五月十六日　仍守（花押）／依田弥十郎殿」。作中において彩色を施した鷹関連の図が多数掲載されている。それらを漢字平仮名交じり文で解説。

11　題名不明。一冊。本文共紙表紙。紙縒綴。縦一一・五チセン×横一七・二チセン。全二八丁。白紙丁多数。漢字片仮名交じり文。数か所図解部分あり。奥書等なし。裏表紙見返しにも文言有。

第四編　鷹匠と乖離した流派・無流派の鷹匠

第一章　礼法家による鷹術流派の創作
―小笠原流の鷹書―

はじめに

以上において、中近世期の武家の鷹匠たちが属した鷹術流派の成立と伝播の系譜及び展開について、各流派の鷹書の叙述内容を手掛かりに、その諸相を明らかにしてきた。本章では、これまでとは別視点から鷹術流派とそれにまつわる文化伝承について考察する。すなわち、鷹匠が実際に関わっていない鷹術流派について取り上げ、その成立と展開に関する文化的実相を検証してゆく。具体的には、礼法家に由来する鷹書について検討し、それを介して鷹術流派が創作された実情を明らかにすることで、当時の鷹術流派が生み出した多彩な放鷹文化の周縁的様相を考証してゆく。

さて、中近世期の小笠原氏が武家礼法の伝授を家業としていたことは周知の事実である。同氏の礼法は「小笠原流」と称して主に近世期において爆発的に流行する。[※1]が、その流行の中心を担ったのは必ずしも小笠原氏の一族が直接関わる流派ではなく、当家の門弟筋から派生した「水嶋流」であった。[※2]「水嶋流」とは、水嶋卜也という江戸に道場を開いた礼法家による小笠原流の一派のことで「水嶋派」とも称する。卜也は、豊前国小倉藩の小笠原家に仕えた小池貞成の門人で、自身も多数の門弟を擁し、諸大名から庶民にいたる幅広い階層に「小笠原流の礼法」を伝授したとされる。近世期に同流派の礼法が広く普及することになったのは、このような彼の活躍によるところが大きい。その具体的な軌跡は、彼の名が奥書に記された膨大な量の伝書類によって窺い知ることができる。[※3]

このように、近世期において小笠原流礼法の流布に貢献した水嶋卜也の伝書は、先学においても相応の研究成果が提示されている。たとえば陶智子[※4]は、奥書に水嶋卜也の名前が見える膨大な数の礼法書を博捜し、奥書の情報から卜也とその前後に伝授された礼法家の系譜について詳しく検討した。その成果を以て、伝授の系統（＝伝系）を中心とする水嶋派の実態の大部分が解明されるに至った。が、陶はあらゆる水嶋流の礼法書を網羅的にカバーしながら、近世期の武家の間で隆盛した礼法書である「鷹書」については、まったく触れていない。実は、近世期において、奥書に卜也の名前が見える「小笠原流の鷹書」が相当数流布していたのである。それらのほとんどは、陶が取り上げた礼法書類の奥書と重なる記述を持つにも関わらず、看過されてきた。また、陶に先立って島田勇雄[※5]が水嶋派の鷹書について取り上げているが、その伝系について「信頼性に問題がある」と簡略に指摘するに留まり、叙述内容に関する具体的な考察にまでは踏み込んでいない。このように、水嶋派の鷹書は、近世期に小笠原流の礼法を広めた重要な媒体であったと予想されるにも関わらず、これまで十分に考究されてきたとは言い難い状況にある。

そこで、本章では、小笠原流水嶋派の伝書の中から、先学で深く検討されることがなかった「鷹書」について注目する。特に、従来の小笠原流の伝書研究が「伝系」に偏重していたことを鑑みて、本章ではテキストに叙述されている「内容」を中心に検討したい。このように、これまで見逃されてきたジャンルのテキスト（＝鷹書）から得られる知見は、小笠原流水嶋派の実態を探る新しい手がかりと言えるものになろう。本章ではこの試みを踏まえて、礼法家による鷹術流派とその伝書の創作の手法を明らかにし、鷹匠から乖離した鷹術流派にまつわる文化伝承の実相について言及してゆく。

一　宮内庁書陵部蔵『小笠原家 鷹方委被傳授 全』の奥書と序文

以上の見解を踏まえて、本章では宮内庁書陵部蔵『小笠原家 鷹方委被傳授 全』を取り上げる。同書の書誌の概要は以下の通り。宮内庁書陵部松平本。函号一六三—一〇二九。縦二七・五㌢×横二〇・五㌢の袋綴じ一冊。全一七丁。表紙左上に「小笠原家 鷹方委被傳授　全」の貼題簽（縦一九・七㌢×四・〇㌢）。一丁表に「鷹方委被傳授」の内題。二丁表に「宮内省圖書印」（四・五㌢×四・五㌢）の蔵書印及び一七丁裏に「昭和3年12月伯爵松平直亮寄贈」の受け入れ印有り。一六丁表～一七丁表には以下のような奥書が見える。

右此一巻者、小笠原長時、信州御没落以後、予此道畫心緒、於御側御傳授令書写畢。他家不可有類本、雖然、依不浅御執心懇記進之。不可有外見者也。

岩村意休重久
小笠原河内知成
上原八左衛門定宣

水嶋卜也之成
佐野卜仙勝舊

これによると、当該書は小笠原長時が信州から没落した後に、「御側」で伝授して書写させたものと伝える。「他家不可有類本」（他家に類本有べからず）といえども、浅からぬご執心により懇に記したものであるが、外見することは禁じられているという。この記述を信ずるならば、同書は「小笠原長時直伝の鷹書」ということになる。伝授されたのは最初に名前が見える「岩村意休重久」（伝未詳）ということになろう。しかしながら、この長時没落時に直接伝授されたという言説は、陶によると「岩村意休重久」の名前を奥書に載せる伝書によく見られるものという。[※6] さらに後半点線部に見える「浅からぬご執心云々」の文言は水嶋卜也の伝書類に頻繁に確認できる。[※7] また、「岩村意休重久――小笠原河内知成――上原八左衛門定宣――水嶋卜也之成――佐野卜仙勝舊」という相伝の系譜もまた、水嶋派の伝書の奥書によくあるパターンである。[※8] ちなみに、奥書の最末尾に見える「佐野卜仙勝舊」は江戸柳生家第四代当主・柳生宗在の弟子で、江戸柳生流の伝書である『柳生流新秘抄』（正徳六年（一七一六））の作者とされる人物である。[※9] このように、宮内庁書陵部蔵『小笠原家　鷹方委被傳授　全』の奥書に見える記載は、いずれも小笠原流水嶋派の伝書において類似表記の用例が多数見られるものである。このことから、同書は水嶋派の伝書の典型と判断することが出来よう。水島派の鷹書の代表例として同書を取り上げる所以である。

また、島田[※10]が指摘しているように、小笠原流水嶋派の伝書は、大半がその素性について疑問視されている。「小笠原長時直伝の鷹書」を謳う宮内庁書陵部蔵『小笠原家　鷹方委被傳授　全』もまた、その伝来過程が史実を反映したものとは考えがたい。しかしながら、先述のように、水嶋派の伝書が近世期における小笠原流の礼法の普及に貢献したことは事実であることから、本書についても、「小笠原流を流布した媒体」という価値に特化して注目したい。

ところで、同書の冒頭に当たる二丁表には以下のような序文が見える。

聖武皇帝御宇、唐人来光居鷹、由来曳犬、来本朝。依勅命、源政頼（三条祖）請取之鷹方悉被傳授、尓来益用而已。

これは、鷹の伝来説話の一種である。すなわち、聖武天皇の時代に唐人の来光が鷹を据え、由来が犬を曳いて本朝に来たと言う。勅命によって三条家の祖とされる源政頼が鷹方（鷹術）を彼らから悉く伝授され、以来これを用いてきたと伝えている。ここに見える「源政頼」は、清和源氏満政流の人物で天喜五年（一〇五七）に出羽守に任じられた「源斉頼」ではない。史実においては確認できない伝承上の人物で、宮内庁書陵部蔵『小笠原家鷹方委被傳授　全』の右掲の説話のように、鷹書における鷹の伝来説話によく見られる「モチーフ」の一種である。彼が登場する鷹術説話には、さまざまな筋立ての類話があり、たとえば、宮内庁書陵部蔵『小笠原家　鷹方委被傳授　全』と同時代に流布した「政頼流」を冠するいくつかの鷹書の序文には、同書によく似た類話が確認できる。たとえば、奥書に正徳四年（一七一四）の書写年紀が見える宮内庁書陵部蔵『政頼流鷹方之書　全　鷹御内書』（函号一六三―一三三二）には、以下のような序文が見える。

政頼流鷹方事

昔従二唐國一来光鷹居へ、由光犬ヲ疋キ、渡舟ス。時ニ、三条西殿御先祖三条家政頼卿、為二勅使一ト、鷹並ニ犬ヲ請取リ、則チ一巻ヲ相傳ンスト云々。鷹方以テ今専当流ニ用来リ候。鷹ノ之文字、鷹之言、三條家ヲ用ユ。公方様、御内書ニ大形当家御文言ニ而相調候歟。

右掲の記事の冒頭に「政頼流鷹方事」と見えることからも、同書が「政頼流」を標榜する鷹書であることが窺えよう。以下に続く叙述によると、当該流派の由来が述べられた後に、鷹文字・鷹詞は三条家のものを用いることを記し、さらには将軍家の御内書と当家の文言についても言及している（立命館大学図書館西園寺文庫蔵『政頼流鷹方事』〈函号二〇七〉の冒頭に見える序文にも同じ叙述が掲載されている）。このうち、宮内庁書陵部蔵『小笠原家　鷹方委被傳授　全』の序文と内容が一致しているのは、政頼流の由来を述べている傍線部分である。該当箇所の内容を箇条書きにすると以下のようになる。

①昔、唐国から来光が鷹を据え、由光が犬を曳いて舟で渡ってきた。
②その時、三条西殿の先祖である三条家の政頼卿が勅使として鷹と犬を受取り、一巻を相伝された。
③鷹術は現在、もっぱら当流（政頼流）が用いられている。

この内容を宮内庁書陵部蔵『小笠原家　鷹方委被傳授　全』と比較すると、目立った異同としては、①の「昔」という文言が、同書では「聖武皇帝後宇」となっているくらいで、他は表現レベルの瑣末な違いしかない。このことから、宮内庁書陵部蔵『小笠原家　鷹方委被傳授　全』の序文は、宮内庁書陵部蔵『政頼流鷹方之書　全　鷹御内書』における政頼流の由来を説く叙述とほぼ同じ内容であると言える。と言うことは、宮内庁書陵部蔵『小笠原家　鷹方委被傳授　全』は、小笠原長時直伝を主張しているにも関わらず、政頼流の流派由来譚を掲載しているのである。その要因のひとつとして、宮内庁書陵部蔵『小笠原家　鷹方委被傳授　全』の奥書の最末尾に見える「佐野卜仙勝舊」の活動時期が、宮内庁書陵部蔵『政頼流鷹方之書　全　鷹御内書』の書写年紀の時代と重なるという状況が挙げられる。つまり、両テキストがほぼ同時期に流布していたと推定されることから、これらの間に書承上もしくは伝承上の情報交流が存していた可能性が予想されるのである。

また、第一編第二章で引用した栗原柳庵著の『柳庵雑筆』第二[※11]は、両書より一〇〇年ほど後のものであるが、百済から伝来した鷹術の芸を伝えたのは「出羽守源斉頼」で、その芸は「武家」に相承されたとしている。後世の情報ではあるが、このように政頼流の鷹術が武家の芸とされる伝承が存在していたことは改めて注意される。あるいは、宮内庁書陵部蔵『小笠原家 鷹方委被傳授 全』の序文もそのような状況に応じて政頼流の流派の由来譚を引用したのかもしれない。

いずれにしろ、宮内庁書陵部蔵『小笠原家 鷹方委被傳授 全』の序文に掲げられた叙述は、奥書に見えるような長時直伝で「他家不可有類本」という内容とは乖離したものであった。さらには小笠原流水嶋派独自の鷹術伝承とも判断し難いものでもあった。

二　宮内庁書陵部蔵『小笠原家 鷹方委被傳授 全』の本文

では、次に、以上のような奥書と序文を持つ宮内庁書陵部蔵『小笠原家 鷹方委被傳授 全』の本文について検討してみる。

同書の二丁裏には架に繋がれた大鷹の図が描かれているのみで、それに関する説明等の文言はない。実質上の本文といえるのは三丁表〜一五丁裏において掲載されている鷹道具と贄に関する合計二九種類の図解の部分であろう。これらはそれぞれの種類ごとに項目立てされ、各条項には道具や贄の名称及びその該当図と注記が見える

（図（1）三〇四頁参照）。以下に、それらの図解の中から文言の部分のみを抽出する（冒頭に通しの条数を私に付した）。

①　大緒
【大緒の図】小槌結　梨形片方四寸宛　天筋　蝉頭　八分　一寸二分
長六尺五寸　又五尺五寸

②　餌籠（エフゴ）　高さ五寸又ハ六寸　中廻り二尺八寸　底渡二寸五分　口の渡三寸
【餌籠の図】菟頭　掛緒　汗走　血黐　腰輪　請緒　鳥首

③　足革
【足革の図】脛　縫合　蛭口　山形又手覆共　剣先　芝引共　将棊頭
大鷹ニハ　八寸二分　又七寸二分　鷂ニハ　七寸二分　又六寸二分

④　鈴板　大鷹ニハ　長一寸八分　横八分
兄鷹　同一寸二分　同六分
小鷹　同一寸　同五分
【鈴板の図】鈴持　同形　雲形

⑤　鈴
【鈴の図】腹　鈴口　吹合　竜頭

⑥　鷂鞭
【鷂鞭の図その i】長一尺五寸　又九寸七寸藤ニテ　作ル

⑦【鵗鞭の図そのii】菊形　又柄杓鼻トモ

屝拂（サイハラヒ）【屝拂の図】鐶　毛ノ長五寸　柄長三尺上下ニ送輪アリ

⑧

捻木（ネシキ）【捻木の図】鳫股長三寸五分　柄長サ送輪右ニ同シ

⑨

揚木（アケキ）【揚木の図】打鎰柄送輪トモニ右同頭

⑩

水入【水入の図】筒長八寸幅同四方赤金ニテ作ル

⑪

餌器（エゲ）【餌器の図】指渡三寸五分　高一寸五分　幅二寸五分　内朱外黒塗　但一對友蓋アリ

⑫

餌苴（エツト）クサ【餌苴の図】網目六府

⑬

糞板（ウチイタ）【糞板板の図】長一尺八寸　高八分　横一尺一寸

⑭

水縄

【水縄の図】

長五尺八寸　麻苧ニテ打ナリ　鷹ニ水ヲあひせる時足革ニ付る

⑮ 置縄（ヲキナワ）

【置縄の図】虎革　筒長五寸

縄長三十三尋　又三十尋

⑯ 繳（ヘヲ）

アミ

イクルミ

【繳の図】虎革（トラカハ）足緒頭トモ

繳長三十尋　半繳ハ十五尋　半中ハ七尋

筒長四寸五分　但　上ノ方ニ猪目ヲ明也

⑰ 勢子杖　梅木長七尺五寸　又ハ其人長笠ノ縁長ニモ

【勢子杖の図】此間五寸ハカリ　荊棘先（イハラサキ）　鳥掛五寸

⑱ 犬餌狩杖　桜木葉椿ニテモ其人ノ肘長

【犬餌狩杖の図】草分　草突トモ

⑲ 鷹匠狩杖

【鷹匠狩杖の図】

其人ノ乳道ノ尺ヲ用ヘシ

⑳ 犬唆鳥（イヌハミトリ）

　クラウ

【犬唆鳥の図】

犬唆たる鳥ハ藤にて圖のことく田物懸にすべし　口傳

㉑ 雉子懸鳥

【雉子懸鳥の図】此間ニ伏長雉ニ切へし　此結目ヨリ下の結目ノ間四寸ニスヘシ

　山緒藤にて掛へし　但雌ニハ割藤ヲ用ヘシ　歌ニ

　山の前田には後とあるときハ

　　鳥に別たる人そ知へし

㉒ 花ニ鳥

【花ニ鳥の図】木ノ長サ凡六七尺ホト　返刀

　古歌ニ　我かたのむ君か為にと折花ハ

　ときしもわかぬ物にそあるける（ママ）

㉓ 初鳫

【初鳫の図】

　田物の初鳫稲を番に取結合　両方を縄ニナヒ　それにて圖の如く胸へ稲穂を見せて其品よきやうに懸へし

初鳫の秘事なり

㉔
田鳥
【田鳥の図】一寸二分　二寸四分
田物懸何も縄なり　下の結目より六寸おき結ひて横手を、き切り一方ハ半分切へし　陰陽の心持なり　初
寄脇第三の懸様　口傳

㉕
鶴
【鶴の図】
鶴鴻ハ下の結目より七寸置てむすひ崎を横手をきて陰陽ニ切へし　口傳

㉖
挟鳥鶉
【挟鳥鶉の図】鳥の間を紙捻にて捻かけて結ふなり
鶉雲雀は圖のことく竹の枝を二三ツのこし一節つ、間をおき見合頭と羽を挟へし　鳥の間を紙捻にて結ひ鳥を半ニ挟なり　鷹場より直くニ遣ふとき若し竹なくは萩薄なと束て挟へし　挟様前のおなし　されとも雀ハ竹に挟なり

㉗
枊架（カセホコ）
【枊架の図】横木二尺　御立木三尺　折釘　鉠
鷲つかふときの道具なり　高麗よりわたるなり　依て麗架とも云ふ

㉘
燈臺架

【燈臺架の図】
天竺よりわたる架なり　上ハ蓮花形なり　寸法靡やう秘事なり　口傳

㉙　架

【架の図】木ノ本　架垂三幅三尺　横四尺八寸　三寸　本末
攝骨木を用へし　是鷹の為に薬の木なり　木の太サ五六寸廻り長サ五尺八寸　高三尺六寸　或ハ四尺　鷹の大小によりて木の本末ニ靡こと流儀に寄と云とも前後ともに一理あり　猶口傳

以上のうち、①～⑲及び㉗～㉙は鷹道具に関する項目、⑳～㉖は贄の作法の説明の項目ということで、内容上において二通りに大別できる。以下に各項目の概要を示す。

① 「大緒」（＝鷹を架に繋ぐ紐）の部位及び寸法についての注記。
② 「餌籠」（＝餌入れ）の寸法及び部位についての注記。
③ 「足革」（＝鷹の足に付ける革紐）の部位及び寸法についての注記。寸法に関しては「大鷹」と「鷂」の二通りのものを記す。
④ 「鈴板」（＝鷹の尾につける鈴に当てる板）の寸法及び部位についての注記。寸法に関しては「大鷹」「兄鷹」「小鷹」の三通りのものを記す。
⑤ 「鈴」（＝鷹の尾につけるもの）の部位についての注記。
⑥ 「鷂鞭」（＝鷂の鞭）の寸法及び素材が「藤」であることについての注記。さらにもうひとつ「菊形」の部位を持つ種類の図を掲示してそれが「柄杓鼻」と称することを説明。

⑦「鞐拂」（＝巣鷹を調教する際に用いる棒状の道具）の部位及び寸法についての注記。
⑧「捻木」（＝鷹匠が用いる棒状の道具）の寸法及び部位についての注記。
⑨「揚木」（＝鷹匠が馬上で用いる棒状の道具）の部位についての注記。
⑩「水入」（＝水筒）の寸法についての注記及び素材が「赤金」であることの説明。
⑪「餌器」（＝蓋のある鷹の餌入れ）の寸法及び部位についての注記。
⑫「餌苴」（＝藁で編んだ鷹の餌入れ）の部位についての注記。
⑬「糞板」（＝鷹が餌を吐き戻したものを受ける板）の寸法についての注記。
⑭「水縄」（＝鷹に水浴させる際に用いる縄）の寸法についての注記。さらには素材が「麻苧」を打ったものであること及びこの道具の使用法について鷹に水浴びさせる時に足革に付けるものであると説明。
⑮「置縄」（＝大鷹の足につなぐ紐）の部位及び寸法についての注記。
⑯「緻」（＝鷹の足につなぐ紐）の部位及び寸法についての注記。
⑰「勢子杖」（＝獲物を追う人の杖）の素材が梅の木であることと寸法及び部位についての注記。
⑱「犬飼杖」（＝犬飼の杖）の素材が桜木もしくは葉椿であることと使用者の肘の長さにすることを説明。及び部位についての注記。
⑲「鷹匠狩杖」（＝鷹匠の杖）について、使用者の胸（乳？）に合わせた長さを用いるべきであることを説明。
⑳「犬喫鳥」という雉を贄に掛ける作法について、犬が咬んだ鳥は藤で掛けることなどを説明。
㉑「雉子懸鳥」という雉を贄に掛ける作法について、結び目と結び目の間の寸法などを注記。さらに、雄は

「山緒藤」雌は「割藤」を用いて掛けることなどを説明。和歌を一首引用している。

㉒「花ニ鳥」という雉を桜の木に贄として掛ける作法について、木の長さの寸法などを注記。和歌を一首引用している。

㉓「初鳫」という鳫を贄として稲穂に掛ける作法について、稲を番に結ぶことや鳫の胸に稲穂を見せるように掛けることなどを説明。

㉔「田鳥」という贄の作法について、田で狩った鳥を掛けるのはいずれも縄であることやその結び目の間の寸法や紐の切り方などを説明。

㉕「鸖」という鸖や鴫を贄に掛ける作法について、紐の結び目の間の寸法やその先の切り方について説明。

㉖「挟鳥鶉」という小鳥や鶉を竹の枝に挟んで贄に掛ける作法について、鳥の間に紙を捻りかけて結ぶことや、鶉や雲雀は竹の枝を二つ三つ残して一節ずつ間をおいて頭と羽を挟むことを説明。さらには鷹場からすぐに遣うときに竹が無い場合は萩薄などを束ねて竹の場合と同様に挟むこと、しかし雀は竹に挟むことなどを解説。

㉗「杻架」（＝鷲を止まらせる際に用いる架）の寸法及び部位についての注記。さらにはこれが鷲を遣うときに使用する道具であることや高麗から伝来したため「麗架」とも言うことを説明。

㉘「燈臺架」（＝上が蓮華のような形状になっている架）が、天竺から伝来したものであることや上部が蓮華の形になっていることを説明。さらにはその寸法や繋ぎ様については秘事であることを記す。

㉙「架」（＝鷹を止まらせる木）の部位である架垂（架にかけられる布）とその寸法についての注記。さらには架の木

について、「攄骨木」を素材とするのは鷹のために薬の木であるからと説明する。さらに続けてその架木の寸法及び「鷹の大小（雌・雄）」によって架木の本もしくは末に繋ぐことが流儀によると解説。

このうち、鷹道具に関する項目の①〜⑲及び㉗〜㉙は、いずれも宮内庁書陵部蔵『啓蒙集　繪圖之部』（函号一六三─一三二四）に類似した図解が見え、贄の作法に関する項目の⑳〜㉖は、宮内庁書陵部蔵『啓蒙集　鳥柴附』（函号一六三─一三二四）にやはり同じく類似の記載が確認できる。これらの二書は、全部で二一冊ある『啓蒙集』の第一四冊及び第一五冊にそれぞれ該当する。次に、両書の記載内容と宮内庁書陵部蔵『小笠原家　鷹方委被傳授　全』との類似記事について検討してゆく。

三　宮内庁書陵部蔵『啓蒙集　繪圖之部』の本文

まずは宮内庁書陵部蔵『啓蒙集　繪圖之部』について取り上げる。同書の書誌の概要は以下の通り。宮内庁書陵部松平本。函号一六三─一三二四。縦二三・〇チセン×横一六・〇チセンの袋綴じ。全三二丁（うち遊紙前後各一丁）。表紙左上にウチツケ書で「鷹之書　繪図之部　全」、右下に同じくウチツケ書で「十四」と見え、それぞれ本書の外題と該当巻数を表すものと判断される。二丁表に「啓蒙集繪圖之巻　完」の巻首題と「宮内省圖書印」（四・五チセン×四・五チセン）の蔵書印有り。三一丁裏に「昭和3年12月伯爵松平直亮寄贈」の受け入れ印有り。宮内庁書陵部編『和漢図書分類目録』※12によると江戸期の書写とされる。

全部で三四丁ある本書のうち、宮内庁書陵部蔵『小笠原家　鷹方委被傳授　全』と同じ項目を含む図解が見える部分は、一一丁表〜三一丁裏である。該当部分には、宮内庁書陵部蔵『小笠原家 鷹方委被傳授 全』には記載されていない鷹道具の項目も混在している。それ以外の二丁表〜一〇丁裏には図を伴わない鷹道具の解説文が項目立てされずに記載されている。

このような宮内庁書陵部蔵『啓蒙集 繪圖之部』の一一丁表〜三一丁裏に見える図解部分について、その文言をすべて以下に挙げる。なお、宮内庁書陵部蔵『小笠原家 鷹方委被傳授 全』と重なる条項には、前節で挙げた同書の条数の番号を丸で囲った算用数字で末尾に付す。宮内庁書陵部蔵『小笠原家 鷹方委被傳授 全』に掲載されていない宮内庁書陵部蔵『啓蒙集 繪圖之部』独自の条項については◆を記す。各条項の冒頭に《 》内で示した漢数字は宮内庁書陵部蔵『啓蒙集 繪圖之部』における通しの条数。

《一》 大緒　大鷹緒長サ壹丈壹尺貳寸貳歩　フサトモニ　内フサ三寸貳分

鵃大緒　長サ九尺　内フサ貳寸貳分　隼大緒長サ九尺　内フサ貳寸貳分浅（青カ）□

【大緒の図】又芧縄ニテモ右同断　ツミ大緒鵃大緒同前又小鷹ハ六尺五寸　又ハ五尺五寸　小槌結　天筋　四寸　大鷹两方ニテ八寸　三寸　小鷹两方ニテ六寸　蝉頭　五分　小鷹　七分大鷹　隼　同前　貳寸貳分　小鷹

貳寸五分　大鷹　隼　同前…①

《二》 餌籠（フゴ）　高サ五寸又ハ六寸　底渡二寸五分　中廻リ二尺八寸　口ノ渡リ三寸

【餌籠の図】菟頭　掛緒　汗走　血コボシ　腰輪　請緒　鳥首括…②

《三》◆口餌籠之圖　（略）

《四》 餌苴

クサツト

【餌苴の図】アミメ六府…⑫

《五》足革　大鷹長サ九寸弐分　又八寸弐分　小鷹（シヤウ）長サ八寸弐分　又七寸弐分

隼　兄隼　大鷹ニ同シ　鶴七寸ニ分　又六寸弐分　萑鷂（ツミ）　萑鶴　差羽六寸弐分

【イキリ革の図】イキリ革

【足革の図】将棊頭　脛（ハギ）　千鳥継　蛙口　山形又手覆共　剣先　芝引共…③

《六》◆ねづ皮　（略）

《七》鈴板　鯉ノ一ノヱラ　ベツ甲ニテモ拵

【鈴板の図】目形　雲形　鈴持…④

《八》◆御所成　（略）

《九》◆東國形　（略）

《一〇》◆大戸成　（略）

《一一》鈴

【鈴の図】龍頭　腹　鈴口　吹合…⑤

《一二》鶴鞭

【鶴鞭の図ⅰ】長一尺五寸　又九寸七寸藤ニテ作ル

【鶴鞭の図ⅱ】菊形　又柄杓鼻トモ…⑥

《一三》　白非拂（ザイ）
【非拂の図】　鐶　毛ノ長五寸　柄長三尺上下ニ送輪アリ…⑦
《一四》　捻木
【捻木の図】　𠂆股長三寸五分　柄長サ送輪故ニヲナシ…⑧
《一五》　揚木
【揚木の図】　打鎰柄長サ送輪共ニ右同形…⑨
《一六》　水入
【水入の図】　筒長八寸幅同四方赤金ニテ作ル…⑩
《一七》◆虎革　（略）
《一八》◆クケ革　（略）
《一九》　餌器　小鷹餌ゴウシ長サ二寸八分　横壹寸八分　高サ壹寸貳分
大鷹
【餌器の図】　指渡三寸五分　高壹寸五分　幅貳寸五分　内朱外黒塗　但シ一對友蓋アリ…⑪
《二〇》　糞板　小鷹一尺八寸　高八分　横一尺貳寸　大鷹貳尺九寸　高壹寸八分　横貳尺貳寸
【糞板の図】　内朱外黒塗…⑬
《二一》　水縄
【水縄の図】　長五尺八寸　麻苧ニテ打也…⑭

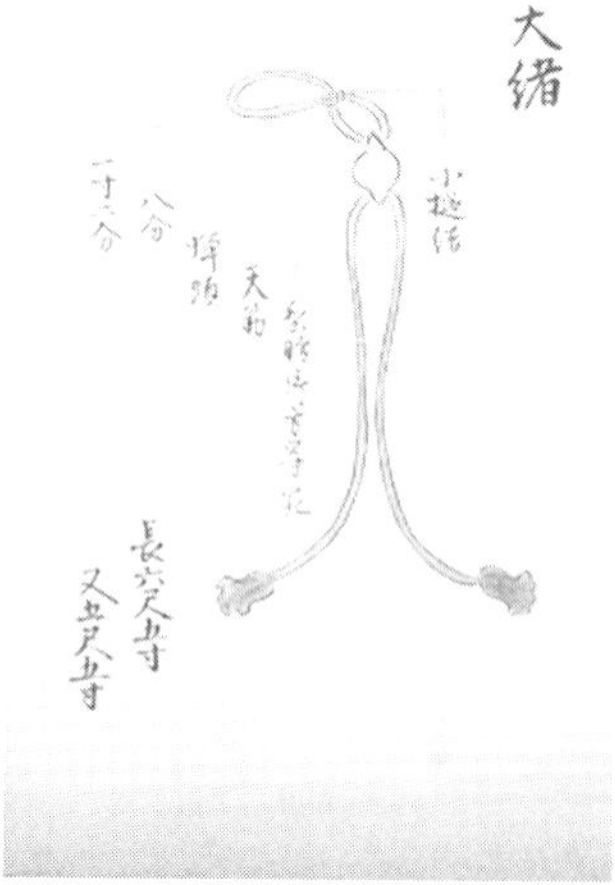

図（1）①宮内庁書陵部蔵『小笠原家　鷹方委被傳授　全』「大緒」

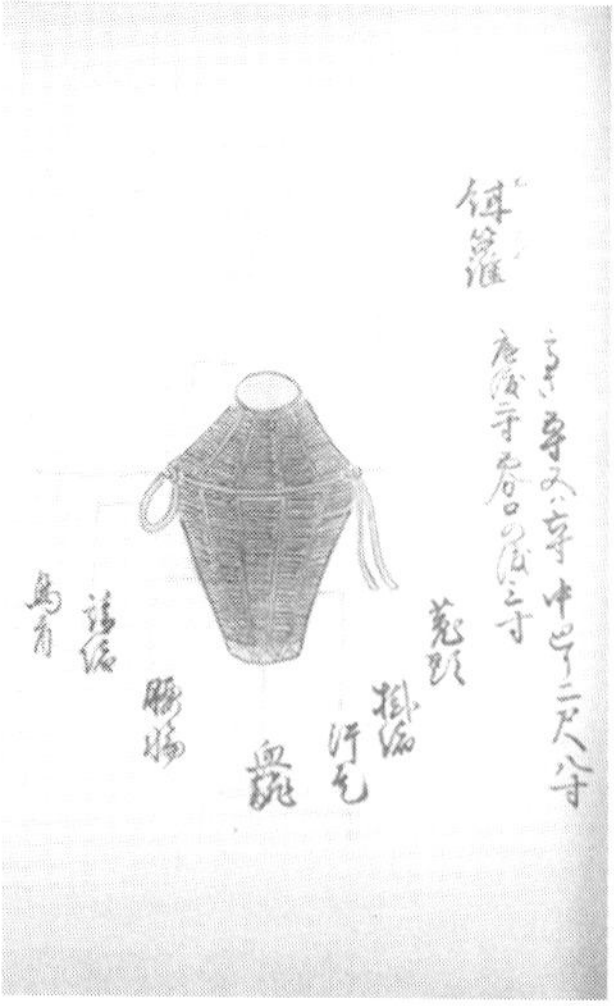

図（1）②宮内庁書陵部蔵『小笠原家　鷹方委被傳授　全』「餌籠（エフゴ）」

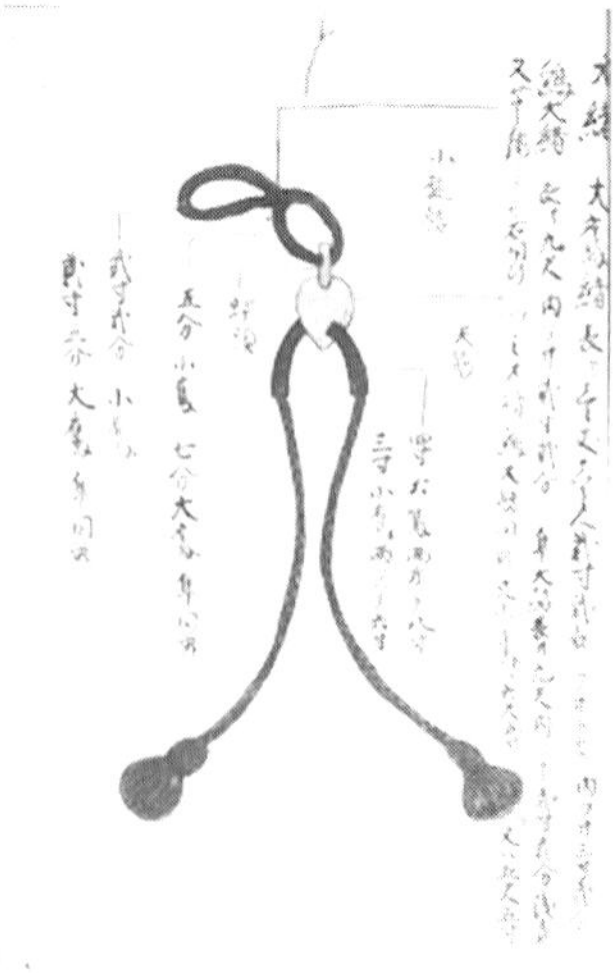

図（2）①宮内庁書陵部蔵『啓蒙集　繪圖之部』「大緒」

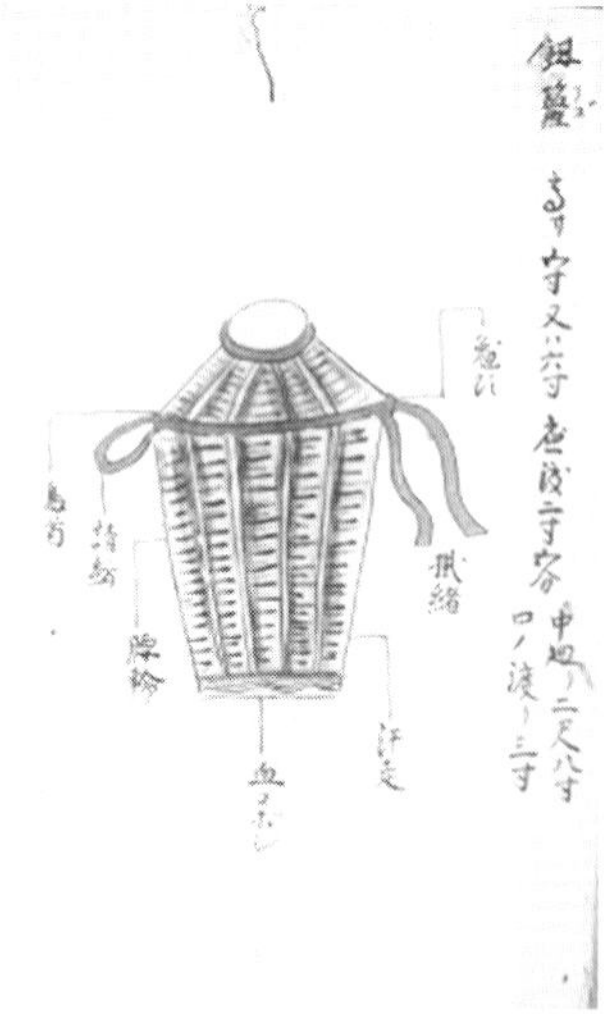

図（2）②宮内庁書陵部蔵『啓蒙集　繪圖之部』「餌籠（フゴ）」

《二二》◆生ヶ物袋　（略）

《二三》◆振鳥袋　（略）

《二四》◆置縄筒　（略）

《二五》◆繳筒　（略）

《二六》　置縄

【置縄の図】　虎革　筒長サ五寸

縄長三十三尋　又三十尋…⑮

《二七》　繳

【繳の図】　虎革足緒頭トモ

繳長三十尋　半繳八十五尋　中八七尋　筒長四寸五分…⑯

《二八》◆平字形　（略）

《二九》◆玉形　（略）

《三〇》◆トチガネ　（略）

《三一》◆隼　萑隼　（略）

《三二》◆筒頭巾　（略）

《三三》◆隼餌ガウシ　（略）

《三四》◆小鷹伏セ衣　（略）

《三五》◆大鷹隼（略）
《三六》勢子杖　梅ノ木長七尺五寸　又ハ其人ノ長□笠ノ縁□ニモ
【勢子杖の図】此間五寸ハカリ　荊棘先　鳥掛五寸…⑰
《三七》犬餌狩杖　桜木葉椿ニテモ其人肘長
【犬餌狩杖の図】草分　草突トモ…⑱
《三八》鷹匠狩杖
【鷹匠狩杖の図】
其人ノ乳道ノ尺ヲ用ヘシ…⑲
《三九》◆加　鷹笘之底（略）
《四〇》◆鷹箱（略）
《四一》◆口餌籠　ねつけ（略）
《四二》◆籠蓋（略）
《四三》◆伏セ籠（略）
《四四》◆御頭底（略）
《四五》◆揚ヶ籠（略）
《四六》◆塒（略）
《四七》杻架

【杻架】横木二尺　折釘　鈌　御立木三尺

鷲ツカフトキノ道具也　高麗ヨリワタルナリ…㉗

《四八》燈臺架

【燈臺架の図】

天竺ヨリワタル架ナリ　上ニ蓮花形ナリ　寸法縻ヤウ秘事ナリ　口傳…㉘

《四九》架

攝骨木ヲ用ヘシ　是鷹ノ為ニ薬ノ木也　木ノ太サ五六寸廻リ長サ五尺八寸　高三尺六寸　或ハ四尺　鷹ノ大小ニヨリテ木ノ本末ニ縻コト流儀ニ寄ト云トモ前後トモニ一理アリ　猶口傳

【架の図】本木　架垂三幡三尺　高三尺六寸又ハ四尺　横四尺八寸…㉙

以上のように、宮内庁書陵部蔵『啓蒙集　繪圖之部』には全部で四九条の鷹道具に関する図と注記が掲載されている。そのうち、宮内庁書陵部蔵『小笠原家　鷹方委被傳授　全』と重なるのは二二項目分である。その順番については、宮内庁書陵部蔵『小笠原家　鷹方委被傳授　全』が一二番目に掲載している「餌苴」の条が、宮内庁書陵部蔵『啓蒙集　繪圖之部』では四番目に挙げられている他は、宮内庁書陵部蔵『啓蒙集　繪圖之部』独自の条項を除くとすべて一致する。なお、本書独自の条項としては、第三条の「口餌籠之圖」、第六条の「ねづ皮」、第八条～第一〇条の「御所成」「東國形」「大戸成」、第一七条・第一八条の「虎革」「クゥ革」、第二二条～第二五条の「生ヶ物袋」「振鳥袋」「置縄筒」「緻筒」、第二八条～第三五条の「平字形」「玉形」「トチガネ」「隼　萑隼」「筒頭巾」「隼餌ガウシ」「小鷹伏セ衣」「大鷹隼」、第三九条～第四六条の「加　鷹筥之底」「鷹箱」「口餌籠ねつけ」「籠蓋」「伏セ籠」「御頭底」「揚ヶ籠」「蝴」の合計二七条分が該当する。このように本書は宮内庁書陵部蔵『小笠原家　鷹方委被傳授　全』よりも多くの鷹道具の図解を掲載している上、先にも述べたように図を伴わない鷹道具の説明も記述されている。宮内庁書陵部蔵『小笠原家　鷹方委被傳授　全』よりも情報量が多く、さらには冒頭から巻末まですべて「鷹道具」について叙述されていることから、内容に一貫性があるテキストと言えるものであろう。

ところで、右掲記事の傍線部は、宮内庁書陵部蔵『小笠原家　鷹方委被傳授　全』に見える該当条項の文言と類似する部分である。条項によっては語句レベルの細かな相違や注記の一部が欠落している等の異同が見られるが、大筋ではほぼ一致した内容となっている。その中で、やや異同が目立つ部分としては「①大緒」「③足革」「⑪餌器」「⑬糞板」の四つが挙げられる。具体的にはそれぞれ以下のような相違がある。

①「大緒」…宮内庁書陵部蔵『小笠原家　鷹方委被傳授　全』が道具の部位と寸法のみを注記しているのに対して、本書では「大鷹」「鷂」「隼」「ツミ」「小鷹」といったより多くの鷹の種類についての道具の寸法を記している。

③「足革」…宮内庁書陵部蔵『小笠原家　鷹方委被傳授　全』では「大鷹」「鷂」の道具の寸法の違いをそれぞれ注記しているのみであるのに対して、本書では「大鷹」「小鷹」「隼」「兄隼」「鷂」「萑鷂」「萑鷂」「差羽」といったより多くの鷹の種類を挙げ、それぞれ異なった寸法を記している。さらには宮内庁書陵部蔵『小笠原家　鷹方委被傳授　全』には掲載されていない「イキリ革」の図を挙げている。

⑪「餌器」…宮内庁書陵部蔵『小笠原家　鷹方委被傳授　全』では道具の寸法が注記されているのみであるが、本書では「小鷹」「大鷹」の二種類にわけてそれぞれの寸法が記されている。ちなみに、宮内庁書陵部蔵『小笠原

家鷹方委被傳授 全』に見える寸法は、本書では「大鷹」のそれと一致している。

⑬「糞板」…宮内庁書陵部蔵『小笠原家 鷹方委被傳授 全』では道具の寸法が注記されているのみであるが、本書では「小鷹」「大鷹」の二種類にわけてそれぞれの寸法が記されている。ちなみに、宮内庁書陵部蔵『小笠原家 鷹方委被傳授 全』に見える寸法は、同書では「小鷹」のそれと一部一致している。

以上のように、両書の異同部分の特徴として、宮内庁書陵部蔵『啓蒙集 繪圖之部』の記載内容の方が総じてやや詳しいと言う点が挙げられる。そもそもテキストの全体像としても、宮内庁書陵蔵『小笠原家 鷹方委被傳授 全』は同書を抄出したような内容となっている。また、該当部に見える図柄は、宮内庁書陵部蔵『啓蒙集 繪圖之部』の方がやや稚拙な描写である（図（1）①②及び（2）①②三〇四頁参照）ものの、やはりそのデザイン自体はすべて一致している。両書に直接の典拠関係があったかどうかは不明であるが、内容において一脈通じていることは指摘できよう。

四 宮内庁書陵部蔵『啓蒙集 鳥柴附』の本文

本節では、宮内庁書陵部蔵『啓蒙集 鳥柴附』について取り上げる。同書の書誌の概要は以下の通り。宮内庁書陵部松平本。函号一六三―一三二四。縦二三・〇センチ×横一六・〇センチの袋綴じ。全一八丁（うち遊紙前後各一丁）。表紙左上にウチツケ書で「鷹之書 鳥柴附 全」、右下に同じくウチツケ書で「十五」と見え、それぞれ本書の外題と該当巻数を表すものと判断される。二丁表に「啓蒙集鳥柴附 完」の巻首題と「宮内省圖書印」（四・五センチ×四・

五[チセン]）の蔵書印有り。一七丁裏に「昭和3年12月伯爵松平直亮寄贈」の受け入れ印有り。宮内庁書陵部編『和漢図書分類目録』によると、宮内庁書陵部蔵『啓蒙集　繪圖之部』同様、江戸期の書写とされる。

さて、全部で一八丁ある同書のうち、宮内庁書陵部蔵『小笠原家　鷹方委被傳授　全』と重なる内容が見えるのは、一四丁表〜一七丁裏に記載されている図解の項目部分である。それ以外の二丁表〜一三丁裏には鳥柴をはじめとする図を伴わない贅の解説が項目立てされずに記載されている。

そこで、このような宮内庁書陵部蔵『啓蒙集　鳥柴附』の一四丁表〜一七丁裏に見える図解部分について、それに付記されているすべての文言を以下に挙げる。なお、宮内庁書陵部蔵『小笠原家　鷹方委被傳授　全』と重なる条項には、前々節で挙げた同書の条数の番号を丸で囲った算用数字で末尾に付す。各条項の冒頭に《　》内で示した漢数字は宮内庁書陵部蔵『啓蒙集　鳥柴附』における通しの条数。

《一》　犬啌鳥

【犬啌鳥の図】

犬ノ啌タル鳥ハ藤にて圖の如ク田物懸にスベシ　口傳…⑳

《二》　雉子懸鳥

山緒ハ藤にて掛へシ　但雌ニハ割藤ヲ用へシ　哥に

山の前田には後とある時ハ

鳥に別たる人そ知へし

【雉子懸鳥の図】　此結目ヨリ下ノ結目ノ間四寸ニスベシ　此間ニ伏長雉ニ切ベシ…㉑

《三》　花ニ鳥
木ノ長サ凡六七尺ホド
古歌　我かたのむ君か為にと折花は
時しもわかぬ物にそ有りける
【花ニ鳥の図】…㉒

《四》　初鳫
【初鳫の図】
田物ノ初鳫稲を番ニ取結合　両方ヲ縄ニテナヒ　ソレニテ圖ノ如ク胸（ムネ）ヘホヲ見セテソノ品ヨキヤウニスベシ
初厂ノ秘事ナリ…㉓

《五》　田鳥
【田鳥の図】　一寸二分　二寸四分
田物掛何も縄也　下ノ結目ヨリ六寸ヲキ結イテ横手ヲ、キ切リ一方ハ半分切ヘシ　陰陽ノ心得也　初寄□
第三の懸様　口傳…㉔

《六》　鶴
【鶴の図】
鶴鴻ハ下ノ結目ヨリ七寸置テムスヒ先ヲ横手ヲキテ陰陽ニ切ベシ　口傳…㉕

《七》　挟鳥鶉

【挟鳥鶉の図】

鶉雲雀は圖ノコトク竹ノ枝ヲ二三ノコシ一節つ、間ヲ、キ見合頭ト羽ヲ挟ムヘシ　鳥ノ間紙ヨリニテ結イ鳥ヲ半ニ挟也　鷹場ヨリ直クニ遣フトキ若シ竹ナクハ萩ス、キ也トモ束テ挟ムヘシ　ハサミヤウ前ニヲナシサレトモ雀ハ竹ニハサム也…㉖

以上のように、宮内庁書陵部蔵『啓蒙集　鳥柴附』に掲載されている全七項目の図解はいずれも宮内庁書陵部蔵『小笠原家　鷹方委被傳授　全』の第二〇条～第二六条と重なるものである。右掲の傍線部で示したとおり、宮内庁書陵部蔵『小笠原家　鷹方委被傳授　全』と対応する文言はほぼ一致しており、文字（平仮名・片仮名）レベルでの異同が見えるのみである。また、対応する各項目の図柄もやはり、宮内庁書陵部蔵『小笠原家　鷹方委被傳授　全』と比較するとやや簡素な描写となっている（図（3）⑳㉑及び（4）⑳㉑三一三頁参照）が、緒の結び方などのデザインはすべて一致している。本書もまた、宮内庁書陵部蔵『小笠原家　鷹方委被傳授　全』と内容的に一部近接したテキストであることが指摘できよう。

このように、宮内庁書陵部蔵『啓蒙集　繪圖之部』及び宮内庁書陵部蔵『啓蒙集　鳥柴附』は、小笠原流水嶋派の鷹書である宮内庁書陵部蔵『小笠原家　鷹方委被傳授　全』と重なる内容を持つテキストであった。ところで、先述のように両書は全二二冊ある書物の一部で、それぞれ第一四冊及び第一五冊に該当する。宮内庁書陵部編『和漢図書分類目録』によると、これら二二冊の書物は一括して『啓蒙集』と呼称されている。[※13]『啓蒙集』とは、近世期を通して武家の間に大量に流布した鷹書のひとつである。[※14]全国各地でさまざまに伝来したため、同じ『啓蒙集』を称するテキストでも、伝本によって巻数もまちまちでその内容も大きく相違していることが多い。[※15]その

図（3）㉑宮内庁書陵部蔵『小笠原家 鷹方委被傳授 全』「雉子懸鳥」

図（3）⑳宮内庁書陵部蔵『小笠原家 鷹方委被傳授 全』「犬喉鳥（イヌハミトリ）」

図（4）㉑宮内庁書陵部蔵『啓蒙集鳥柴附』「雉子懸鳥」

図（4）⑳宮内庁書陵部蔵『啓蒙集鳥柴附』「犬喉鳥」

ように大量に現存している同書の伝本群のうち、管見において最も古い書写年紀を持つものとしては、宮内庁書陵部蔵『啓蒙集』（函号一六三―九〇二）全一冊が挙げられる。同書の奥書によると、「山本藤右衛門／承応三年（一六五四）／甲午正月日　盛近（花押）」と見える。※16 この奥書に見える「山本盛近」という人物の一族は、戦国期に徳川家康に仕えて以来、代々徳川家に仕えた鷹匠である。※17 ところで、この盛近の嫡男と思われる人物所縁のテキストに、『啓蒙集』の由来について説明している記述がある。すなわち、宮内庁書陵部蔵『啓蒙集秘傳』巻第七（函号一六三―一三九〇）の本奥書には、以下のような叙述が見える。

大宮新蔵人鷹学のおしへあまねくふるきをたつね、あたらしきをきわめて理をつくし、法をそなへ侍れ、我か智のつたなきを以、あらためた、すへきにはあらねと蚤歳より諸流を閲して力を此道にゆたねぬるあまりにて、しばらくしけきをかりたらさるをおきなひ、みつから心に得、手になれし事をかきあつめて、けいもうしうとなつけ侍る。すこぶる童子のこの理にくらきものをひらき、みちひく便にもあらんかし。

山本藤右衛門近重 朱印 墨印

寛文己酉歳夏

これによると、「大宮新蔵人」という人物の鷹学の教えは、古いものをたずねて新しいものを究めたもので、理をつくして法を備えているという。そのため（編者である）自分が改めるべきものではないが、自分は諸流派を学んだ見識を持っているので、不足を補って書き集めた書物を制作した。それを「けいもうしう」と名づけたという。さらに同書は、童子に鷹術を教えるのに役立つものとされている。この記述に従うならば、『啓蒙集』は「大宮新蔵人」という人物の極意をもとに補足・編集して著述されたものということになる。先に触れたように、右の末尾に見える「山本藤右衛門近重」とは、寛文九年（一六六九）の年紀を踏まえると、当時活動していた盛近の嫡男である「尚盛」に該当しよう。[※18] ちなみに、同書の書写奥書には「寶暦二／申歳秋／原田幸太夫／督利（花押）」とあり、当該書が宝暦二年（一七五二）に「原田太夫督利」によって書写されたことがわかる。この「原田幸太夫」とは、徳川八代将軍吉宗時代の公儀鷹匠で、吉田流であったという。[※19]

ところで、山本一は、[※20] 右掲の奥書の言説を「（編著者が）自らの見識で（『啓蒙集』を）編纂したことを主張している」と解釈し、『啓蒙集』を「大宮新蔵人」の著作とすることに疑問を呈している。確かに、「大宮新藏人」がどのような人物であるか不明である（後述）以上、同人物と『啓蒙集』の関係は今のところ確定できない。しかしながら、たとえば、先に挙げた奥書に承応三年の年紀が見える山本盛近書写の宮内庁書陵部蔵『啓蒙集』「四佛ノ事」には、以下のような叙述が見える。

・夫鷹仕ひ初ル事人間のわさにあらす。天下に諸鳥満々衆生の耕作を食うしなひける人間のなやみこれに過し。普賢、観音、不動、毘沙門この四佛あわれみ給ひ、普賢観音弟鷹とけんせらるゝ、不動毘沙門兄鷹とけんし、諸鳥おとりほろほし給ふにより、世間の耕作うせさるゆへに人間いまに繁昌なり。

この四佛のはかり事ありしより、諸鳥ほろび人間をたすけ、衆生に在（ママ）度し山人のすかたとなり、草刈鎌を腰にさし、信濃の國にかへり上の宮下の宮とあらわれ給ふ。諏訪上下とあらわれ給ふなり。上の宮は普賢、下の宮は毘沙門にてまします。諏訪の上下これなり。

・諏訪の上の宮、表は十一面観音裏は普賢なり。

・諏訪の下の宮、表は不動裏は毘沙門なり。これにより四佛と申也。

右によると、鷹を遣い始めたのは人間の技ではなく、天下に害鳥が満ちて衆生の耕作が失われたのを哀れんだ四仏（普賢・観音・不動・毘沙門）が「弟鷹（＝メスのオオタカ）」と「兄鷹（＝オスのオオタカ）」にそれぞれ現じて諸鳥を滅ぼしたことによるという。さらに続けて、害鳥を駆除した四仏が山人の姿となって草刈鎌を腰に差し、信濃国に帰って諏訪の上の宮及び下の宮として示現したと伝えている。その本地は上の宮は普賢、下の宮は毘沙門であるという。そして末尾において諏訪の上の宮を「表は十一面観音裏は普賢」、下の宮を「表は不動裏は毘沙門」として「四佛」に関する説明を付している。

右の叙述における諏訪の言説で注目したいのは、末尾に記された諏訪の上社と下社に関する本地仏の説明部分である。と言うのも、上社の本地仏を「十一面観音・普賢」、下社のそれを「不動・毘沙門」と伝えるこの叙述は、一般的な諏訪の教義（上社の本地仏は普賢菩薩、下社の本地仏は千手観音）とは異なる特殊なモチーフと言えるもので、他流派の鷹書においても、管見において類例を見ない。[※21] しかし、この特殊な異伝は、前掲の宮内庁書陵部蔵『啓蒙集』の書写者である山本盛近が著した宮内庁書陵部蔵『鷹似歌集 全』（函号一六三―一二五六）の第三首・第四首の鷹歌において以下のように詠み込まれているのである。

上のすハおもてハ十一くハんせおんうらハ普賢に鷹の御佛
下のすハおもてハ不動神体ハひしやもんそかし鷹たのめた、

これは、それぞれ諏訪の上社と下社の本地仏を詠んだ鷹歌である。両社の本地仏の内容は、一般的な諏訪の教義ではなく、先に挙げた『啓蒙集』のそれと一致している。また、本歌集の奥書には以下のような記述が見える。

此鷹方儀有増大宮之新蔵人流、余於旅宿念出之處、哥ヲ眞似三十一字綴書記畢。従我初心之輩、須学習ス然

如前言哥真似以鷹似哥集ト名之。上中下六百首記置也。為便之宣功者嘲守之不可秘云々

承応三甲午正月　日

山本藤右衛門盛近（花押）

右によると、この鷹歌集は「大宮之新蔵人流」の鷹術について、歌を真似て三一文字で綴ったものという。[※22]なお、本歌集の巻頭には「大宮流　源盛近」と記されており、著者である盛近は「大宮流」の鷹匠を称していたことが確認できる。[※23]このように、大宮流の鷹匠を称する山本盛近が、「大宮之新蔵人流」をまねて詠んだ鷹歌の特殊なモチーフは『啓蒙集』の叙述と一致するものであった。これは、『啓蒙集』に見える言説が、「大宮之新蔵人流」の鷹術の教えと重なることを示す証左のひとつと言えよう。このことから、『啓蒙集』は、大宮新蔵人所縁とされる大宮流の鷹書であると判断することができよう。

一方、このような『啓蒙集』と関わる「大宮新蔵人」について、『放鷹』「二十一、鷹の流派　その三」の「大宮流」の項目[※24]では、「大宮流」の開祖とされる神平敦宗の子宗光（大宮新蔵人）の奥義を相伝したものが『啓蒙集』であると説明する。このような大宮流の開祖とされる「大宮新蔵人」を「神平敦宗の子宗光」に比定する発想は、第一編第二章で引用した『柳庵雑筆』第二に見える記事に依拠したものであろう。『系図纂要　第十三冊』「滋野朝臣姓真田」の祢津氏の系図においても、宗光について「大宮新蔵人」[※25]と注記していることはすでに確認した。[※26]しかしながら、それ以外の同時代の資料において祢津宗光を「大宮新蔵人」とする証左は管見において確認できない。実は、「大宮新蔵人」の名前が確認出来るのは、祢津宗光より後代に成立した大宮流以外の鷹書の奥書である。以下に該当記事を掲出する。

明神流下巻書裏終右之條相傳一國一人

下野国宇都宮流秘書
権太夫行盛　芳賀十郎正長　猿子弾正女弼信亭　河戸内蔵助長秀　小山右馬助隆重　沙門善也行祐　安西播
磨基氏　小田屋形部晴造　下河部式部正儀盛　日光山権本判　権太夫彦四郎判　炭山渡ス今平野助五郎　氏
家丹後守宗貞　大宮新蔵人宗勝　小山左衛門尉秀継
宇津宮流鷹之書　　　　　　　　　　　　　　　　　　巻十一終
（国立公文書館内閣文庫蔵『宇津宮流鷹之書・乾坤』（函号一五四―三三八）巻一一巻末）

天正九年　大宮新蔵人宗勝　大波越後守宗長　大波小七郎宗爲
寛永十年　　　　　　　　　　　　　　　　　　　　　　池田熊進（花押）
神無月吉日
右一冊程々依御所望出給進獻いさゝか他言有間敷者也
（東京国立博物館蔵『宇津宮明神流 大崎流 全』（分類番号一七二八 七六―四三）巻末）

これらはどちらも「宇都宮流」を冠するテキストの奥書である。それぞれに見える人名群の中に「大宮新蔵人宗勝」という名前が見える。なお、東京国立博物館蔵『宇津宮明神流 大崎流 全』の方の書写年紀には「天正九年」（一五八一）とあり、これを信ずるならば山本盛近と近い時代の人物ということになる。また、これらのほかにも、山本が、富山市立図書館山田孝雄文庫蔵『宇都宮流鷹書』（目録番号3935　分類番号W787.6-ウ-5296）の奥書に「宇都宮流鷹書一部之抜書／大宮新蔵人／宗勝／天正九年弥生下澣敬白／在判／重宗様」とあり、同人物の名前が見られることを報告している。[※27]これによるとやはり「宇都宮流」を冠する鷹書に「大宮新蔵人宗勝」の名前が確認できることになる。「大宮新蔵人宗勝」の特徴として、系譜未詳ではあるものの「宇都宮流」の鷹書に関心を持つ人物であることが指摘できよう。

このように大宮流の祖とされる「大宮新蔵人」が、どのような人物であるか現段階では不明である。が、少なくとも小笠原氏や水嶋卜也といった礼法家たちとは接点の無い人物であることは断定できよう。一方、如上に紹介したように、近世期において『啓蒙集』は、この「大宮新蔵人」の教えを記したものとして認識されていた。すなわち、宮内庁書陵蔵『小笠原家 鷹方委被傳授 全』は、小笠原流水嶋派のテキストであるにも関わらず、同流派とは無縁である大宮流の鷹書に重なる内容を持つことが確認できるものである。

おわりに

以上において、中近世期における武家の礼法家による鷹術流派の実相を明らかにするべく、小笠原氏の流派を称する鷹書を検討した。具体的には、近世期において小笠原流の普及に最も貢献したと見なされる水嶋派のテキストとして、宮内庁書陵部蔵『小笠原家 鷹方委被傳授 全』に注目し、その内容分析を行った。

本書の奥書によると、このテキストは小笠原長時からの直伝を書写したものという。しかしながら、本書の序文に見える政頼流の鷹術由来譚は、同時代の鷹書に散見する類型的な政頼流の鷹術伝承とほぼ一致しており、本書独自の内容ではない。さらに本書の本文は、大宮流の開祖とされる「大宮新蔵人」の教えを集めた『啓蒙集』の異本（宮内庁書陵部蔵『啓蒙集　繪圖之部』及び宮内庁書陵部蔵『啓蒙集　鳥柴附』）の内容に極めて近く、それらを抄出したような内容と言えるものである。

近世期に小笠原流が爆発的に広まる媒体として、このような小笠原流独自の教えではなく、他流派と重なる内容の伝書が存在していたことは興味深い。それは、当時の小笠原流の礼法伝授の一部が、実態を伴わずに形骸化したものであったことを予想させよう。

このように、小笠原流を称する鷹書の内容を検証することは、中近世期の礼法家たちによる鷹術流派の創作の経緯を探る有効な手がかりともなる。鷹術の実態を伴わない礼法家の伝書は、よく知られた他流派の鷹書を丸引きした内容であった。前編までにおいて確認した祢津流などの鷹匠のテキストとは異なり、流派独自の鷹術伝承を持つこともなかったのである。鷹匠が介在しない鷹術流派の実態は、テキストの内容もまた虚構性の強いものであったことが確認できる。このように、実態の無い鷹術流派が、虚構性の強い鷹書をさまざまに伝播してゆく過程は、公家の鷹書や鷹百首のテキストと同じく、鷹狩りの実情から乖離した二次資料のような鷹書類が増産される現象と重なることが類推されよう。

注

※1　島田勇雄「兵法諸流と武者言葉との関係についての試論―小笠原流古伝書および末書について」(『神戸大学文学部紀要』第三号、一九七四年二月)、同「放鷹諸流と鷹詞との関係についての試論―武家礼法における小笠原流諸派の放鷹書の基礎的研究―」(『神戸大学文学部紀要』第四号、一九七五年一月)、陶智子『近世小笠原流礼法家の研究』(新典社、二〇〇三年九月) など。なお、陶著書「序章」によると、小笠原氏の礼法は近世期において以下の四家に分派したとされる。

①総(惣)領家…小笠原長清を祖とする信濃守護職を務めた小笠原氏。

②平兵衛家…信濃守護職の小笠原氏の庶流である小笠原清経を祖とする赤沢氏の子孫で、江戸幕府の歴代将軍に仕えた小笠原氏。

③縫殿助家…室町幕府の足利将軍に仕えた小笠原長高を祖とする京都小笠原氏。

④諸礼家…小笠原流を称する礼法を広めた小笠原氏以外の礼法家。

※2　島田勇雄「小笠原流諸派と言語伝書との関係についての試論―「女中詞」の成立環境をめぐって―」（『甲南国文』第二三号、一九七六年三月）、同「放鷹諸流と鷹詞との関係についての試論―武家礼法における小笠原流諸派の放鷹書の基礎的研究―」、注※1の陶著書「序章」など。

※3　川瀬康子「小笠原流礼法伝書の奥書の書誌学的特徴について」（『図書館情報学研究』第一号、二〇〇二年三月）、注※1の陶著書第三章～第六章、川瀬康子「稲葉則道と『小笠原流小記録』について」（『図書館情報メディア研究』第一巻第一号、二〇〇三年九月）など。

※4　注※1の陶著書など。

※5　注※2の島田論文「放鷹諸流と鷹詞との関係についての試論―武家礼法における小笠原流諸派の放鷹書の基礎的研究―」。

※6　注※1の陶著書第二章第五節。たとえば、『続群書類従　第二四輯下』所収『岩村意休懐妊着帯之事（産所問答）』の奥書にも「右一巻者。小笠原長時公。信州御没落以後。予此道畫心緒。於御側御傳授令書写訖。不可有他家類書。雖然。依不御執心浅懇記進畢。妄不可有外見者也。岩村意休重久」と見える。

※7　注※6の陶著書に同じ。

※8　注※6の陶著書に同じ。

※9　早川純三郎編『武術叢書全』「緒言及び解題」（吉丸一昌校訂、国書刊行会、一九一五年五月）。

※10　注※2の島田論文に同じ。

※11　『日本随筆大成　第三期　3』（日本随筆大成編輯部編、吉川弘文館、一九七六年一一月）所収。

※12　宮内庁書陵部編『和漢図書分類目録』（宮内庁書陵部、一九五二年三月）。

※13　注※12に同じ。

※14　本書第四編第二章で紹介しているように、近世中期以降に松本藩に仕えたことが確認できる鷹匠の外山氏にも『啓蒙集』の伝本が所蔵されている。その他、第二代仙台藩主の伊達忠宗に仕えて以降、代々仙台藩の鷹匠を世襲した佐藤氏もまた『啓蒙集』の伝本を複数冊所蔵している（拙稿「鷹書からみた中世の諏訪―廣田宗綱書写『才覚之巻』記載の諏訪の言説を端緒として」、『諏訪信仰の中世―神話・伝承・歴史』所収、福田晃・徳田和夫・二本松康宏編集、三弥井書店、二〇一五年九月など）。

※15　『啓蒙集』の流布と展開については、注※14の拙稿「鷹書からみた中世の諏訪―廣田宗綱書写『才覚之巻』記載の諏訪の言説を端緒として」参照。

※16　拙著『中世鷹書の文化伝承』「《資料紹介》宮内庁書陵部蔵『啓蒙集』」（三弥井書店、二〇一一年二月）に該当テキストの全文翻刻を掲載。

※17　たとえば、『寛永諸家系圖傳　二』「清和源氏義光流　庚一　山本福村」（『寛永諸家系圖傳　二』、太田資宗他編、続群書類従完成会、一九八九年一二月）によると、「山本藤右衛門」は清和源氏義光流の一族で、氏祖の「清近」から三代目に当たり、諱を「盛近」と称した。以下、同系図の該当記事を挙げる（割注は［］で示した）。

●清近［甚次郎　生國三州　奉仕　東照大權現　天正三年九月二十七日病死年五十］――近正［藤右衛門　生國同前　奉仕　大權現　台徳院殿　寛永六年九月十七日病死年七十一］――盛近［藤右衛門　生國武州　奉仕　台徳院殿　將軍家　家紋團内五桔梗］

これによると、山本藤右衛門盛近の祖父にあたる「清近」は徳川家康に仕え、父である「近正」も同じく家康とさらには徳川秀忠に奉仕し、「盛近」自身は秀忠に仕えたという。徳川将軍家に代々奉仕した武士の家柄であることが確認できる。また、『寛政重修諸家譜』第一輯「巻第一三七　清和源氏　義光流　山本」（『寛政重修諸家譜』第一輯、高柳光寿、岡山泰四、斎木一馬編集顧問、続群書類従完成会、一九六四年二月）には、同氏族の人物たちについて、より詳細な注が記されている。以下に同家譜の中から代々の嫡流に関する記事を抜粋してみる。

●清近（きよちか）［甚次郎　今の呈譜に信近（のぶちか）に作る。廣忠卿及び東照宮につかへたてまつり、天正三年九月二十七日三河國にをいて死す。年五十。］――●近正（ちかまさ）［藤右衛門　母は某氏。東照宮につかへたてまつり、御かたはらに候し、しば〳〵戦場に従ひたてまつり、また仰をうけて諸國にいたり、御鷹をもとむ。天正十八年八月關東御入國ののち、武藏國荏原（えはら）郡のうちにをいて采地五十石餘をたまひ、御朱印を下さる。慶長十四年十一月花山院少將忠長配流せらるゝのとき、崇源院殿の御使をうけたまはりて、陸奥國白石（しらいし）にいたり、御消息をつたふ。寛永六年九月十七日死す。年七十一。］――●盛近（もりちか）［藤右衛門　母は某氏。台徳院殿　大猷院殿にまみえたてまつり、大坂両度の御陣に扈従し、のち御手鷹師となり、諸國にいたり御鷹を求め、且松前に鷹多く産するよしを言上し、御旨をうけてかの地に行、御鷹のことをつとむ。寛文五年十月朔日死す。年七十三。法名徹居。小日向の徳雲寺に葬る。のち代々葬地とす。妻は吉田與助正定が女。後妻は朝夷市平義次が女。］――●尚盛（なをもり）［太郎兵衛　藤右衛門　母は某氏。父と、もに御鷹匠を勤め、寛文五年十二月十一日遺跡を繼。後生類方のことを勤め、其後廩米四十俵餘月俸五口を加へられ、先の采地をあはせて百石の祿となる。元祿六年九月十六日寄合番にうつり、寶永元年正月二十五日死す。年七十四。法名了性。妻は西山太郎兵衛昌姓が女、後妻は雨宮十左衛門元利が女。］――●尚征（なをゆき）［又十郎　母は某氏。元祿九年六月二十五日寄合番となり、寶永元年四月三日遺跡を繼。六年十二月二十五日つとめをゆるされ、小普請となり、享保元年九月十六日御手鷹師となる。二十年十月十二日利根姫君の用達に轉じ、延享元年四月二十九日死す。法名歸山。妻は池田喜大夫政勝が女。］――●尚平（なをひら）［助次郎　實は朝夷小平次某が男、母は某氏、尚征が養子となる。享保十二年五月十八日御鷹匠の見習をつとめ、十二月十六日御鷹匠となる。延享元年七月二日遺跡を繼、天明元年五月四日老を告てつとめを辭す。このとき白銀十枚をたまふ。寛政二年十一月二十一日死す。年八十二。法名本源。妻は池田喜大夫逢利が女。］――●尚挾（なをかど）［宮之助　又十郎　母は某氏。安永五年十二月十九日御鷹匠の見習となり、寛政二年十二月二十四日遺跡を繼、御鷹匠となる。時に四十一歳采地五十石餘廩米四十五俵餘月俸五口妻は大畠半左衛門勝猛が女。］

これによると、盛近の父・近正は仰せを受けて諸国で鷹を求めたという。盛近については「御手鷹師」となった由が記され、さらには父と同じく諸国で鷹を求め、松前に鷹が多く産する旨を言上して当地に赴き、「御鷹のことをつと」めたという。

そして盛近以降、第七代当主の尚挾まで、父祖の「遺跡」としての「御手鷹師」（御鷹匠）を世襲したことが確認でき、当家が徳川将軍家に仕えた鷹匠の一族であったことが窺える。

この一族と鷹書の関係については、注※14の拙稿「鷹書からみた中世の諏訪―廣田宗綱書写『才覚之巻』記載の諏訪の言説を端緒として」及び三保忠夫『鷹書の研究―宮内庁書陵部蔵本を中心に―（上冊）』第二部「宮内庁書陵部所蔵の鷹書」第三章「公儀鷹匠・鷹匠同心など（三卿における含む）に関わる鷹書」第六節「山本藤右衛門盛近」（和泉書院、二〇一六年二月）などを参照されたい。

※18　注※17三保著書など。

※19　注※18の三保著書第二部「宮内庁書陵部所蔵の鷹書」第三章「公儀鷹匠・鷹匠同心など（三卿におけるを含む）に関わる鷹書」第一三節「原田三野右衛門（豊八・幸太夫・督利）」。

※20　山本一「鷹書文献序説―富山市立図書館山田孝雄文庫蔵本の検討―」（「金沢大学人間社会研究域学校教育系紀要」第九号、二〇一七年三月）。

※21　本書の序章及び注※14の拙稿「鷹書からみた中世の諏訪―廣田宗綱書写『才覚之巻』記載の諏訪の言説を端緒として」参照。

※22　なお、大阪大学附属図書館懐徳堂文庫蔵『贄鳥雑抄 下』（番号八一―九）所収『似歌集六百首』と名古屋市蓬左文庫蔵『大宮流鷹六百首 全』（番号七三―五四）及び東京国立博物館蔵『六百首鷹愛歌集』（請求記号〇三九一と一八八六七）の前半などは、いずれも宮内庁書陵部蔵『鷹似歌集 全』の別伝本である。これらのテキストにも、宮内庁書陵部蔵『鷹似歌集 全』の奥書と同じ文言で、当該本が「大宮流」の教えを三一文字の和歌形式で綴ったものであることが記されている。

※23　前掲注※22の諸伝本にも「大宮流源盛近」の記名が見える。

※24　『放鷹』（宮内庁式部職編、一九三一年一二月、吉川弘文館、二〇一〇年六月新装復刻）。

※25　『系図纂要 第十三冊』（宝月圭吾・岩沢愿彦監修、名著出版、一九七四年六月）所収。

※26　本書第一編第二章参照。

※27　注※20山本論文。

第二章　鷹匠の文事
―松本藩の鷹匠・外山氏を事例として―

はじめに

前編までにおいて、中近世期に流布した様々な「流派」の事例を取り上げ、その成立と展開に関わった鷹匠たちにまつわる文化伝承の諸相について考察を進めてきた。しかしながら、中近世期に活動していた鷹匠たちの中には、必ずしも流派に属さないものも多数存在していた。そして、彼らの中にも、鷹書をはじめとするさまざまな鷹匠文書を所持し、文事的な行為と深く関わっていた事例がある。そこで、本章では、「流派」とは無関係に活動していた近世期の鷹匠について取り上げ、前編までとは異なる視座から、彼らの鷹術にまつわる文事的側面について検証する。具体的には、江戸時代中期以降に信州松本藩に仕えた鷹匠の外山氏について取り上げる。[※1]同氏は、松本藩第一四代藩主の水野忠恒に仕えていたが、忠恒が改易されたのに伴って「浪人」となった。しかしながら、水野家に代わって松本藩主となった戸田松平家（第二期）の初代・光慈に、当時の当主が「御徒士小姓」として一三石三人扶持で召し出され、「御鷹御用」を仰せ付けられたという（後述）。その後も、外山氏の代々の当主は、鷹術の実務に従事している（後述）。その外山氏には、鷹書を含む数一〇点以上の放鷹関連の文書が伝来している。これらの文書群は、同氏が鷹狩りの実技に留まらない文化事象に積極的に関わったことを窺わせるものである。本章では、このような外山氏に伝来した鷹書群を紹介し、さらには関連する鷹斥文書と併せて、その叙述内容の特徴について分析する。それを通して、江戸時代中後期における松本藩の鷹匠による文事的行為の実相を検証し、流派に属さない鷹匠たちの文化的事績の一事例として提示したい。

一　松本藩の鷹匠・外山氏伝来の鷹書

本節では、まず、松本藩の鷹匠であった外山氏の系譜について確認する。松本城管理事務所蔵『諸士出身記新巻一　十九』によると、外山氏の初代とされる人物について以下のような記事が見える。

外山仁右衛門好智

拾三石三人扶持

仁右衛門好智　妻水野隼人正殿窂人井上左太夫女

水野隼人正忠恒殿ニ仕、彼家滅亡之節、窂人。享保十一年丙午九月十五日、於信州松本光慈様、御徒士小姓被召出、拾三石三人扶持被下、御鷹御用被仰付（于時歳五十二）。○同十二年丁未献上巣鷂御用ニ而出江戸五月廿二日。光慈様江御目見御禮申上、披露吉江両左衛門勝紀。○同十五年庚戌九月廿二日、勤方為御褒義金弐百疋被下。○同十七年壬子閏五月廿四日、献上巣鷂見違候付閉門被仰付、同六月七日閉門御免。○延享元年甲子正月十五日勤方為御褒義麻御上下被下。○寛延二年己巳二月廿四日、於松本死（于時歳七十五）。

同書は、江戸時代中期以降に松本藩主となった戸田松平家（第二期）の家臣の公的家譜である。これによると、戸田家に仕えた外山氏初代は「仁右衛門好智」と称し、井上左太夫の娘を妻としていたという。そもそもは、戸田家の前の松本藩主であった水野忠恒に仕えていて、水野家が「滅亡」したのに伴って浪人した。が、享保一一年（一七二六）九月一五日、忠恒のあとに松本藩主になった戸田光慈に「御徒士小姓」として召し出され、一三石三人扶持を与えられて「御鷹御用」を仰せつけられた（好智五二歳の時）。その翌年から光慈の「献上巣鷂」に関する職務に携わってたびたび褒章されていたようである。が、享保一七年（一七三二）五月二四日に「献上巣鷂」の「見違」をしたため閉門（＝謹慎）を仰せつけられ、同年六月七日に許されている。その後、寛延二年（一七四九）二月二四日、享年七五歳で松本にて逝去したという。

　このように、外山氏が水野忠恒に仕えた鷹匠であったことについては、たとえば、松本市文書館蔵『享保十乙巳歳　水野隼人正家中分限帳』（河辺家文書）の「中小姓」として挙げられている藩士の中に「米拾五石　三人　鷹役　外山仁右衛門」と見え、あるいは同蔵『水野家御分限帳』（高橋泉翠家文書）にも「中小姓」の藩士の中に「米拾五石三人扶持　鷹匠　外山仁右衛門」とあることなどから確認できる。ここに見える「外山仁右衛門」とは、先に挙げた『諸士出身記』の「外山仁右衛門好智」に該当する人物であろう。これらをはじめとする水野家時代の松本藩士の分限帳には、いずれも外山氏の名前が確認される。※2 ただ、戸田光慈が松本藩に入城した享保一一年の二年後に当たる同藩藩士分限帳の松本市文書館蔵『享保十三戊申年歳十月時　御家中分限帳』（河辺家文書）には、外山氏の名前が確認できない。が、さらにその三年後の同藩の分限帳である松本市文書館蔵『享保十六庚亥歳　松本御家中分限帳　十月時』（河辺家文書）には、「御徒士小姓」として挙げられている藩士の中に「一　拾三石三人　御鷹匠賜所支配　外山仁右衛門」と見える。享保一一年九月一五日に戸田光慈に召し出されたとする『諸士出身記　新巻

一 十九』の前掲の記事と時間差はあるものの、外山好智が水野忠恒の時代から松本藩に「中小姓」として仕えていた鷹匠で、忠恒が改易された後も、戸田光慈の代に「御徒士小姓」として召し抱えられて鷹匠を務めていたことが事実として確認できよう。なお、『諸士出身記 新巻一 十九』によると、その後も外山氏は代々松本藩士として鷹匠を務めている。

さて、先述のように、その外山氏には数一〇点におよぶ鷹書と鷹術関連文書が伝来し、それらは現在、松本市立博物館に寄託されている。まず、その中から鷹書と判断されるテキスト群を取り上げ、それらの書誌の概略を以下に掲出する。

【1】『タカヲ、ツナキヱツ／きらりう書』（外題）。登録番号0007680。一冊。縦二七・七センチ×横一八・一センチ。表紙中央にウチツケ書きで「タカヲ、ツナキヱツ」、同じく左肩に「きらりう書」。紙縒綴。本文共紙。全七丁。前見返しに「松本市立博物館所蔵資料印」の正方印（縦三・〇センチ×横三・〇センチ）と墨書で「外山よしたか（かた）これを／あつむ」の文言有り。全丁鷹緒の図解。後見返しに墨書で「と山うち（花押）（＝好賢と同じ花押）」。

【2】無題。登録番号0007681。一冊。縦二五・四センチ×横二三・二センチ。列帖装。本文共紙。全六丁。前見返しに「松本市立博物館所蔵資料印」の正方印（縦三・〇センチ×横三・〇センチ）と墨書で「金森法印様之本ニ而写之畢／外山よしたか（かた）集之也」の文言有。半葉九行～一四行。漢字平仮名交じり文。後見返しに本文一四行と墨書で「佐久間逢右衛門（丸印）」。裏表紙中央下、やや右寄りに墨書で「外山よしたか（かた）集之也」の文言有。一丁表～二丁裏まで鷹の灸穴の図解、三丁表～五丁裏まで鷹の目の図解、六丁表～六丁裏まで鷹の羽の図解がそれぞれ記載されている。

【3】無題。登録番号0007682。一冊。縦二七・〇センチ×横一九・一センチ。仮綴。本文共紙。一丁表左肩に「松本市立博物館所蔵資料」の長方印（縦七・八センチ×横一・五センチ）。全二〇丁。半葉六行～一一行。漢字平仮名交じり文。ほぼ全丁において鷹の部位や鷹道具、鷹の獲物などの図解が記載されている。一九丁表に墨書で「右鷹之事雖為秘事依／御然より令相傳候努々他見／有間敷者也／外山氏／好徳（花押）」。

【4】（無題）。登録番号0007690。一冊。縦二六・一センチ×横二〇・七センチ。五ツ目綴。袋綴。本文共紙。全二五丁。前見返しに「松本市立博物館所蔵資料印」の正方印（縦三・〇センチ×横三・〇センチ）と墨書で「外山よしたか（かた）集之也」の文言有。半葉一一行。漢字平仮名交じり文。二五丁表に墨書で「外山好賢集之也」の文言有。

【5】『たかのやまひをしる事』（巻首題）。登録番号0007691。一冊。縦二五・〇センチ×横一七・八センチ。一丁表左肩に「松本市立博物館所蔵資料」の長方印（縦七・八センチ×横一・五センチ）。同じく一丁表冒頭に「たかのやまひをしる事　外山好賢」（巻首題）。仮綴。全二七丁。半葉七行。漢字平仮名交じり文。二七丁裏の本文末尾に墨書で「外山好賢集之也」。

【6】『諸集書』（外題）。登録番号0007692。一冊。縦二二・八センチ×横一六・八センチ。粘帖装。袋綴。本文共紙。表紙中央にウチツケ書きで「諸集書」。前見返しに「松本市立博物館所蔵資料印」の正方印（縦三・〇センチ×横三・〇センチ）。全一〇丁。半葉八行～一一行。漢字平仮名交じり文。一部に片仮名でルビ有。後見返しに本文四行有。奥書等なし。

【7】『鷹之書物』（外題）。登録番号0007693。一冊。縦二六・〇センチ×横一七・〇センチ。表紙中央やや左寄りにウチツケ書きで「鷹之書物」。紙縒綴。本文共紙。全二〇丁。前見返しに「松本市立博物館所蔵資料印」の正方印（縦

三・〇センチ×横三・〇センチ）と墨書で「五星　歳（サイ）星　熒惑（ケイニク）星　鎮（ケン）星　大白星　戻（シ）／戻」の文言有り。半葉一〇行。漢字平仮名交じり文。一部に平仮名でルビ有。後見返しに本文七行および末尾に花押（該当人物未詳、好賢、好徳のものではない）有。

【8】『鷹薬飼之書』（外題）。登録番号0007694。一冊。縦一六・六センチ×横一八・七センチ。表紙左肩にウチツケ書きで「鷹薬飼之書」。前見返しに「松本市立博物館所蔵資料印」の正方印（縦三・〇センチ×横三・〇センチ）と墨書で「外山好賢集之也」の文言有り。列帖装。本文共紙。全三五丁（裏表紙無し）。半葉一一行。漢字平仮名交じり文。一部に平仮名でルビ有。第一丁表～第六丁表に「目録」有り。

【9】『御家流鷹之書　壱』（外題）。登録番号0007698。一冊。縦二八・〇センチ×横一八・九センチ。表紙中央にウチツケ書きで「御家流鷹之書　壱」。紙縒綴。本文共紙。全三四丁。前見返しに「松本市立博物館所蔵資料印」の正方印（縦三・〇センチ×横三・〇センチ）と「御家流六冊同口傳書四冊／都合十冊也」の文言有り。半葉六行。漢字平仮名交じり文。一部に平仮名でルビ有。奥書等なし。

【10】『御家流鷹之書　弐』（外題）。登録番号0007699。一冊。縦二八・〇センチ×横一九・〇センチ。表紙中央にウチツケ書きで「御家流鷹之書　弐」。紙縒綴。本文共紙。全二七丁。前見返しに「松本市立博物館所蔵資料印」の正方印（縦三・〇センチ×横三・〇センチ）。半葉六～八行。漢字平仮名交じり文。一部に片仮名でルビ有。二七丁裏白紙。奥書等なし。

【11】『御家流鷹之書　三』（外題）。登録番号0007700。一冊。縦二八・九センチ×横一九・三センチ。表紙中央にウチツケ書きで「御家流鷹之書　三」。紙縒綴。本文共紙。全四六丁。前見返しに「松本市立博物館所蔵資料印」の正方

印（縦三・○チセン×横三・○チセン）。半葉一一行。漢字平仮名交じり文。一丁表～二丁裏四行目に「目録」有り。後見返しに一行分の文言有り。奥書等なし。

【12】『御家流鷹之書　四』（外題）。登録番号0007701。一冊。縦二八・八チセン×横一九・四チセン。表紙中央にウチツケ書きで「御家流鷹之書　四」。紙縒綴。本文共紙。全五三丁。前見返しに「松本市立博物館所蔵資料印」の正方印（縦三・○チセン×横三・○チセン）。二丁表冒頭に「啓蒙集三」（巻首題）。後見返しに墨書で「御家流鷹之書四」（尾題）。一丁表～一丁裏に「目録　八冊之内」、三三丁表～三四丁表に「目録」有り。半葉一二行。漢字平仮名交じり文。五三丁裏白紙。奥書等なし。

【13】『御家流鷹之書　五』（外題）。登録番号0007702。一冊。縦二八・九チセン×横一九・八チセン。表紙中央にウチツケ書きで「御家流鷹之書　五」。紙縒綴。本文共紙。全五九丁。前見返しに「松本市立博物館所蔵資料印」の正方印（縦三・○チセン×横三・○チセン）。三丁表冒頭に「啓蒙集五　薬方」（巻首題）。一丁表～二丁表に「目録　八冊之内」有り。半葉一○行。漢字平仮名交じり文。一部に片仮名でルビ有。五九丁裏白紙。奥書等なし。

【14】『御家流鷹之書　六』（外題）。登録番号0007703。一冊。縦二八・九チセン×横一九・八チセン。表紙中央にウチツケ書きで「御家流鷹之書　六」。紙縒綴。本文共紙。全四八丁。前見返しに「松本市立博物館所蔵資料印」の正方印（縦三・○チセン×横三・○チセン）。二丁表冒頭に「啓蒙集六　薬方」（巻首題）。一丁表～一丁表に「目録」有り。半葉一○行。漢字平仮名交じり文。奥書等なし。

【15】『御家流鷹之書　壱』（外題）。登録番号0007704。一冊。縦二八・二チセン×横一九・一チセン。表紙中央にウチツケ書きで「御家流鷹之書　壱」。紙縒綴。本文共紙。全一八丁。前見返しに「松本市立博物館所蔵資料印」の正方

印（縦三・〇センチ×横三・〇センチ）と墨書で「御家流口傳書四冊／外ニ六冊都合拾冊也」、朱書きで「此書口傳なり」の文言有。半葉六行。漢字平仮名交じり文。一部に平仮名でルビ有。奥書等なし。

【16】『御家流鷹之書　弐』（外題）。登録番号0007705。一冊。縦二八・一センチ×横一九・二センチ。表紙中央にウチツケ書きで「御家流鷹之書　弐」。紙縒綴。本文共紙。全二三丁。前見返しに「松本市立博物館所蔵資料印」の正方印（縦三・〇センチ×横三・〇センチ）と朱書きで「此書口傳なり」の文言有。半葉六行。漢字平仮名交じり文。平仮名でルビ有。奥書等なし。七丁表に鷹の部位および一〇丁表に架の図解有り。

【17】『御家流鷹之書　三』（外題）。登録番号0007706。一冊。縦二八・一センチ×横一九・一センチ。表紙中央にウチツケ書きで「御家流鷹之書　三」。紙縒綴。本文共紙。全一七丁。前見返しに「松本市立博物館所蔵資料印」の正方印（縦三・〇センチ×横三・〇センチ）と朱書きで「此書口傳なり」の文言有。半葉六行。漢字平仮名交じり文。平仮名でルビ有。奥書等なし。一五丁表～一七丁表に鷹道具の図解有り。一七丁裏白紙。

【18】『御家流鷹之書　四』（外題）。登録番号0007707。一冊。縦二八・九センチ×横一九・八センチ。表紙中央にウチツケ書きで「御家流鷹之書　四」。紙縒綴。本文共紙。全二三丁。前見返しに「松本市立博物館所蔵資料印」の正方印（縦三・〇センチ×横三・〇センチ）と朱書きで「此書口傳なり」の文言有。半葉一二行。漢字平仮名交じり文。四丁表～五丁裏および二三丁裏は白紙。奥書等なし。

【19】『きらりう書／たかのしたひ壱』（外題）。登録番号0007709。一冊。縦二七・二センチ×横一八・一センチ。表紙中央にウチツケ書きで「きらりう書」、同じく左肩に「たかのしたひ壱」。一丁表冒頭に「鷹のしたひ壱」（巻首題）。前見返しに「松本市立博物館所蔵資料印」の正方印（縦三・〇センチ×横三・〇センチ）と墨書で「外山よしたか（かた）これを／あ

つむる也／好賢（カタ） 曽孫好輝正レ之」の文言有。紙縒綴。本文共紙。全二三丁。半葉八行。漢字平仮名交じり文。一部に平仮名でルビ有。後見返しに墨書で「外山よしたレかあつむるなり／好賢（カタ） 曽孫好輝正レ之」の文言有。一丁～一二丁の間に本文七行が記載されている縦二五・二センチ×横一一・九センチの紙片有り。

【20】『きらりう書／鷹のしたひ弐』（外題）。登録番号0007710。一冊。縦二七・四センチ×横一八・〇センチ。表紙中央にウチツケ書きで「きらりう書」、左肩に「鷹のしたひ弐」。前見返しに「松本市立博物館所蔵資料印」の正方印（縦三・〇センチ×横三・〇センチ）と墨書で「外山よしたか（かた）（花押）／正誤好賢（カタ）」の文言有り。紙縒綴。本文共紙。全二三丁。半葉八行。漢字平仮名交じり文。一部に平仮名でルビ有。後見返しに墨書で「外山よしたか（かた）あつむ」の文言有り。

【21】『きらりう書／たかのしたひ三』（外題）。登録番号0007711。一冊。縦二七・二センチ×横一八・〇センチ。表紙中央にウチツケ書きで「きらりう書」、同じく左肩に「たかのしたひ三」。一丁表冒頭に「きらりう口傳しよ」（巻首題）。紙縒綴。本文共紙。全一六丁。前見返しに「松本市立博物館所蔵資料印」の正方印（縦三・〇センチ×横三・〇センチ）と墨書で「外山好賢とれ（こカ）を／あつむる也」の文言有り。半葉八行。漢字平仮名交じり文。平仮名でルビ有。後見返しに本文六行と墨書で「外山好賢（花押）」。

【22】『鷹諸用書入』（外題）。登録番号0007712。一冊。縦二六・八センチ×横一七・二センチ。表紙中央やや左寄りにウチツケ書きで「鷹諸用書入」。紙縒綴。本文共紙。全一六丁。前見返しに「松本市立博物館所蔵資料印」の正方印（縦三・〇センチ×横三・〇センチ）と墨書で「目録」（ただし、一部の目録は本文内容と一致しない）有。半葉八行。漢字平仮名交じり文（一部片仮名）。後見返しに墨書で「右之趣常ニ以心ヲ考へ條鏁有／事簡要第一也／寛保二癸戌年四月記置者也（花押）」。ここに見える花押は【7】『鷹之書物』（登録番号0007693）に見えるものと同じ。

【23】『鷹屎色灸所名所書』（外題）。登録番号0007717。一冊。縦一五・〇チセン×横二〇・〇チセン。表紙右にウチツケ書きで「安衷　畏　畏」、同じく中央に「鷹屎色灸所名所書」。四ツ目綴。袋綴。本文共紙。横本。全五丁。前見返しに「松本市立博物館所蔵資料印」の正方印（縦三・〇チセン×横三・〇チセン）。半葉八行〜一一行。漢字平仮名交じり文。後見返しに墨書で「右秘事之書物也努々／他見ニ入間敷者也／外山氏／好徳／（花押）」。鷹のウチ（糞）や灸穴の図解が示されている。

【24】『鷹繋様之事』（巻首題）。登録番号0007722。一冊。縦八・〇チセン×横一三・〇チセン。横本。仮綴。一丁表冒頭に「鷹繋様之事」（巻首題）と「松本市立博物館所蔵資料印」の正方印（縦三・〇チセン×横三・〇チセン）。全一八丁。半葉八行〜一四行。漢字片仮名交じり文（一部平仮名交じり文）。一〇丁裏〜一五丁表に鷹の足革や鷹の爪・翼に関する図解が記載されている。奥書等なし。

以上のような外山氏伝来の鷹書群の中から、本章では、【1】、【2】、【4】、【5】、【8】、【19】、【20】、【21】のテキストの奥書において「外山好賢」という人物の名前が見えることに注目したい。好賢とは、松本城管理事務所蔵『諸士出身記 新巻一 十九』によると、好智から四代目の外山氏当主である（後述）。彼については、このような鷹書以外にも、松本市立博物館が所蔵している外山氏寄託文書の中に、外題に彼の名前が記されている鷹匠文書が三点含まれていることを、管見において確認できた。それらは『好賢てまえ書』、『好賢扣』、『文化五辰年　山鷹捉飼中餌指引之覚　十月廿五日ヨリ　外山好賢』と称するものである。そのうち、『好賢扣』と『文化五辰年　山鷹捉飼中餌指引之覚　十月廿五日ヨリ　外山好賢』は、いずれも好賢による鷹の飼育日記で、前者は文化五年（一八〇八）と文化七年（一八一〇）における数か月間、後者は文化五年一〇月二五日〜一二月一二日までの間の鷹の飼育記録が見える（後述）。また、『好賢てまえ書』は、鷹の扱い方などに関する好賢の実技的な工夫が記された手控えというべき文書である（後述）。このことから、外山氏の歴代当主の中でも、特に好賢は、鷹狩りにまつわる文書の作成や鷹書の蒐集といった「文献」を扱う行為に積極的であったことが推測される。このような好賢の事績は、近世期における鷹匠の文事活動を明らかにする手がかりとして、有用な事例と言えよう。

二　外山好賢の鷹匠文書

前節で触れたように、松本城管理事務所蔵『諸士出身記　新巻一　十九』によると、「好賢」は、「好智」から四代目の外山氏当主である。同書に記載されている「好賢」の記事を以下に挙げる。

二右衛門好賢（改仁右衛門　又改仁右衛門　又改仁右衛門）

天明六年丙午四月十五日

光梯様御代、壱人扶持被下、鷹状（匠）習（見）召被仰付。○寛政二年庚戌正月十五日、出精御用立付、壱人扶持増被下。（中略）○文化元年甲子正月十五日正月十五日（ママ）、職方抜群出精付、五斗増被下。○同四年丁卯二月廿八日各別出精付、銀子二両被下。○同五年戊辰正月十五日、職方出精付、銀子三両被下。○同六年己巳正月十五日、職方年来出精付、光年様御徒士御取立被、仰付御宛行是迄之通。（中略）文政二年己卯正月十五日、職方年来心得宜抜群付、光年様、御中小姓御取立一人扶持増被下、御切米是迄之通被仰付。（中略）○天保二年辛卯二月五日左之通義仰。（中略）同十二年辛丑二月十二日於松本死（于時歳七十四）。

これによると、好賢は、天明六年（一七八六）四月一五日に、第一九代松本藩主の戸田光悌に一人扶持の鷹匠見習いとして召し抱えられたという。光悌が没する約二か月前のことである。その後、天保一二年（一八四一）二月一二日に七四歳で逝去するまでの間、第二〇代藩主の光行および第二一代藩主の光年によって、徒士衆や中小姓に取り立てられたという。さらに、その職務が抜群につき、適宜禄高が加増された由を伝えている。また、松本市立博物館蔵の外山氏寄託文書の中に、『出身をほえ』と称する書物がある。これは、外山氏に伝来した当家の系譜を記したもので、松本城管理事務所蔵『諸士出身記 新巻一 十九』に見える内容とほぼ重なりつつ、より詳しい情報を掲載しているものである。たとえば、好賢について、以下のような記事が見える。

小平次好賢（中略）好政之嫡子也。光悌様、天明六年丙午四月十五日、壱人扶持被下、御鷹匠見習被、召出于時年十六。●光行様　寛政二年庚戌正月廿五日、御間合候ニ付、壱人扶持御増被下。●同五年癸丑正月十五日、三石被下、御鷹匠本役義仰。●同八年丙辰正月十五日出精相勤候付、定給四石御置シ被下。

これによると、光悌に鷹匠見習いとして仕えた好賢は、寛政五年（一七九三）正月一五日に御鷹匠の「本役」になったという。その他にも、同じく松本市立博物館蔵『出身をほえ』には、文化六年（一八〇九）六月に光年に巣鴿（幼鳥の際に捕獲した鴿）を献上し、同じく一〇月には網掛鴿（成鳥してから捕獲した野生の鴿）を献上していることなどが記されていて、好賢の鷹匠としての経歴がより詳しく確認できる。

さて、このような好賢の名前を外題に冠する鷹匠文書が、外山氏伝来の文書群に三点、含まれていることは前節において述べた。以下に、それらの書誌の概略を提示する。

【1】『好賢てまえ書』（外題）。登録番号0007689。一冊。縦一八・四チセン×横一九・八チセン。表紙左肩にウチツケ書き

で「好賢てまえ書」。紙縒綴。本文共紙。全四四丁。前見返しに「松本市立博物館所蔵資料印」の正方印（縦三・○センチ×横三・○センチ）。半葉六行。漢字平仮名交じり文。奥書等なし。後見返しに本文八行有。

【2】『好賢扣』（外題）。登録番号0007708。一冊。縦二六・九センチ×横一七・三センチ。紙縒綴。本文共紙。表紙中央にウチツケ書きで「好賢扣」。全二八丁（うち遊紙前後一丁）。前見返しに「松本市立博物館所蔵資料印」の正方印（縦三・○センチ×横三・○センチ）。半葉七行～一二行。漢字平仮名交じり文。二四丁裏白紙。二五丁表～二六丁表に鷹の羽の図解が掲載されている。

【3】『文化五辰年　山鷹捉飼中餌指引之覚　十月廿五日ヨリ　外山好賢』（外題）。登録番号0007721。一冊。縦一四・七センチ×横一九・一センチ。紙縒綴。本文共紙。表紙右側にウチツケ書きで「文化五辰年」、同じく中央にウチツケ書きで「山鷹捉飼中餌指引之覚」、同じく左側にウチツケ書きで「十月廿五日ヨリ外山好賢」。横半帳。全一二丁。前見返しに「松本市立博物館所蔵資料印」の正方印（縦三・○センチ×横三・○センチ）。半葉一二行～一七行。漢字平仮名交じり文。裏表紙見返しに本文一一行有り。

　これらのうち、【1】の松本市立博物館蔵『好賢てまえ書』（外山氏寄託文書）は、先述のように、好賢の鷹術の技芸を記録した文書である。たとえば、同書の冒頭には、以下のような文言が見える。

一　好賢、若年ゟ工夫を致シ候事をてまえにしるし置申也。

第一番ニ献上の御鷹、道中つり臺やねを工夫致シ候て、鷹のつかれざるよふに致シ候。はしまんのはしめなり。昔は、やね竹をうすく致シ候故、つかれ申候故、殊之外、鷹つかれ、好賢工夫致シ候ゟ、鷹つかれ不申候也。

第弐番ニ網掛鵨献上道中籠、昔ハ、ほこ一ツ、ほかつけ不申候處ニ、道ニて鷹くるい候節、人之方を借り候て、とめ直シ候なり。今ハ二ツほこ二ツまでハ、好賢の工夫なり。くるい候とその籠にきをつけ、この籠の鷹としり候後は、その籠をねテ右左えとしつかに足ぶみ致シ候給ニ致シ候て、鷹もてき方え其あよび、ついにハほこゑあがる也。（おカ）

第三番ニ網掛鵨、献上道中に而、餌を飼よふ籠のうへ、かい候。人のむねをあて、までをうへよりあけ、はしにてはさみ、かい候なり。うへよりかい候てかい候もの、かほにてみへず候故、鷹をじ不申候也。

第四番ニ巣鵨飼立之事。昔ハ飼立候ニ間ニ四度かい候なり。今ハ四度之内をゆふ。ゑまいのをひき申なり。ひきもふさねば、夕餌七ツ時ニ飼上けにハ不相成候。又一日ニ三度かい候ならバ、九ツ時の餌をひき可申候。いづれ夕餌七ツ時ニかい候。こゝろへに、こゝろがけ可申候。夕餌をふそくにかい候と、やまいをこり候なり。さて、又、昔ハそたつに雀の毛をかい候ばかり。今ハ好賢のくふうにて、雀の羽尾共六七分にきり、毛にまぜかい申なり。まいあさ、そゝろふる事、めうなり。それゆゑやまいをこる事、すこしも、無御座候。むかしハやまいをこり候が、今ハやまいをこり不申候。

右の記述によると、好賢は若い頃から鷹を扱う「工夫」を行い、それを「てまえ（手前）」に書き留めていたという。続いて、その工夫の「第一番」から「第四番」までが記載されている部分を引用した（ちなみに「第八番」まである）。まず、第一番目の項目から第三番目では、「献上の御鷹（網掛鵨）」を運ぶ際の道中での鷹の扱い方に関する好賢の「工夫」について記され、続く第四番目の項目には、「巣鵨」の餌の与え方について、鷹の病気を防ぐ好賢の「工夫」が説明されている。一方、前掲の松本城管理事務所蔵『諸士出身記 新巻一 十九』の記事で確認したように、好賢は鷹匠として「巣鷂」や「網掛鷂」を藩主に献上していた。そもそも外山氏は、松本藩における献上鷹の業務に頻繁に携わっていたらしく、松本市立博物館蔵の外山氏寄託文書の中には、『享保十一丙午年九月　御鷹場所覚書』（登録番号0007719）、『無題（巣鷹関連の書付）』（登録番号0007720）、『天保二辛卯年　御献上出府覚　十月　外山』（登録番号0045808）などの外山氏の献上鷹に関する文書が複数存在する。それならば、右掲の『好賢てまえ書』の冒頭に見える献上鷹の扱い方についての記述は、鷹匠を務めた代々の外山氏にとって実技上有益な情報を書き留めた書物であったと言えよう。ちなみに、この記事に続く同書の内容もすべて鷹の飼育や扱い方に関する実技的な知識やそれに関する好賢のさまざまな「工夫」が記載されている。

また、同じく右掲【2】の松本市立博物館蔵『好賢扣』（外山氏寄託文書）の冒頭には、以下のような記事が掲載されている。

一　網掛鷂仕入之事

一　此鷂殊之外、あらき鷹にて御座し處をつなぎなく、秋納候より、正月九日迄をしいれなき處、九日よりをしいれ被仰付候。

一　九日夜、初夜、居雀壱羽をもち、御鷹、とやのうちにて架につなぎあり候を、ほこすへと申候て、ほこのうへにて居。右の雀にて、鷹の足（あし）なぞなで候と鷹つかみ申候。そのせつ、雀の毛（け）をむしらせ候て、むねをかい申候。くれ六ツ時より、居はじめ五ツ時迄居、それより、ようしをたし、また居候て、四ツ時迄居申候て、またよりしをたしにいで、右のうちにむち水かい申候へも、折々なり。ようじとまへにかき候は、やすみいで候なり。

十日夜、ほこ居とハ、架のうへにてすへ申候なり。雀壱羽をもち候て、まいのとふりむしらせ、むねばかりかい申候。よひより、五ツ時過迄居とやすみ、また居、四ツ時過迄居、むちみづハ、折々かい申候。また居、九ツ時過迄居座し、むち水かい申候。箸ずりいたさせ、たぶるいもいたさせ申候。はしずりいたさせよふハ、好賢のくふうにて、はやくをぼへ候事あり。雀ののうみそを、たくさんとり候て、これを鷹のはしゑつけべし。さ候と鷹もこゝろもちあしくをもうゆへ、はしずりいたし座被成り候ゆへ、ふちを居候。こぶしのにぎりのところ、ゑのせ候て、右のてにもち、ゆびのつめにて、ぶちをかき候と、かりかりとなり申候なり。さ候と鷹はしずりいたし候なり。もしもいたさず候ハヽ、むち水をかい、また、つめにてかりかりといたし候へは、ぜひぜひともはしずりいたし候ものなり。たふるいは、ゑをかい候と、鷹の両羽をぶちにてなで候と、たふるいいたすものなり。よくよくかんかへいたしもふさるへく候。

右の記述は、前後の文脈から判断して文化五年と思われる年の正月九日～一〇日において、網掛鶍を仕込むために架につないで雀を給餌した経緯を詳しく記録したものである。この網掛鶍もまた、献上鷹にするものであろうか。まず正月九日の夜には、雀一羽を遣って御鷹を鳥屋に入れ、架の上に据えた後にその雀の毛をむしらせて胸肉を食べさせたという。次に、翌日の一〇日の夜には、架の上に据えた鷹に、前夜のように雀をむしらせて胸肉をたべさせ、宵以降はむち水（不明）を与えるとともに、雀の脳みそを箸に付けて餌付けする「はしずり」という飼育法を実施したとされる。この「はじずり」と称する技術は「好賢のくふう」として、鷹の覚えが早くなると説明している。

以上のように、好賢が制作に関わったと想定される鷹匠文書には、日誌形式のものも含めて、彼の鷹術における実技上の「工夫」が記載されている。このことから、これらの文書類には、鷹術に関する実用的な「技術書」として、外山一族の鷹匠たちに利用されていた可能性が予想されよう。

三　外山好賢の鷹書

前々節に紹介した好賢関連の鷹書のうち、【1】、【2】、【4】、【5】、【8】、【19】、【20】、【21】の奥書に好賢の名前が見えることは先述した通りである。それらはいずれも、好賢が蒐集したテキストであることを記す。そのうち【5】、【8】、【21】を除くテキストの奥書には、彼の名前が「よしたか」と誤記されている。ただし、一部はそれを「よしかた（好賢）」表記に訂正している。これらのテキストに見える好賢が蒐集した由を伝える文言は、後世において補記されたものであろうか。

ところで、このような好賢が蒐集したとされる鷹書のうち、全体の半数を占める【1】、【19】、【20】、【21】の外題に「きらりう（＝吉良流）」という文言が冠されている。この「吉良流」とは、徳川幕府の高家を世襲した吉良氏に由来する礼法の流派で、すでに先学によって当該流派の礼法書がいくつか紹介されている[※3]。しかし、周知のように、吉良氏が鷹匠を務めた史実はなく、「吉良流」の鷹術は実際には存在していない流派である。そのため、吉良流の「鷹書」が現存することについては、これまでまったく知られていなかった[※4]。このことを踏まえると、【1】、【19】、【20】、【21】は、好賢所縁のテキストとして、その文事的活動を知る手掛かりであると同時に、新出の吉良流の伝書としても注目に値するものと言えよう。

このような、好賢が蒐集したとされる吉良流のテキストのうち、【1】は外題に『タカヲ、ツナキヱツ（＝鷹緒を繋ぎ絵図）』とあるように、鷹の足につける緒（ひも状のもの）の繋ぎ方を絵図で示したものである。その他の【19】、【20】、【21】は、各テキストの外題によると、それぞれ「壱」「弐」「三」と付記されていて、これら三冊は、一揃いのものであることが窺える。それらは、いずれも鷹道具の紹介や鷹詞の説明および鷹を扱うときの作法など、鷹狩りにまつわる教養的な知識を中心とした内容となっている。その中で、【19】『きらりう書／たかのしたひ壱』の冒頭には、我が国における鷹術の伝来説話が叙述され、さらに、【21】『きらりう書／たかのしたひ三』の同じく冒頭部にも、その伝来説話を踏まえた叙述が確認できる。一般に、鷹書の冒頭に掲載される鷹や鷹術の伝来説話は、流派の由来やその独自性を主張する重要な意義を持つことは、本書におけるこれまでの考察においてたびたび言及してきた。このことから、本章においてもその該当部分について検討してみる。まずは、『きらりう書／たかのしたひ壱』冒頭にある該当部分を以下に挙げる。

鷹のしたひ壱

一　夫鷹ハ、かふらいよりわたるものなり。日本にてあつかう中、根津神平よりけじむるなり。あるとき、かうらいより、九州ゐ、せひらいといふものわたる。これを、しん州の祢津、承りて何として、かれにこのみちをならひゐる事をと思ひて、みやこゐのほり、祢津、うつくしきゆふ女をよびて、ゆう女と十日あまりちぎりをこめて、をふくたからをあとふ。をんな、な、めによろこびて、のたまはく、このうへは、らいせまでのちきりとをもふとそなり。われもかやうにぞんずると、たかひにさま〳〵とこ、ろ

（日と正誤すべし）

をふかうしてはべる。かねて、祢津、いろ〳〵のけひりやくをめくらせける中なれば、あるよのむつことにもうし、そのかたにたのむしさひとゆいければ、なにことにてをはしはへるともらし、いかようのことをももうしたまへ、とゆいければ、されば、このくに、鷹とゆふもの、はべる。鳥にてとりをとる鳥にてあるを、もちひはへる。ことのさま〳〵のてひをしらず。かうらいより、せいらいといふもの、九州へきたる。かれ、この道をしりてはへる。われ、かのちへゆきて、かやうのことをならひたくはへる。こゝにようすのござ候てわれあれゆきても、しせんゆるしはへらねば、むなしくす。またハ、せいらい、でしにてあるとそふらゐば、日本のかうけんもいか、はへれぞ。われならひゐることならすはべるなり。そのかた、たのみもうしそうろふあひだ、せいらいかたゐゆき、なにとなく、こゝろをやわらげて鷹の道をくわしくならひうけて、きかせたまゐとそ、たのみける。ゆう女もうしける、あまりこゝろやすきことにてそふろう。いかようにもたばかり、そのようすをねんごろにきゝ、もらすへしとて、九州へ神平とぞくだりける。ゆう女のなをば、こちくともうしはへる。せひらいかたゐ、たまずさをゝくりける。せいらひ、かのたますさをみて、さてもかやうのひとのはへるかと、をとろきける。これにへんじのなきは、かうらいの名をりをりとをもひて、昔かんの李夫人（リフシン）、そとをりひめ、くしかなみだ、せひし、かうらし、ようきひ、けんをふのむつことに、かうし、ろうしのことばそ、かようの道をひきかゐて、ことのようすにそやつしてける。この返シことをみて、そのよ、こちくをつかはすとて、かさりたていたしける。こちく、そのころ、みやこにてかくれなきゆふ女にてはへれば、てんにんもかくやとをもひける。せいらい、かれをみて、これはにんげんにてハはへるまし。なにのけんけにてそふらはんとそ、をとろきける。こちくもうしけるハ、われハみやこのゆふ女、こちくともふすものにてをわするなり。やとのあるしもそんしはへるへしとて、もうしける。せいらい、あるしをよひいたして、たつねけれハ、をふせのことく、こちくハ、いつてんにかくれなきゆふ女にて、をわしますとて、こちくにあるしもうしけるハ、なにとして、これまてくたりたもうと、こちくにもふしけれは、女、もふしけるハ、せいらいか、かうらいのひとにてましませバ、みやこゐわたりたまうとて、かくれなし、をもういはれをはへりて、これまてまいりそふろう。日本ハ、せうこくにてましませども、われらことときのゆふ女ハ、かすをしらすはへるなり。これにごとうりうのうちハ、なくさめもふすへしとはへれば、せいらい、な、めならすよろこびてありける。ようく〳〵ひををくり、二三日すきあるよのむつことに、鷹のことをたつねければ、なにをこゝろにつゝむへきにあらすして、ことのようすをかたりける。せいらい、根津にとはるゝとハしらすして、こゝろうかれて、いちたひしをみなかたりける。こちく、をもふまゝにとひをとして、をほへける。そののち、こちく、ひをへてあれハ、ます、みやこゐかへらんといとまこひをして上りける。せいらい、なこりをしけにみゐけれとも、十日あまりかたりてこそ、いてにける。せいらい、あまるなみたの哥に

こちくてふことをかたらハ呉竹の一夜の節をひとにかたるな

返し

くれハ鳥重しよひのまより吹そまされしこちくひとりね

かやうに哥をよみてかゐりける。こちく神平にあひて、ことのようすをかたりける。根津、思ひのまゝ、

に、いちたひしをならひゐてそ、ほんこくゐかへり、そののち、神平せいらひとそなのりける。是によつて、くほうよりも祢津にて鷹かたをあつけたもう也。みきをんなに、こゝろをゆる(すカ)ことハ、むかしはこの道にかぎらす、かまたりたひしん、へひしんのうまさかと、よもほとゝきす、あはのなるとうたふせ。このほかにも、いかほとも、かやうのをんなにき、をとさる、ことなり。いこくにもかすをしらすはへるなり。

右によると、我が国における鷹術は、祢津神平より始まったという。ただし、本書の前編までにおいて確認してきたようないわゆる祢津流の鷹の伝来説話とは異なるモチーフが叙述されている。以下にその内容を箇条書きにして整理してみる。

① 鷹は高麗から伝来したもので、日本において扱うのは根津神平から始まった。
② あるとき、高麗から九州に「せいらい（せひらいとも表記）」という人物が渡ってきた。
③ 信州の祢津（根津とも表記）神平がせいらいに「この道」（＝鷹の道）を習いたく思い、上洛して美しい遊女と一
○日あまり契りを結び、たくさんの宝物を与える。
④ 喜んだ遊女は、九州にいるせいらいの鷹術を習得するために祢津神平が発案した計略に協力することを合意する。
⑤ その計略とは、祢津神平が頼んでもせいらいは鷹の道を教えてくれないので、遊女がせいらいと懇ろになり、まずは彼女が鷹の道を詳しく習い受け、そのあとでそれを祢津神平に教えるというものである。
⑥ 遊女は祢津神平とともに九州に下る。遊女の名前は「こちく」と言う。

⑦遊女はせいらいに文を送る。その内容のすばらしさに驚いたせいらいは、返事を送る。
⑧せいらいからの返事を見て、飾り立てたこちくを彼のもとに遣わす。
⑨こちくは当時、都で評判の遊女で、人間離れした美しさを持っていたため、彼女を一目見たせいらいは驚く。
⑩こちくは、自分は都の遊女として宿の主も知っていると言ったので、せいらいが主に確かめたところ、その通りであった。
⑪せいらいは、こちくがなぜ九州まで下ってきたのか尋ねると、こちくはせいらいが高麗人なので都でも著名で、思いを募らせてここまで会いに来たと言う。
⑫このようなこちくの世辞を真に受けたせいらいは非常に喜び、こちくと親しむ。二、三日を過ぎたある夜の睦言に、こちくが鷹のことを尋ねると、せいらいは心を開いて事の様子を語る。
⑬さらにせいらいは、祢津神平が仕組んだ計略とは知らずに心浮かれて、鷹術の一大事を全部語り、こちくも思うままに質問を繰り返して内容を覚える。
⑭そののち、日を経てこちくが都に帰ろうとするとせいらいは名残を惜しむ。一〇日余り語った後、こちくが出てゆく際に「せいらい」は涙の歌を送り、こちくも返歌する。
⑮こちくは祢津神平に会い、事の様子を語ると、神平は思うままに鷹術の一大事を習い得て、本国に帰り、「神平せいらひ」と名乗った。これによって、公方から祢津に鷹方を預かるようになった。
⑯このように、女に心を許してしまった例は、昔は鷹術に限らず、鎌足大臣や平親王将門などのケースがあり、異国にも数多くある。

右のような鷹術の伝来説話について、【21】『きらりう書／たかのしたひ三』の冒頭には、その内容を前提とするような以下の叙述が見える。

きらりう口傳しよ

一（a）九州江参て、古竹せいらひ方江文を遣し候後は、せいらひ、返事を不渡してハ、かうらいゐのなこりと有て、昔の遊女達のひきことをいろ〳〵いたして、へんしいたしたる也。昔、漢のりふじん、そとをりひめ、くしがなみだ、せいし、かうらし、やうきひか様の遊女たちのひきことをいたして返事を渡シ候得は、古竹も返事を見て、そのま丶、こしらゐて行たる也。○（b）宿のあるしといふは、その家のていしゆのことなり。○（c）右、女に心をゆるすなといふことは、此事にかぎらす、昔ハ、なにほども有レ是候也。昔、いづみしきぶといふをんな、鎌くらの大しん、平しんのうまさかとを、うたにてかたりたるといふ也。あハのなるとの事につきて、四方のほと丶きすといふ事はうたのたひなり。

右掲の記事を一読すると、先に挙げた『きらりう書／たかのしたひ壱』の冒頭に見える鷹術の由来譚を踏まえて、その内容を要約したり、注釈を付したような叙述となっていることが理解される。すなわち、右掲記事の傍線（a）は、『きらりう書／たかのしたひ壱』の前掲⑦⑧の内容を要約した叙述で、同じく傍線（b）は、『きらりう書／たかのしたひ壱』の前掲⑩に見える「宿の主」に付された注記のような言説である。さらに、右の傍線（c）は、『きらりう書／たかのしたひ壱』の前掲⑯に見える藤原鎌足および平将門を和歌で騙った女性について、それが和泉式部であるというような補足的な説明をする叙述となっている。

以上のように、『きらりう書／たかのしたひ壱』の冒頭に見える鷹術由来譚は、同じ吉良流の鷹書である『きらりう書／たかのしたひ三』においても触れられていることから、当該流派に一貫して重視された鷹術伝承であったことが想定されよう。ただし、これらの説話に関する出典や他流派の鷹書における類話との関係は、現段階において未詳である。また、同説話に登場する「祢津神平」も「せいらい」も「こちく」も、歴史上の人物に比定するのは難しい。たとえば、「せいらい」については、平安時代中期の鷹匠である源斉頼が実在し、祢津神平については平安時代末期に活動した鷹匠の祢津神平貞直などが史実上に存在しているが、それぞれ生きた時代が異なることから、彼らを右掲の説話の人物に該当させることはできない。しかしながら、中近世期に流布した鷹書類には、架空の人物としての「祢津神平」「せいらい」「こちく」が多数散見する。そして、それらが、さまざまな話柄の鷹術伝承を展開させるモチーフとして描かれていることは、本書においてもこれまで検討してきた通りである。『きらりう書／たかのしたひ壱』に見える「祢津神平」「せいらい」「こちく」もまた、その一例と言えよう。また、同話の後半部において「せいらい」の鷹術を受け継いだ「祢津神平」が、「神平せいらひ」と名乗り、「是によつて、くほうよりも祢津にて鷹かたをあつけたもう也」と見え、祢津神平の鷹術が権力者に評価されたことを主張しているのも鷹書においてよく見られるパターンである。すなわち、流派を問わず様々な鷹書に登場する鷹匠の祢津神平は、常に〝鷹術の名人〟として描かれるのであった。『きらりう書／たかのしたひ壱』もまた、そのようなモチーフを踏襲した祢津神平説話の異伝の一つと言えよう。

少なくとも、好賢が蒐集したという吉良流の鷹書に見られる鷹術伝承には、吉良流（吉良家）を標榜するような叙述は確認できない。また、好賢が蒐集したとされる他の吉良流の鷹書においても、特に「吉良流」を主張する要素は見当たらない。これは、吉良流が実在しない鷹術流派であるという実態によるものであろう。好賢が蒐集した吉良流の鷹書は、近世期に流行した「実在しない鷹術流派を称する捏造されたテキスト」の一種であったと考えられる。このように捏造された鷹書には、主に礼法家に関係するものが多く、その代表的な事例として小笠原流の鷹書が挙げられるのは前章において確認した通りである。そして、このような素性の怪しい流派のテキストを好賢が蒐集したのは、彼が流派に属さない鷹匠であったことと無関係では無いと想像されるものである。

おわりに

以上において、近世期に活動した鷹匠による文事的行為について明らかにするべく、江戸時代中期以降に松本藩に仕えた鷹匠の外山氏について注目し、彼らの事績について検討してきた。まずは、当家伝来の鷹書について、その書誌の概略を紹介した。外山氏は代々特定の鷹術流派に属さない鷹匠として活動していたが、当家には多数の鷹書と鷹匠文書が伝来している。特に、第一九代松本藩主の戸田光悌から第二〇代藩主の光行および第二一代藩主の光年に仕えた外山好賢は、独自の鷹匠文書の制作に関わる一方で、さまざまな鷹書を蒐集し、積極的に文事的活動を行っていた。彼の名前が外題に見える鷹匠文書には、好賢の鷹狩りの技術について、その「工夫」が手控えのように記載されている。当該文書は、実際に鷹を扱う際に役に立つ実用書のような様相を呈しているものであった。

また、好賢が蒐集したとされる鷹書類には、「吉良流」を冠するテキストがその半数を占める割合で含まれている。それらの内容は、他の流派の鷹書とは異なり、「吉良流」を主張する鷹術伝承等はまったく見られない。これは、当該流派が実在していないという実態を反映しているからではないかと考える。ちなみに、好賢が蒐集したとされる鷹書以外の外山氏伝来のテキストのうち、【9】～【18】は、その外題に「御家流」を称している。そのうち、【12】は内題に「啓蒙集三」、同じく【13】の内題には「啓蒙集五　薬方」、さらに【14】の内題には「啓蒙集六　薬方」と見える。この『啓蒙集』を称する鷹書は、すでに確認したように、近世期にさまざまな伝本が流布したテキストで、「大宮新蔵人」という人物の教えを記したものとされることから「大宮流」の鷹書として流布していた。[※5]そのようなテキストを、「御家流」と称する（しかも、どの「家」か不明瞭）のもまた、これらのテキストが正統な流派に属するものでないことに起因すると推測される。このような外山氏伝来のテキストは、御家流の鷹書にしろ、吉良流の鷹書にしろ、いずれも外題において「～流」と称しつつ、その流派には実態が無い上、テキストの内容は外題とそぐわないものとなっている。このようなテキストが多く含まれる外山氏伝来の鷹書は、雑多なテキストを無作為に蒐集した印象を受ける。それもまた、同氏が流派に属さない鷹匠であったことに由来するものと予想される。

ところで、好賢が制作に関わったとされる鷹匠文書と外山氏伝来の鷹書の間には、内容における影響関係がまったく見られない。好賢は、文書の執筆と鷹書の蒐集を別作業として行っていたことが想定できる。彼にとっての鷹書は、鷹術に活用するための実用書ではなく、所持していることそのものに意味があったのかもしれない。このような好賢をはじめとする外山氏の事績は、近世期の諸藩に仕えた藩士の間で隆盛した放鷹文化の事例として重要である。彼らのような無名の鷹匠たちによる無流派の鷹術もまた、流派として確立された鷹術と同様に、文事をはじめとする多彩な文化事象を伴いながら展開したことが予想されるものである。

注

※1　松本藩の外山氏の鷹匠文書については、松本城管理事務所の後藤芳孝氏にご教示を賜った。感謝申し上げる次第である。

※2　たとえば、松本市文書館所蔵『水野家分限帳』（大島為昌家文書）にも同様の記録が確認できる。

※3　宮腰松子「吉良流祝膳の献立（その一）―室町時代・江戸時代の祝膳―」（「神戸女学院大学　論集」15―3、一九六九年二月）、同「吉良流祝膳の献立（その二）―室町時代・江戸時代の祝膳―」（「神戸女学院大学　論集」16―2、一九六九年一〇月）、同「吉良流の研究」（「神戸女学院大学　論集」17―3、一九七一年三月）、谷口雄太「吉良流礼法とその継承者たち―東京大学総合図書館蔵『吉良流四巻書』から見た―」（「東京大学日本史学研究室紀要」第一四号、二〇一〇年三月）など。

※4　三保忠夫『鷹書の研究―宮内庁書陵部蔵本を中心に―（上冊）』（和泉書院、二〇一六年二月）・『鷹書の研究―宮内庁書陵部蔵本を中心に―（下冊）』（和泉書院、二〇一六年二月）では、宮内庁書陵部に所蔵されている鷹書を中心に大量の鷹書の書誌が紹介されているが、「吉良流の鷹書」の存在には触れられていない。先学において近いところに言及しているものとしては、前掲注3の宮腰論文「吉良流の研究」に吉良流の礼法書の目録に鷹術にまつわる項目があることが指摘されているくらいである。

※5　本書第四編第一章参照。

補論　朝鮮放鷹文化享受の一斑

—韓国国立中央図書館蔵『古本鷹鶻方』の伝来をめぐって—

はじめに

これまで取り上げてきたいくつかの鷹書にも記載されているように、我が国の鷹狩りは、朝鮮半島から伝来したとされる言説が広く流布している。それは、たとえば、『日本書紀』[※1]仁徳天皇四三年（三五五）九月一日条においても以下のように記述されている。

四十三年の秋九月の庚子の朔に、依網屯倉の阿弭古、異しき鳥を捕りて、天皇に献りて曰す。「臣、毎に網を張りて鳥を捕るに、未だ曾て是の鳥の類を得ず。故、奇びて献る。」天皇、酒君を召して、鳥を示せて曰はく、「是、何鳥ぞ。」酒君、対へて言す。「此の鳥の類、多に百済に在り。馴し得てば能く人に従ふ。亦捷く飛びて諸の鳥を掠る。百済の俗、此鳥を號けて倶知と曰ふ。」（是、今時の鷹なり。）乃ち酒君に授けて養馴む。幾時もあらずして馴くること得たり。酒君、則ち韋の緡を以て其の足に著けて、小鈴を以て其の尾に著けて、腕の上に居ゑて、天皇に献る。是の日に、百舌鳥野に幸して遊獵したまふ。時に雌雉、多に起つ。乃ち鷹を放ちて捕らしむ。忽に數十の雉を獲つ。是の月に、甫めて鷹甘部を定む。故、時人、其の鷹養ふ處を號けて、鷹甘邑と曰ふ。

右の記事によると、依網屯倉の阿弭古が見慣れない鳥を捕獲して仁徳天皇に献上したという。天皇は百済からの渡来人である酒君を召して尋ねたところ、酒君は、この鳥は百済にも存在し、人に従うように飼い慣らして諸鳥を狩らせることや、百済では「倶知」と名付けられていることなどを説明した。結局、この鳥は酒君に預けられて養訓され、のちに、緒や鈴をつけられて天皇に献上された。仁徳天皇は、百舌鳥野に行幸して遊猟し、その鷹を放って数一〇羽の雉を狩った。さらには、鷹甘部を設置し、鷹を飼う場所を名付けて鷹甘邑と称したと言う。

この『日本書紀』の記事は、我が国の鷹狩りに関する最古の記録である。この記述において本章が注目したいのは、本朝で最初に鷹を調教した人物が、百済国からの渡来人とされている点である。これは、中近世期に成立・流布した鷹書群に見える鷹の伝来説話の多くが、百済や高麗の鷹匠によって我が国に鷹術がもたらされたとする主張[※2]と符合するものと言えよう。本朝の鷹狩りの遡源を朝鮮半島に求めようとする発想が、史実と認識されている情報やそれをもとに創作された伝承に深く根付いていたことが窺えるものである。このように、本来、我が国と朝鮮半島の放鷹文化は深く関わるものであった。しかしながら、現在、両国における放鷹文化交流史の実像を知る手掛かりはほとんど残されていない。そのような状況において、朝鮮半島で制作された鷹書である『鷹鶻方』の諸本群が近世初期に我が国に伝来した経緯は、我が国と朝鮮半島における放鷹文化の接点を示すわずかな痕跡として注目されよう。しかも、その諸本の中には、日本の鷹匠たちに伝来したテキストがあり（後述）、鷹匠の文化的事績を考える上でも重要な意義を持つ。そこで、本章では、我が国に伝来した『鷹鶻方』の諸本の中から、鷹匠に伝わったテキストを取り上げ、関連する基礎情報の整理を試みる。それによって、当該テキストの特徴を確認し、我が国における鷹書を介した朝鮮放鷹文化享受の実相を探る手掛かりの一端としたい。

一 『古本鷹鶻方』の諸本

前節で触れたように、我が国の放鷹文化の遡源というべき朝鮮においても、古くから「鷹書」が存在していた。『鷹鶻方』の諸本がそれに該当する。同書は高麗時代～李王朝時代にかけて複数の異本が制作され、日本にもいくつかの伝本が伝来したことはすでに述べた通りである。そのような『鷹鶻方』に関する先学の研究としては、『放鷹』の第二編「朝鮮の文献に現はれたる鷹の名稱」「附、引用文献」[※3]、田川孝三『李朝貢納制の研究』第一章「附・安平大君李瑢著鷹鶻方について」[※4]、三保忠夫『鷹書の研究―宮内庁書陵部蔵本を中心に―（下冊）』第二部「宮内庁書陵部所蔵の鷹書」第八章「李氏朝鮮の王族、医学者に関わる鷹書」[※5]などがある。

このうち田川論文によると、『鷹鶻方』の異本の種類は以下のように分類される。

① 李兆年編とされる『高麗古本鷹鶻方』（一四世紀成立）。

② 李瑢編とされる『古本鷹鶻方』（一五世紀成立）。

③ 李燗編とされる『新増鷹鶻方』（一六世紀成立）。

『放鷹』と田川論文によると、右掲の①『高麗古本鷹鶻方』については、林羅山と朝鮮通信使である金世濂との問答を記載した『海槎録』や、李圭景（李氏朝鮮第二四代国王憲宗時代、在位期間一八三四年～一八四九年）編『五洲衍文長箋散稿』に、「星山李兆年」著の『鷹鶻方』という書物の見えることが指摘されている。しかし、現存する当該伝本には、書物の中に李王朝時代にまで下ると思われる諺文が見えることから、高麗時代の李兆年の著書そのものかどうかは疑わしいとも田川は指摘する。さらに田川は、右掲三種の『鷹鶻方』の本文を比較して、③『新増鷹鶻方』は②の『古本鷹鶻方』を「増補」したものとも考察している。

右掲①〜③の『鷹鶻方』のうち、日本に伝来したとされているのは②『古本鷹鶻方』と③『新増鷹鶻方』である。そのうち、より多くの伝本が流布したのは③『新増鷹鶻方』の方で、[※6]件の林羅山も訓点や送り仮名を付したテキストを所持していた（後述）。このような林羅山の他にも、さまざまな職掌・階層の人物が同書を所持していたという。[※7]また、国字解などの注釈書の類も多数制作されている。このような実情を鑑みると、『新増鷹鶻方』は鷹術の専門書というよりも、朝鮮から伝来した一般的な教養書として広く享受されていたことが予想されよう。

このように（注釈も含めて）膨大な伝本が流布した『新増鷹鶻方』のテキスト群と比較して、同書が原拠とした『古本鷹鶻方』は、我が国においてほとんど流布しなかった。『新増鷹鶻方』が原拠としたテキストとされているにも関わらず、現存が確認できる『古本鷹鶻方』の伝本は、和書が三本あるのみである。同じ朝鮮伝来の『鷹鶻方』のテキストでありながら、『新増鷹鶻方』とは異なった享受・伝播のされ方をしていたことが予想されよう。その経緯を確認するため、以下に現存する当該テキストの伝本すべての書誌を示す。

①　韓国国立中央図書館蔵『鷹鶻方 全』

韓国国立中央図書館所蔵。古古7―30―44。一冊。縦二六・五センチ×横一八・七センチ。表紙左肩に「鷹鶻方 全」と記す貼題簽。全一七丁。半葉一〇行無罫。訓点付き漢文。表紙見返部分に楕円形の受け入れ印「朝鮮総督

府図書館、図書登録番号」（楕円の中に「昭和12・4・15」「古13323」と記載）他二つの押印。一丁表に「雑司谷片山賢」他二つの蔵書印。一六丁表に「右古本鷹鶻方雖多不審依无類本／不能校合只任本書訖　通堯」。一六丁裏に「彰考舘御本奥書／右者以山本藤右衛門所持本令書写／校合畢　承應三甲午年六月六日／古本鷹鶻方以水戸彰考舘御本書写／之天保四年五月廿六日／史舘待命　平小山田與清」。一七丁表に「右此一帖者以平與清小山田将曹自筆／本於東武邸舎手自下翰書写之畢／天保四年歳次癸巳仲秋下澣日／正木治部越智宿禰通堯（花押）」。一七丁裏に「右古本鷹鶻方者以正木通堯手書本謄／写畢天保四癸巳之秋九月廿八日起筆／十月五日終巻馴鷹繋務之間連夜務下／採毫成功畢通堯者近江彦根之家士也／善國学側耽探鷹書頃日奉主命来江戸／舘而勤仕余有邂逅者而交情密也固得／借此書写焉／雑司谷鷹人　片山勇八賢（花押）」。

②

宮内庁書陵部蔵『古本鷹鶻方 全』

宮内庁書陵部所蔵。函号一六三―一〇八五。一冊。縦二三・五センチ×横一六・五センチ。表紙左肩に「古本　鷹鶻方全」と記す貼題簽。前遊紙左肩に「古本鷹鶻方　完」の墨書。全二七丁。表裏に遊紙各一丁。半葉七行無罫。訓点付き漢文。一丁表に縦四・〇センチ×横四・〇センチ「宮内省圖書」の蔵書印。裏の遊紙に縦四・五糎×横二一・〇糎「昭和3年12月　伯爵松平直亮寄贈」の受け入れ印。二七丁表に「彰考舘御本奥書／右者以山本藤右衛門所持本／令書写校合畢／承應三甲午年／六月六日／古本鷹鶻方以水戸影（彰）考舘御本／書写之天保四年五月廿六日／史舘待命／平小山田與清」。

③

国立公文書館内閣文庫蔵『古本鷹鶻方』

国立公文書館所蔵。函号三〇六―三一二。一冊。縦二三・〇センチ×横一六・〇センチ。表紙左肩にウチツケ書きで

「古本鷹鶻方」。前遊紙左肩に「古本鷹鶻方」の墨書。全二七丁。表裏に遊紙各一丁。半葉七行無罫。訓点付き漢文。表紙右下に縦七・〇センチ×横二・〇センチ「新宮城書蔵」の蔵書印。一丁表に縦三・八センチ×横三・八センチ「日本政府圖書」、縦三・八センチ×横三・八センチ「圖書之文庫」、縦三・八センチ×横三・八センチ「内閣文庫」、縦七・〇センチ×横二・〇センチ「新宮城書蔵」の蔵書印、「明治十六年購求」の受け入れ印。二六丁裏に縦三・八センチ×横三・八センチ「圖書之文庫」の蔵書印。二七丁表に「彰考舘御本奥書／右者以山本藤右衛門所持本／令書寫校合畢／承應三甲午年／六月六日／古本鷹鶻方以水戸影考舘御本／書寫之天保四年五月廿六日／史舘待命／平小山田與清」。

右の①～③の奥書によると、いずれも「山本藤右衛門所持本」（彰考館本）を小山田與清が書写した由を記している。これらに見える「小山田與清」は、江戸後期の国学者としてよく知られている。一方の「山本藤右衛門」は、宮内庁書陵部蔵『啓蒙集』（函号一六三―九〇二）などを書写した大宮流の鷹匠の山本盛近のことである。[※8] 前掲の田川論文において「山本本が如何なる書であつたか、果して朝鮮原本であつたか否かは、不明である」と述べているように、この山本藤右衛門が所持した『古本鷹鶻方』の伝本は現存しないため（かつて彰考館文庫に所蔵されていた『鷹鶻方』の諸伝本は戦災ですべて焼失）、どのようなテキストであったのかはやはり不明である。しかしながら、当該伝本を最初に所持（書写）した人物が鷹匠であったことは、先述のように鷹匠が関わった文化事象の一例として注目に値しよう。それと同時に、このような鷹匠たちが、我が国における朝鮮鷹文化の享受において果たした役割を窺い知る手掛かりとしても重要な意味を持つ。このことから、次節において当該伝本を取り上げ、その伝来と内容に関する問題点について検討を試みる。

二　正木通堯と『古本鷹鶻方』

前節で述べたように、『古本鷹鶻方』のすべての諸本の奥書に共通する情報として、小山田與清が山本本を書写したという伝来の系譜が挙げられる。このように国学者が朝鮮の鷹書を書写する動機については、和学・国学研究における文化史的な問題をはらんでいることが予想される。が、本章ではその点についてはとりあえず保留し、それよりも、むしろ、韓国国立中央図書館蔵『鷹鶻方 全』の奥書において、その小山田與清の書写本を写したとされる「正木通堯」の方に注目したい。と言うのも、『国書人名辞典　第四巻』[※9]などによると、「正木通堯」もまた、近江国彦根藩士で代々鷹匠を勤めた家の人物であったという。なお、通堯が小山田與清に師事して国学・和歌をたしなんでいたことは相応に知られていたらしく、たとえば稲賀敬二は、架蔵本の『隆季集』『信実朝臣家集』『忠盛卿集』や金子金次郎蔵『私家集大成』補遺所収の蒲生貞秀の歌集について、いずれも與清所蔵本を通堯が書写したものであることを紹介している[※10]。

このように與清と師弟関係にあった通堯は、一方で鷹匠としての資質を活かすべく、自作の鷹和歌集を出版していた[※11]。『標註　漫詠鷹百首』（版本）がそれで、同書の冒頭に掲げられている序文は、師の與清が書いたものである。以下に、東京大学総合図書館『標註　漫詠鷹百首』（請求記号：E31:1186）「漫詠鷹百首序」に見える與清が著した部分を挙げる。

漫詠鷹百首序

からうたに作り。やまと哥によみて。その事をさとし。人をしてしりやすからしむるわざは。いつの世ばかりの事なりけん。誠に比とならふたつをいはゞ。からなるは。急就章。千字文。草訣百韻。雪心賦。蒙求。やまとなるは。馬ノ毛歌合。西明寺百首。中明寺百首。東明寺百首。馬方百首。蹴鞠百首。犬追物百首。劔術百首。射術百首。射儀百首。髙舘百首。小倉卅六首。永井教訓歌。暦抄歌。茶礼百首。のたぐひいとおほく。これもかれもかぞへつゝすべくもあらず。鷹の道の歌括にも。後京極殿の三百首。定家卿の三百首。慈鎮和尚の百首。西園寺殿の百首。鷹調連歌。などきこえたるを。猶心得がたきふしおほかればとて。彦根人正木通堯ぬし。もゝぢの哥によみなし。自注をさへくはへられたるは。世の鷹好む家の惑をひらけるしわざになん。おのれ哥ばかりも聞しりたるにはあらねど。平らけき御世に武を兇れさる心おきて。これにしくものなく。さては捨はつまじき道ぞと。おのづからまなこひらかれ。よしなく抄録（ヌキガキ）せるほうども。やう／＼うづたかくなりもてきぬ。そも／＼難波の高津の宮に天の下しろしめし御代。土倉（ツチクラ）の阿弭古（アビコ）が網（アミ）になれるを。百済（クダラ）の酒君が養（カ）ひつけしより。はじめて百舌鳥（モズ）野に御狩たゝし。鷹飼部（タカカヒベ）をさへ定（サダメ）めたまひて後は。御代々々にもてはやさせたまひ。是を立（タツ）る家もさまざまに参集にたり。その家々に口傳秘説などいふめれど。なほふるき書（フミ）に哥に見えたるいぶかしきふしおほかるを今かうたやすく。哥によみさとされたる事のよしをおもふに。此ぬしがつかうまつらるゝ。近つあふみの国しらして。文を右にし。武を左にし給ふ。本朝の殿の御うつくしみの波。やしまの外までも立あらはれぬべきこころほひにこそ。天保五年初夏。華頂殿侍倭学士平小山田與清序。

右によると、天保五年（一八三四）の年紀とともに、與清は門弟である通堯の鷹匠としての知見を賛じ、本書が「世の鷹好む家の惑をひら」くため、あるいは「なほふるき書（フミ）に哥に見えたるいぶかしきふしおほかるを今かうたやすく」するために自注付きの和歌形式で著された鷹術啓蒙書であることを紹介している。ところで、このように師の與清に序文を書いてもらった通堯のテキストには、『鷹鶻方』に言及している部分が三か所ある。それらはいずれも鷹和歌の頭注部分に見える。以下の①〜③に該当記事を示す（頭注は《　》で示した）。

① 東京大学総合図書館『標註 漫詠鷹百首』第七四首

よを寒み架のあたりにおくおき（熾）のあか彪の鷹やあた丶かるらん

《熾（オキ）ハ猛火也オコリ火ノ意ナリ（コリノ友キナリ）　鷹鶻方曰夜ハ便火宿云々》

② 東京大学総合図書館『標註 漫詠鷹百首』第八三首

鳰（ソヽロ）をはあけての後そ朝居の鷹には餌をは飼へかりける

《和名抄唐韻曰鳰ハ（和名曽々呂）贄鳥食已吐其毛如丸也云々　前日に食せし骨毛を明朝吐也　又飼ふ事も有り　鷹鶻方ニ委シ》

③ 東京大学総合図書館『標註 漫詠鷹百首』第九六首

かりのよとおもひほとけと据やらて猶ふるへをのこそなかさとて

仮狩兼　　経古兼

《鷹鶻方曰齋廣寧王存珩畫ニ蒼鷹於壁見者背以為レ真ト云々》

『標註 漫詠鷹百首』は、小山田與清が序文で示しているように、鷹術に関する知識について和歌形式で解説したものである。右掲の①〜③もまた、鷹の飼育法や扱い方に関する知見を詠み込んだ鷹和歌（及びその頭注）となっている。まず①の『標註 漫詠鷹百首』第七四首に見える鷹和歌は、夜には熾火（＝火勢の強い炭火）を起こして鷹を温めることを説いている。その頭注においては、「熾（オキ）」が猛火で「オコリ火」であると説明し、それに続けて「鷹鶻方曰」として同書からの引用文が見える。その引用文は、件の韓国国立中央図書館蔵『鷹鶻方 全』「鷹賦」において以下のとおり確認できる（割注は〔 〕で示した。頭注については、本文の該当部分に算用数字を付し、それに対応する注の文言を各頁の末尾に記載した。以下同じ）。※12

鷹賦

惟茲禽之化育実鍾山之所生資金方之猛気檀火徳之炎精何虞者之多端運横羅以羈束綴經絲
於雙瞼結長縄於両足飛不遂於本情食不充於所欲逸翰由而暫歛雄心為之自局若乃貌非不
一相乃多途措重二十字尾貴合虞立如植木望似愁胡觜同鈎利脚等荊枯亦有白如散花
赤如中點血大文若錦細斑似纈眼類明珠毛猶霜雪身重若金爪剅如鐵或復頂平似削頭圓如
卯臆潤頸長筋麁脛短翅厚羽勁睅寛肉緩此之才用倶爲絶伴或如鶉頭或似鵰首赤睛黄足細
骨小肘懶而易驚奸而難誘住不可呼飛不及走若斯之輩不如勿有若夫疾食速消此則有命鴑頸
猴立是為無病厠門忌大結壯悪軟條不欲絶背不宜喘生於窟者則好眠生於木者則常立雙
骹長者則起遅六翮短者則飛急毛衣屢改厥色無常寅生酉就捻號爲黄一周作鵃千日成蒼雖曰排
盧性殊衆鳥雌則體大雄則體小遇犬則驚猜見人則馴擾養雛則小病野羅則多巧察之爲易調之實難
格必高迥室必華寛薑以取熱酒以排寒鞲須温暖肉不陣乾近之令狎静之使安晝不離手夜便火
宿徵加其毛小減其肉肌肥腸痩心和性靈念絶雲霄志在馳逐〔骹者脛也格者架也黄者今之

甫羅也鵜者今之求億真也〕

右の「鷹賦」の章段は、当該書の最終章として叙述されているものである。まずは、鷹が産出される山として「鍾山」を挙げる文言から始まり、鷹の眼・尾・嘴・毛・ツメの様子や頭頂部の形及び足の肉付きの相形などについての描写が列挙されている。さらに続けて、鷹や鷹道具などにまつわる雑多な知識が記載されている。このような当該の賦の後半部分に見える叙述のうち、夜の「火宿」について述べている傍線部分が『標註 漫詠鷹百首』に見える引用文に該当しよう。

しかし、実は『新増鷹鶻方』においても、『標註 漫詠鷹百首』第七四首の頭注に見える引用文と同じ文言が見える。すなわち、国立公文書館内閣文庫蔵『新増鷹鶻方』「鷹賦」（函号三〇六―三〇七）には以下のような叙述が見える（地名の右一重傍線・人名の中一重線は朱筆を表す。以下同じ）。

鷹賦　魏彦深

惟茲禽之化育實鍾山之所生資金方之猛氣擅火德之炎精何盧者之多端運橫羅以羈束縚[1]經（軽異）絲於雙韝結長縄於兩足飛不遂於逐於本情食不充於所欲逸翰由而暫斂雄心為之自局若乃貌非不一相乃多途指重十字尾貴合盧立如植木望似愁胡觜同鈎利脚等荊枯亦有白如散花赤如點血大文若錦細斑似纈眼類明珠毛猶霜雪身重若金爪剛如上鐵或復頂平似削頭圓如卵臆闊頸長筋麁脛短翅厚羽勁髀寛肉緩此之才用俱為絶伴或如鶉

1　玉篇縚〔且立切縫也〕亦作緝又与縚同

頭或似鵄首赤精黄足細骨小肘懶而易驚　奸而難誘住不可呼飛不及走若斯之輩不如勿
有若夫疾食速消此則有命鶩　頸猴立是為無病厠門忌火結肚悪軟條不欲　絶背不宜喘生
於窟者則好眠生於木者則常立雙骹長者則　起遲六翮短者則飛急毛衣屢改厥色無常寅生酉就捴
號為黄周作鵜千日成蒼雖曰排盧性殊衆鳥雌則體大雄則體小遇犬則驚猜見人則馴擾
養雛則小病野羅則多巧察之為易調之實難格必高迥室必華寛薫以取熱酒以排寒韝須温
暖肉不陣乾近之令狎静之使安晝不離手夜便火宿徴加其毛小減其肉肌肥腸痩心和性穆念
絶雲霄志在馳逐　〔骹者脛也格者架也黄者今之甫羅也鵜者今之求億真也〕

右に挙げた伝本は、巻末に朱筆で「道春子」（＝林羅山の法号）と見え、先述した林羅山が所持したテキストである。なお、当該テキストに見える墨筆・朱筆による書入れは、いずれも羅山によるものという。[※13] このテキストの叙述に見えるように、『新増鷹鶻方』にも韓国国立中央図書館蔵『鷹鶻方 全』と同じ内容の「鷹賦」の章段が掲載されている。同書における『標註 漫詠鷹百首』と重なる叙述部分もまた、前掲の韓国国立中央図書館蔵『鷹鶻方 全』と同様、「鷹賦」の末尾に記載されている傍線部分に相当する。このような国立公文書館内閣文庫蔵『新増鷹鶻方』と韓国国立中央図書館蔵『鷹鶻方 全』の両書に見える「鷹賦」の叙述は、用字レベルにおいてわずかな異同が見られるのみで、ほぼ同文である。ただし、韓国国立中央図書館蔵『鷹鶻方 全』の「鷹賦」が巻末に記載されているのに対して、『新増鷹鶻方』のそれは巻頭に見えるという相違がある。また、先述のように、両書に掲載されている鷹賦はほぼ同文なので、通堯がどちらを直接典拠としたのかはわからない。

次に、前掲の②の『標註 漫詠鷹百首』第八三首に見える鷹和歌は、鳪（ソ・ロ）に関するものである。その頭注には、

「⿺尢咼」について、『和名抄』などの文献名を挙げて解説している。それによると、「⿺尢咼」は、和名を「曽々呂（そそろ）」と称し、鷹が贄鳥を食べた後に吐く毛が丸くなったもの、あるいは、鷹が前日に食べた鳥の骨や毛を明朝に吐いたものを指すことなどを説明し、このことは『鷹鶻方』に詳しいと述べている。このような「⿺尢咼」について言及している叙述は、韓国国立中央図書館蔵『鷹鶻方　全』には確認できない。ちなみに、同書には「吐鷹調習ノ法」と称して、「吐鷹」に関する調教法を叙述している章段がある。その章段の中に、鷹が餌を与えた翌朝に吐くことについて触れている部分がある。以下に該当章段の全文を挙げる。

吐鷹調習ノ法

吐鷹初捉則悪人怯労内熱煩渇須即勧水坐于無人暗昧凉所飼食時人潜入不令鷹驚動勧食則鷹甘食矣新鷹畏人数飛勿急速拳持須待二三日後夜則拳之然不徹夜拳持日久漸々晝夜不離手坐架則必人衆多處吐鷹捉則本肥不下而調習不厭人則初引食自近而呼日漸遠引不然而初據遠引則雖来不直而到其習常不可棄矣凡新鷹畏人怯労服食後不可拳持也須下食後拳之観鷹之柔順従人引食服布塊耶塊耶則内陋有油疑[2]結布羽中作食内庁裏而飼之則翌暁還吐之則去麁内清布則為妙越六七日二三度及水食肥得中須二三日登山拳持

2　疑ハ凝ノ誤カ亦下ノ内當作肉
3　省ハ肖ノ誤乎

而引頸省3聲見飛雉則垂手下及放ッ

右によると、「吐鷹」を捉えて人に馴れさせる方法が述べられている。すなわち、「吐鷹」への餌の与え方や拳の据え方について、新鷹の場合を例に挙げるなどして、その工夫が具体的に説明されているのである。そのような叙述の中に、与えた餌を「翌暁」に吐くことに言及している文言が見える。しかし、それは、『標註　漫詠鷹百首』第八三首の頭注に見える「堝」の説明とは異なる内容である。『標註　漫詠鷹百首』第八三首の頭注が、韓国国立中央図書館蔵『鷹鶻方 全』「吐鷹調習ノ法」の記述を踏まえているとは考え難い。

一方、国立公文書館内閣文庫蔵『新増鷹鶻方』には、「鴰〔俗稱加伊五音〕於訛切」という章段があり、「鴰」に関する説明が記載されている。以下に該当部分の叙述を挙げる。

鴰〔俗稱加伊五音〕　於訛切
或用細羽或用去核木花或用有核木花或用布将飼時先以右件物漬水按掌如弾丸大量宜
砕分裹肉飼之布傷鷹有核者次之去核者平々細羽最善吐鴰之日鷹内悪不喜猟○鷹之内陋皆以
鴰治之

右の記述によると、章段名の「鴰」には「ソ、リ」とルビが振られている。続いて、細かい羽や核木の花などを水に漬けて手で揉み、弾丸のような大きさ・分量にしたものをよく砕き、肉に包んで鷹に与えることなどを説明している。さらに、後半においては「吐鴰之日鷹内悪不喜猟」と見え、「鴰」を吐いた日は、鷹は狩りを好まないと記述している。このような叙述と『標註 漫詠鷹百首』第八三首の頭注を比較すると、「鴰」の読み方が似ている他、それを鷹の吐瀉物と認識している点が一致している。このことから、国立公文書館内閣文庫蔵

『新増鷹鶻方』「媧（ソリ）〔俗称加伊五音〕於訛切」の叙述は、『標註 漫詠鷹百首』に見える「鷹鶻方ニ委シ」という文言と対応する内容と言えるものであろう。

最後に、前掲の③の『標註 漫詠鷹百首』第九六首に見える鷹和歌は、経緒（へお）（＝鷹の脚に着ける緒）を詠み込んだものである。その頭注に「鷹鶻方曰」として同書からの引用文が見える。この引用文の文言もまた、韓国国立中央図書館蔵『鷹鶻方 全』においては確認できず、国立公文書館内閣文庫蔵『新増鷹鶻方』「同前」にほぼ同文が見いだせる。この「同前」という章段は、前掲の「鷹賦」に続いて掲載されているもので、やはり鷹に関する賦が叙述されている。ただし、こちらの鷹賦には割注が見える。以下に該当箇所の叙述を挙げる。

同前

伊鍾山之贄鳥稟金方之勁氣含火徳之明輝論4瑶池之純粋〔春秋運斗樞曰瑶光星散為鷹〕或聞於蒼成千日或重其指如十字若乃點血散花之状草眸金距之名〔西京雑記曰茂陵李亨好馳亟鷹鶬皆為佳名鷹有青翅草眸青冥金距之属〕既在南而為鶬〔普畫崔洪清厲鯁直為尚書左亟時為之語曰叢生荊棘来自博陵在南為鶬在北為鷹〕亦與鶬而為兄〔古樂府曰豹則虎之弟鷹則鶬之兄〕亦有下韝命中畫壁如真〔漢趙勅字猛卿太守栢虞署以為督貧令自責解卯緩去虞嘆曰善吏如良鷹下韝則中○斎廣寧王存珩畫蒼鷹於壁見者皆以為真〕

先述のように、右掲の鷹賦には割注が付されている。③『標註 漫詠鷹百首』第九六首の頭注に引用されてい

4　論作倫イ

る文言は、そのような割注部分に見える傍線部に該当する。すなわち、「斎廣寧王存珩」が蒼鷹を描くことについて言及している部分である。ただし、その叙述内容と『標註 漫詠鷹百首』第九六首の鷹歌との関連性は未詳で、当該の叙述が頭注に引用されている根拠も不明である。

以上のことから、②③の『標註 漫詠鷹百首』に見える『鷹鶻方』は、いずれも『新増鷹鶻方』を指しているのではないかと想像される。これらの事例を踏まえると、①の引用文も、『新増鷹鶻方』を典拠とした可能性が高いことが推測される。ただし、管見において通尭が所持した『新増鷹鶻方』の伝本は確認できない。しかしながら、通尭は『標註 漫詠鷹百首』を著すに当たって、「世の鷹好む家の惑をひら」くためとされていることから、大量に伝本が流布した『新増鷹鶻方』の本文の方が読者に馴染みがあると配慮したのだろうか。いずれにしろ、彼は、せっかく師である與清から借りて書写した『古本鷹鶻方』を一般に喧伝することについて、それほど積極的ではなかったことが窺えよう。

さて、このような通尭の次に、韓国国立中央図書館蔵『鷹鶻方 全』を書写した人物とされ、同伝本の最終書写者となっているのは「片山勇八」である。次に、彼にについて簡単にその系譜を確認してみる。[※14]『御鷹匠同心片山家日常襍記抄 附自筆お伽繪本』「はしがき　追記　片山家系譜略」[※15]によると、片山勇八（雄八郎、賢とも称する）の先祖である「片山惣兵衛」という人物が、慶長・元和（一五九六～一六二四年）の頃に尾張から出て鷹匠同心となったという。勇八はその八代目で父祖の業を継いで江戸雑司ヶ谷の御鷹部屋に属する鷹匠同心となった。さらに彼は、山本盛近所縁の鷹書に高い関心を示し、韓国国立中央図書館蔵『鷹鶻方 全』以外にも、積極的に盛近関連のテキストを書写・蒐集していたようである。[※16]たとえば、大阪大学附属図書館懐徳堂文庫蔵『贄鳥雑抄下』所収『鷹薬飼哥百首』（番号八一―九）の奥書には、以下のように見える。

右藤右衛門盛近之裔山本五郎八家蔵之書也。三部共借得盛近自筆之本寫之畢。

文政十年丁亥秋八月

片山勇八（花押）

右によると、山本盛近自筆本の薬飼の鷹百首が彼の末裔を称する山本五郎八家に所蔵されていたので、それらを勇八が借り受けてすべて書写したという。片山勇八が、韓国国立中央図書館蔵『鷹鶻方 全』を書写したのも、このような盛近所縁の鷹書に対する志向性から出た行為の一環であったことが想像される。また、勇八は正木通堯とも実際に親しく交流していたらしい。※17 以上のことから、韓国国立中央図書館蔵『鷹鶻方 全』は、鷹匠を軸とする仲間うちのみで書写され、伝来したものであることが確認できよう。

おわりに

以上において、韓国国立中央図書館蔵『鷹鶻方 全』の奥書に見える伝来過程を辿り、同書の享受に関する基礎情報について確認した。すなわち、同書を伝来した「山本藤右衛門（盛近）」「正木通堯」「片山勇八」は、江戸期において代々続くとされる「鷹の家」の鷹匠であった。なお、盛近と正堯の間に国学者の小山田與清が書写しているが、これは與清自身による興味関心からと言うよりも、門弟の正堯のために書写した可能性が高いように思われる。このように、『新増鷹鶻方』と比べてあまり流布しなかった『古本鷹鶻方』の伝本を伝来したのは「鷹匠」もしくはそれと所縁深い人物たちであった。ところで、このような伝来者の一人である正木通堯は、自身の著書において『鷹鶻方』と称する書物から本文を引用している。しかし、当該の『鷹鶻方』は、師である小山田與清から書写した『古本鷹鶻方』ではなく、世間に広く流布した『新増鷹鶻方』の方であった。鷹匠たちは、朝鮮の鷹書を享受してもそれを鷹術伝承として広く発信するということはなかったようである。同本があまり数多く流布しなかった所以であろう。

以上のように、日本においてほとんど伝本が流布しなかった『古本鷹鶻方』ではあるが、その要因が、鷹匠たちのコミュニティにおける限定的な伝播によるという経緯は重要である。と言うのも、中近世期の鷹狩り及びそれにまつわる文化事象の主要な担い手は鷹匠であることから、我が国における朝鮮放鷹文化の享受の実相を考える上では、韓国国立中央図書館蔵『鷹鶻方 全』の方が、『新増鷹鶻方』の諸本群よりも鷹狩りの実情に即したテキストとして価値が高い。今後は、叙述内容をはじめとして、同本に関するより緻密な考証が期されるところである。

注

※1　『日本書紀 2』（新編日本古典文学全集3、小島憲之・直木孝次郎・西宮一民・蔵中進・毛利正守 校注・訳、小学館、一九八九年五月）。
※2　拙著『中世鷹書の文化伝承』（三弥井書店、二〇一一年二月）。
※3　『放鷹』（宮内省式部職編、一九三一年一二月、吉川弘文館、二〇一〇年六月新装復刻）。
※4　田川孝三『李朝貢納制の研究』（東洋文庫刊、一九六四年、初出「李朝の鷹房と鷹子進上」、「朝鮮学報」一四、一九五九年一〇月）。

※5　三保忠夫『鷹書の研究―宮内庁書陵部蔵本を中心に―（下冊）』（和泉書院、二〇一六年二月）。
※6　注※5三保著書第二部「宮内庁書陵部所蔵の鷹書」第八章「李氏朝鮮の王族、医学者に関わる鷹書」に『新増鷹鶻方』諸本の書誌が多数紹介されている。
※7　たとえば、注※6の三保著書の当該章に紹介されている『新増鷹鶻方』の諸本の中には、奥医師や本草学者などが書写や訓注に関わったテキストが見える。
※8　本書第四編第一章及び同章の注※17参照。
※9　『近江人物志』「徳川時代中期」（滋賀県教育会編、臨川書店、一九一七年一一月）、『国書人名辞典　第四巻』（市古貞次編、岩波書店、一九九八年一一月）など。
※10　稲賀敬二コレクション5『王朝歌人とその作品世界』「第二部　歌学書と和歌資料」（稲賀敬二著、笠間書院、二〇〇七年一一月）。
※11　注※5三保著書第二部「宮内庁書陵部所蔵の鷹書」第五章「徳川将軍家・幕臣、諸侯・諸藩鷹匠などに関わる鷹書」第二八節「正木通堯」参照。
※12　同テキストの全文は、拙稿「韓国国立中央図書館蔵『鷹鶻方 全』（古古7―30―44）全文翻刻」（『日本語・日本文化』第三九号、二〇一三年三月）に掲出している。
※13　注※5三保著書第二部「宮内庁書陵部所蔵の鷹書」第八章「李氏朝鮮の王族、医学者に関わる鷹書」「李熔、李爓」による。
※14　注※5三保著書第二部「宮内庁書陵部所蔵の鷹書」第三章「公儀鷹匠・鷹匠同心など（三卿における含む）に関わる鷹書」第二一節「片山賢（勇八）」など参照。
※15　『日本常民生活資料叢書　第一一巻　関東北陸篇（1）』（日本常民文化研究所編、三一書房、一九七三年八月）所収。
※16　注※5三保著書第二部「宮内庁書陵部所蔵の鷹書」第三章「公儀鷹匠・鷹匠同心など（三卿における含む）に関わる鷹書」第六節「山本藤右衛門盛近」及び第二一節「片山賢（勇八）」参照。
※17　注※11に同じ。

結語

以上において、中近世期に実際に鷹狩りに従事した武家の鷹匠たちに注目し、彼らと関わる鷹術流派の事例をいくつか取り上げて言及してきた。すなわち、各流派所縁の鷹書に見える叙述内容を手掛かりに、諸流派の成立と展開及びその系譜にまつわる文化的諸相を明らかにしたものである。以下に各編・各章の結論について、その概略を示す。

序章「中近世の放鷹文化―鷹書と鷹術流派―」では、中近世期における武家流の鷹術流派を検証する端緒として、近世期に仙台藩で流布した廣田流の鷹術について取り上げた。同流派は、伊達政宗に仕えて仙台藩士となった廣田宗綱を祖とするものである。宗綱は、自身が所持した鷹書の内容に基づく系譜を作成し、それを踏まえた鷹術の伝授を実際に行っていた。それによって、独自の鷹術を確立し、流派が成立してゆく胚胎となっていた実態が明らかになった。

第一編「鷹術流派の成立」では、中近世期において流布した武家流の鷹術流派について、その成立を支えた文化的側面を考察した。具体的には、室町期における足利将軍家所縁の京都諏訪氏の鷹術と、江戸期における徳川将軍家所縁の祢津家（流）の鷹術について、関連する鷹書に記載されている説話や言説を手掛かりに、その成立基盤や宗家の実像を明らかにした。

第一章「信仰由来の流派の成立—京都諏訪氏の鷹書—」では、足利尊氏に仕えた諏訪円忠の末裔である京都諏訪氏の鷹術について取り上げた。同氏は代々室町幕府奉行人を務める一方で、京都諏訪社の祭祀にも従事していた。同社で催された贄鷹の神事にも関与していたと伝えられ、独自の鷹書もいくつか所持していた。そのうち、天理大学附属天理図書館蔵『鷹聞書少々』及び永青文庫蔵『和傳鷹経　上下』に見える記述には、円忠が著したとされる『諏訪大明神画詞』や『諏訪大明神講式』から引用された言説が確認できる。このことから、京都諏訪氏の鷹術は、諏訪信仰を基盤として成立したことが明らかになった。

第二章「祢津流宗家の鷹術—祢津志摩の鷹書—」では、近世期に徳川将軍家所縁の格式高い流派とされていた祢津流の鷹術について、その遡源に関する考察を行った。当該流派と徳川家との関わりは、戦国武将の祢津松鷂軒が徳川家康に仕えたことを契機とする。しかし、その宗家は、松鷂軒の直系ではなく、松代藩の真田家に仕えた松鷂軒の兄の一族が該当する。本章では、そのような宗家筋の人物である祢津志摩（幸直。松鷂軒の甥）と関わる鷹書の記載内容を手掛かりにして、当家の鷹術の実像について検証した。すなわち、祢津志摩所縁の鷹書に叙述されている「祢津神平」説話について、他のテキストに見える類話との比較を検討し、その特徴を分析した。その結果、祢津志摩所縁の鷹書に見える当該話には、在地と関わるモチーフが確認できた。このことから、当家の鷹術においても、そのような在地的要素が反映されている可能性を指摘し、祢津流の祖型を示唆する一事例として提示した。

第二編「鷹術流派の系譜」では、祢津松鷂軒との所縁を主張する「祢津流」の鷹術について、近世期に富山藩及び加賀藩に仕えた依田氏の事例を取り上げ、当該流派の継承に関する考察をした。祢津氏と同じく信濃国小県郡を本貫地とする依田氏は、祢津松鶴軒直系の祢津流を称する鷹匠の一族である。同氏には、松鶴軒所縁の鷹術文書が多数伝来している。本編では、それらの文書を検討することによって、当該流派の系譜にまつわる文化的諸相を明らかにした。

第一章「祢津流の伝播の実相─依田氏の鷹書群─」では、「祢津家」の鷹術を祢津松鶴軒から直伝されたと主張する鷹匠の依田氏について、その歴史上の事跡を検証し、さらには、同氏伝来の八三点におよぶ鷹書群の紹介をした。

第二章「祢津流の鷹術伝承─依田盛昌の鷹書─」では、加賀藩士としての依田氏の初代当主である盛昌所縁の鷹書について取り上げた。依田氏は近世初期に富山藩に鷹匠として仕えるが、盛昌の代（享保年間）に同藩の人員削減のため、暇を賜ることとなった。しかし、すぐに加賀藩に鷹匠として再仕官する。それは、祢津家の鷹術に従事していることが評価され、抜擢されたためである。このような依田氏の仕官に関する経緯と連動するように、盛昌の鷹書には、「祢津家」の鷹術の由緒正しさを説く物語伝承が記載されている。このような事例に示されるように、祢津流の鷹術は、鷹書を介してその権威と格式の高さを主張しつつ、継承されていた実相を明らかにした。

第三章「祢津流の祢津神平説話」では、祢津流の鷹匠の依田氏に伝来した鷹書に記載されている祢津神平説話を手掛かりに、同氏が祢津流の鷹術を伝授していた実相について検証した。依田氏の鷹書に見える祢津神平説話によると、「祢津神平貞直」を当該流派におけるエポックメーカーとして叙述している。さらには、同氏が伝授した鷹術印可状には、それを踏まえた文言が記載されている。このことから、祢津流の鷹術伝授には、鷹書の叙述内容と連動しながら展開していた実像が明らかになった。

付論「盛昌本『祢津意趣　乾』（依田盛敬氏所蔵）について」では、加賀藩に仕えた依田氏の初代当主である盛昌所縁の鷹書について取り上げ、その内容について紹介した。

第三編「鷹術流派の展開」では、前編に引き続き依田氏伝来の鷹術文書を取り上げて、祢津流の鷹術がさまざまな文化伝承を展開させた諸相について検証した。当該流派は、文書類を介して多彩な伝承を派生させ、それによって広く流布し、隆盛したものである。本編では、その一因となった当該流派にまつわる鷹書の言説について検証した。

第一章「派生した祢津流の鷹術伝承―依田氏伝来の犬牽の伝書をめぐって―」では、鷹匠の依田氏に伝来した「祢津流」を称する犬牽の伝書について考察した。史実において祢津家が犬牽に従事していたかどうかは確認できない。しかしながら、依田氏の鷹術文書には、犬牽の伝書及び印可状が数点含まれている。その内容は、同じ依田氏伝来の祢津流の鷹書に見える文言を踏まえた叙述となっていることから、当該の鷹書をもとに成立したことが想定される。また、依田氏には、同氏が祢津家を継承した一族であることを伝える『祢津家景圖　十』が伝来している。このような系図を所持する意義を踏まえつつ、依田氏伝来の犬牽の伝書は、当家伝来の祢津流の鷹書と同様に、依田氏が「祢津家の技芸」に従事していることを主張する媒体のひとつであったことを明らかにした。

第二章「祢津流の鷹書と依田氏の鷹術伝承―交錯する鷹術の故実伝承―」では、近世期の鷹書において、「依田氏の言説」と「祢津流の鷹術伝承」が混同されていた事象について考察した。すなわち、依田氏伝来の「祢津流の鷹書」とされている『白鷹記』に見える叙述を取り上げ、同じ文言が「依田氏の言説」として扱われている鷹書の記述を分析することによって、依田氏が扱った「祢津流の鷹術伝承」が特異な展開をしている実態を明らかにした。

「付・依田氏所蔵鷹書書誌一覧」として、依田盛敬氏が所蔵している鷹書群の書誌一覧を掲出した。

第四編「鷹匠と乖離した流派・無流派の鷹匠」では、武家流の鷹術流派を称しながら鷹狩りの実態を伴わない流派と、特定の流派に属していないが文事に積極的に関わった鷹匠の事例について言及した。

第一章「礼法家による鷹術流派の創作―小笠原流の鷹書―」では、近世期に武家の礼法として隆盛した小笠原流を称する鷹書について取り上げ、その内容について分析した。小笠原流の鷹術は実際には存在せず、この流派に鷹匠が属していた事実は確認できない。それにも関わらず、小笠原流水嶋派の鷹書として、宮内庁書陵部蔵『小笠原家 鷹方委被傳授 全』というテキストが存在する。しかしながら、その内容はすべて大宮流の鷹術のテキストである『啓蒙集』の諸本を丸ごと引用したものであった。これによって、鷹狩りの実態を伴わない流派は、テキストも独自性がなく、形骸化したものであることが確認できた。

第二章「鷹匠の文事―松本藩の鷹匠・外山氏を事例として―」では、近世期において、特定の流派に属さずに活動していた鷹匠の事例を取り上げ、その事跡を検証した。具体的には、近世後期に信州松本藩に仕えた外山氏について取り上げた。同氏には、いくつかの鷹匠文書が伝来している。その中には、さまざまな流派所縁の鷹書や、当主による鷹術知識の忘備録といった類の文書群が含まれている。このことから、流派に属さない鷹匠もまた、文事に関する行為に積極的に携わっていたことが確認できた。

補論「朝鮮放鷹文化享受の一斑―韓国国立中央図書館蔵『古本鷹鶻方』の伝来をめぐって―」では、朝鮮の鷹書である『古本鷹鶻方』が近世期のわが国に伝来した経緯について検証した。同じく近世期に広く流布した『新増鷹鶻方』は、当該テキストを増補したものとされるが、『古本鷹鶻方』の方はわが国においてあまり伝播しなかった。その所以は、限定された鷹匠のコミュニティにおいてのみ伝来したという経緯による。この事例によって、わが国における鷹書を介した朝鮮放鷹文化の享受に関する鷹匠の役割が明らかになると同時に、近世期の鷹匠が流派以外にも独自のコミュニティを形成し、学統を継承していた実情を確認することができた。

以上のように、中世以降のわが国における放鷹文化の発展は、鷹術流派にまつわる文化事象によって支えられていた部分が大きい。その担い手は、実際に鷹狩りに従事していた武家の鷹匠たちである。彼らは鷹書を所持し、それを伝授することによって流派を維持してきた。当時の放鷹文化は、鷹書を基盤とする文事的要素が重要な位置を占めていたことが指摘できるものである。

初出一覧

序　章　中近世の放鷹文化―鷹書と鷹術流派―

↓原題「鷹書からみた中世の諏訪―廣田宗綱書写『才覚之巻』記載の諏訪の言説を端緒として―」／『諏訪信仰の中世』（福田晃・徳田和夫・二本松康宏編、三弥井書店、二〇一五年九月）をもとに加筆修正。

第一編　鷹術流派の成立

第一章　信仰由来の流派の成立―京都諏訪氏の鷹書―

↓原題「諏訪貞通の鷹書―諏訪信仰の記述をめぐって―」／『國學院雜誌』第一一四巻第一一号、（國學院大學、二〇一三年一一月）をもとに加筆修正。

第二章　祢津流宗家の鷹術伝承―祢津志摩の鷹書―

↓原題「中近世期における信州禰津氏の放鷹術―諏訪信仰との関わりをめぐって―」／『伝承文学研究』第六四号（伝承文学研究会、二〇一五年八月）をもとに加筆修正。

第二編　鷹術流派の系譜

第一章　祢津流の伝播の実相―依田氏の鷹書群―

↓原題「禰津流の鷹術―加賀藩の鷹匠・依田氏の鷹書をめぐって―」／『長野県短期大学紀要』第七〇号（二〇一六年三月、長野県短期大学紀要委員会）、原題「近世期における依田氏の鷹狩り―祢津流放鷹術の展開をめぐって―」／『信濃』第六八巻第五号（信濃史学会、二〇一六年五月）、原題「中近世における鷹術流派の展開と伝承文化―加賀藩の鷹匠・依田氏の鷹書を事例として―」／『間谷論集』第一一号（日本語日本文化教育研究会、二〇一七年三月）をもとに加筆修正。

第二章　袮津流の鷹術伝承―依田盛昌の鷹書―

↓原題「禰津流の鷹術―加賀藩の鷹匠・依田氏の鷹書をめぐって―」／『長野県短期大学紀要』第七一号（長野県短期大学紀要委員会、二〇一六年七月）をもとに加筆修正。

第三章　袮津流の袮津神平説話

↓原題「鷹匠の家伝における袮津神平貞直説話―加賀藩の鷹匠・依田氏の鷹術文書をめぐって―」／『立命館文学』第六四八号（立命館大学人文学会、二〇一六年九月）をもとに加筆修正。

付論　盛昌本『袮津意趣　乾』（依田盛敬氏所蔵）について

↓原題「中近世における鷹術流派の展開と伝承文化―加賀藩の鷹匠・依田氏の鷹書を事例として―」／『間谷論集』第一一号（日本語日本文化教育研究会、二〇一七年三月）をもとに加筆修正。

第三編　鷹術流派の展開

第一章　派生した袮津流の鷹術伝承―依田氏伝来の犬牽の伝書をめぐって―

↓原題「袮津家の犬牽伝承―加賀藩・依田氏の伝書をめぐって―」／『伝承文学研究』第六五号（伝承文学研究会、二〇一六年八月）をもとに加筆修正。

第二章　袮津流の鷹書と依田氏の鷹術伝承―交錯する鷹術の故実伝承―

↓原題「近世期における鷹術流派の派生と放鷹伝承―依田氏伝来の袮津家鷹書を端緒として―」／『唱導文学研究』第一一巻（福田晃・中前正志編、三弥井書店、二〇一七年一月）をもとに加筆修正。

付・依田家鷹書書誌一覧

↓原題「禰津流の鷹術―加賀藩の鷹匠・依田氏の鷹書をめぐって―」／『長野県短期大学紀要』第七〇号（長野県短期大学紀要委員会、二〇一六年三月）、原題「近世期における依田氏の鷹狩り―袮津流放鷹術の展開をめぐって―」／『信濃』第六八巻第五号（信濃史学会、二〇一六年五月）、原題「中近世における鷹術流派の展開と伝承文化―加賀藩の鷹匠・依田氏の鷹書を事例として―」／『間谷論集』第一一号（日本語日本文化教育研究会、二〇一七年三月）をもとに修正。

第四編　鷹匠と乖離した流派・無流派の鷹匠

第一章　礼法家による鷹術流派の創作―小笠原流の鷹書―

↓原題「近世期における小笠原流礼法の展開―水嶋派の鷹書を端緒として―」／『信濃』第六七巻第一二号（信濃史学会、二〇一五年一二月）をもとに加筆修正。

第二章　鷹匠の文事―松本藩の鷹匠・外山氏を事例として―

↓原題「近世期における武家の放鷹文化の一斑―松本藩の鷹匠・外山氏を事例として―」／『信濃』第六九巻第九号（信濃史学会、二〇一七年九月）をもとに加筆修正。

補論　朝鮮放鷹文化享受の一斑―韓国国立中央図書館蔵『古本鷹鶻方』の伝来をめぐって―

↓原題「『鷹鶻方』享受の一斑―韓国国立中央図書館蔵『鷹鶻方 全』（古古7―30―44）の奥書をめぐって

結語

―」／『科学研究費補助金研究成果報告書（基盤研究（C）課題番20520189）「鷹書類の調査と研究」』（二〇一二年三月）をもとに加筆修正。

→書き下ろし。

あとがき

本書に掲載した原稿のほとんどは、現在の勤務先である長野県短期大学に赴任してから執筆した論文をもとに加筆・修正したものである。本書に長野県ゆかりの鷹書を扱った論考が多く含まれているのはその所以である。ここに来てからたくさんのご縁にめぐまれ、多数の貴重な鷹書群と巡り合うことができた。そのいずれもが、わが国の伝統的な放鷹文化の豊かさを教えてくれる素晴らしいものばかりであった。ありがたいご縁を結んでくださった方々に心から感謝申し上げる次第である。

なかでも本書の第二編・第三編で取り上げた依田盛敬氏所蔵の鷹書群との出会いは、本当に印象深いものであった。そもそもは平成二七年八月のはじめに、東御市生涯学習課（当時）の山内智晴氏からお電話をいただいたのが発端であった。山内さんによると、信濃国小縣郡を出自とする戦国武将の依田氏のご子孫の方から、ご当家伝来の鷹書についてのお問い合わせがあったので取り次いでも良いか、とのことであった。即座に承諾したあと、とんとん拍子に話が進み、約一週間後の八月一二日には現物を拝見するべく、富山の依田盛敬さんのお住まいにお邪魔させていただくこととなった。その時、依田さんのお宅で拝見した光景は一生忘れられない。依田さんは、お部屋いっぱいにご所蔵の文書を広げて私を迎え入れてくださり、かつて加賀藩の鷹匠を世襲したご当家伝来の貴重な鷹書類を惜しげもなく見せてくださったのである。溢れんばかりの大量の鷹匠文書に囲まれ、私は文字通り、息をのむ思いであった。興奮のあまり、この感激を誰かに伝えたいと、思わずその場で携帯電話を取り出し、大阪のご自宅にいる恩師の福田晃先生にお電話を差し上げた。何をどのように説明したのか記憶に残っていないが、先生が「それは貴重なものだ、その鷹書は〝鷹匠の聖典〟だね」とおっしゃってくださったのは覚えている。その日は、依田さんのご厚意により、特に気になる鷹書を数冊お借りして持ち帰らせていただいた。それだけでも非常にありがたいご配慮であったのに、それから約一週間後、依田さんから段ボール二箱分の荷物が拙宅に届けられた。その中身はなんと、先日拝見したご当家の鷹書と鷹匠文書のすべてが詰め込まれたものであった。荷物に添えられていたお手紙には「返却はいつでも構いませんから、気の済むまでお調べください」とあり、あまりにもありがたいご高配に胸がいっぱいになった。それ以降、依田さんへの感謝を胸に、依田氏伝来の鷹書について取り組む日々が始まった。実際のところ、このような〝鷹匠の聖典〟を読み解く作業はひたすら楽しく、幸せな時間であった。また、その過程を通して中近世期の鷹匠が従事した鷹狩りとはいったい何であったのか、その文化的な意義が少しはわかったような気がした。自宅に帰ると依田さんがお貸しくださった鷹書が私を待っている。それだけでもう十分、心躍る毎日であった。このように日々研究を進めてゆく充足感にかまけて、結局、依田さんに文書類をお返しできたのは、お借りしてから一年半も経過した後であった。それほどの長きにわたり、大切なご家宝を私に預けてくださった依田さんのご厚情には感謝してもし尽くせない。また、依田さんと私をつないでくれた山内さんにも心よりお礼を申し上げたい。本当にありがとうございました。

依田さん以外にも、いろいろな方々のあたたかいご厚意のおかげで、これまで鷹書の研究を進めることができた。本書でお世話になった諸氏に対する具体的な謝辞は、各章の注記・付記に述べさせていただいたところである。その他にも、鷹書や鷹匠文書に見える難解な文字については、須田悦生先生・服部幸造先生・柳川英司氏に適宜ご教示賜った。お三方には、私の拙いくずし字読解能力を支えていただき、心より感謝申し上げる次第である。また、本書の初出となった論文を書き上げるたび、逐一、福田先生に原稿のコピーをお送りした。いつどんなときでも弟子の研究に真摯に向き合ってくださる先生は、必ず拙稿に目を通してくださり、数日のうちにご意見・ご感想を小さな文字でいっぱいに記した葉書を送ってくださった。先生からのこの葉書が、研究を進めるうえでどれだけ励みになったか計り知れない。併せて感謝申し上げる次第である。

また、本書の出版にあたり、株式会社三弥井書店の吉田智恵氏に大変お世話になった。思えば二年前に智恵さんにお声がけいただいたおかげで本書をなすことができた。本書の重要な恩人のひとりである。いつも私の鷹書研究の成果を発表する貴重な機会を与えてくださり、本当にありがとうございます。

最後に、わたくし事で恐縮であるが、平成二四年七月に他界した義父・二本松祐价に本書を捧げたい。義父は、私が現在の職場に赴任してからわずか三か月後に急逝した。私の職場は、義父の住んでいた旧・戸隠村から車で約二〇分という至近距離にある。私たち夫婦は長年、遠く離れた京都で非常勤講師生活を送っていたが、これでやっと親孝行ができる、と思っていた矢先に義父は病に斃れた。嫁として十分なことができない私に、義父は不満ひとつ言わないどころかいつも優しくしてくれた。何も恩返しができないまま永別してしまったことが心から悔やまれる。本書の上梓を以て、義父の生前の温情に少しでも報いることを皆さまにお許しいただきつつ、筆を擱くこととする。

※本書は、独立行政法人日本学術振興会の平成29年度科学研究費補助金（研究成果公開促進費（学術図書）、採択課題

番号17HP5036）の交付を受けて出版したものである。

索　引

○本索引は、本書の序章と第一編、第二編、第三編、第四編、補論及び結語を範囲として、主要な書名及び人名（動物の個体名及び神仏名含む）を五〇音順に記したものである。
○採項の対象は上記の範囲における本文を中心とし、引用資料・注・図・表は対象外とした。
○本書における各章段（節）のタイトルや引用論文の一部として含まれる用語なども採録の対象外とした。

著者略歴

二本松泰子（にほんまつ　やすこ）

昭和43年2月　大阪府に生まれる
昭和63年3月　金蘭短期大学国文科　卒業
平成3年3月　立命館大学文学部　卒業
平成11年3月　立命館大学大学院文学研究科博士課程後期課程　学位取得修了
現　在　長野県短期大学　准教授
平成30年4月より　長野県立大学　准教授（予定）
博士（文学）

主要著書・論文
『中世鷹書の文化伝承』（三弥井書店、平成23年）、「祢津家の犬牽伝承―加賀藩・依田氏の伝書をめぐって―」（「伝承文学研究」65、平成28年）、「鷹匠の家伝における祢津神平貞直説話―加賀藩の鷹匠・依田氏の鷹術文書をめぐって―」（「立命館文学」648、平成28年）、「近世期における鷹術流派の派生と放鷹伝承―依田氏伝来の祢津家鷹書を端緒として―」（『唱導文学研究　第11集』所収、三弥井書店、平成29年）

鷹書と鷹術流派の系譜

平成30年2月7日　初版発行

定価はカバーに表示してあります。

©著　者　二本松泰子
発行者　吉田栄治
発行所　株式会社 三弥井書店
〒108－0073東京都港区三田3－2－39
電話03－3452－8069
振替00190－8－21125

ISBN978-4-8382-3332-8 C1021　　印刷　藤原印刷株式会社